中國史學基本典籍叢刊

宋史全文

七

汪聖鐸 點校

中華書局

宋史全文卷二十四上

宋孝宗一

癸未隆興元年春正月壬辰朔，詔改元。詔：「觀察使以上各舉所知之士三人，三省、樞密院詳議，立定薦舉格式。謀略沈雄可任大事，寬猛適宜可使御衆，臨陣驍勇可鼓士氣，威信有聞可守邊郡，思智精巧可治器械，已上五等，令曾立軍功觀察使以上薦舉。通習典章可掌朝儀，練達民事可任郡寄，諳曉財計可裕民力，持身廉潔可律貪鄙，詞辨不屈可備奉使，已上五等，令非軍功觀察使以上薦舉。如被舉之人成立功效，其舉官取旨推賞，如或敗事，亦加責罰。」是月，參知政事史浩爲右僕射、同平章事兼樞密使。判建康府張浚爲樞密使，仍都督江淮軍馬。時虜將萬户蒲察徒穆及僞知泗州大周仁屯虹縣〔一〕，都統蕭琦屯靈璧，浚謂至秋必爲邊患，當及時掃蕩。詔吴璘可進可退，當從便宜。新知永州陸廉特貸命〔二〕，不刺面配韶州，仍籍没家財。以前知滁州在任贓污不法也。刑部侍郎路彬言：「官吏有雖犯贓不至永不收叙者，及未嘗經勘斷止是約作贓罪者，乞依赦與叙元官。」詔刑部將犯贓罪入第一等人不許叙復，餘依常法也。

二月丙寅，臣僚言：「欲清入仕之源，莫若減任子之法。」詔：「臣僚任子見遵祖宗法度，理難遽改。可令吏部嚴銓試之法，自今初官不許用恩例免銓試、呈試，並候一任回，方許收使。雖宰執亦不許用恩例陳乞回授初官免詞。」〔三〕庚辰，詔曰：「朝廷先降本錢付諸軍回易，正欲贍給軍用。應將帥當召募幹人經營回易，訪聞諸軍盡將官兵彊給本柄，營私圖利，百端抑勒，自今後如敢仍前，必重置典憲。」

臣留正等曰：養兵以待用，平居之日贍之必周，然後有用之際，可以盡其死力。李牧之守邊，軍市租盡以給士卒，諸軍回易爲此設也。後之將帥，未能以市租饗士，反以回易之貨抑逼之，掏其廩給，痛刻削以自豐，其可容哉。壽皇初元，首下明詔，如日之明，如霆之震，養兵御將，誠得其道也。

壬午，詔已降指揮，今舉諸科進士，務取學術深淳、文詞剴切、策畫優長之人，可令禮部將今來省試上十名策場卷子，編類繕寫成册投進，以備親覽。如有可行事件，當下三省取旨施行。

三月丙申，詔：「祖宗嘗御便殿親閱衛士，蓋以嚴宿衛之重，練爪牙之士，以備征討。應諸班直、殿前馬步軍司舊管禁軍，可自今特選彊壯披帶教閱，其管軍合各條具訓練格法，申密院取旨。」乙巳，臣僚輪對，奏言：「國家設科取士，猶慮其有未盡，又於隱逸必欲羅而致之。真宗起种放於華山，哲宗起程頤於伊洛，光堯起尹焞於川蜀，欲望盛時博訪遺逸。」從之。詔略曰：「朕嗣位之初，驛召旁午，凡搢紳之老、儒林之秀，莫不明揚顯擢，布列中外。尚念山林之際，漁釣之間，豈無荷篠濯纓之倫、飯牛版築之士。或自晦於卜祝，或沉痼於烟霞，部刺史二千石爲朕搜羅，其有懷瑾握瑜、埋光鏟采，迹其行實，咸以名聞。朕將厚禮特招，虛懷延納。」癸丑，吏部言：「欲依白劄子所乞，將諸縣分繁簡難易，令本州長吏依監司法察令之能否，隨宜對換。其在州並管下縣見任官，若有才能堪充知縣者，亦依此對換。以上各不理遺闕。如對換不實，或輒徇私意，或有才不稱職之人，仰所屬監司將長吏按劾。」從之。甲寅，殿中侍御史胡沂上言：「陛下注意將臣，定爲十等，令觀察使以上及統制官各舉所知。然武舉唱第名在一二者，固蒙褒擢，餘皆授以榷酤征商之事。臣觀唐之郭子儀，以武舉異等初補左衛長史，歷爲振遠、横塞、天德軍使。祖宗時試中武藝人，並赴陝西任使。又武舉中選人，或除京東捉賊，或邊上任使，或三路沿邊試其效用，或經略司教押軍隊準備差使。乞取近歲應中武舉之人，分差沿邊屯駐將下準備差使等。」詔從之。乙卯，詔略曰：「朕自踐位，首行曠澤，續降寬恤十八事，而郡縣之間，不爲布宣。繼自今其各洗心滌慮，恭爾有官，俾予一人，實惠乎於百姓。」庚申，詔：「霖雨爲沴，雖側身修行，尚恐誠意未孚。可令諸路監司守令，應遇灾傷去處，常切賑恤困窮，糾察刑禁。」是月，雨雹。召都督江淮軍馬張浚赴行在。浚中道上疏謂：「廟勝之道，在人君正身以正朝廷，正朝廷以正百官，正百官以正萬民。今德政未洽，宿弊未革，願發乾剛，盡循太祖、太宗之法。」上詔浚當先圖兩城，邊患既紓，弊以次革。

夏四月乙亥，詔：「軍興以來，應朝廷科降並督視行府、兩淮節制司、江淮宣撫司、都督府收買軍須，蓋造營寨之類，並係科撥經總制，及支降激賞錢銀，於州縣和買計置，尚慮官吏因緣掊斂，不即還直，許令人户越訴，仰所屬監司按治以聞。」己卯，詔：「應客販耕牛過江往淮南州縣，仰經所屬自陳給據，與免本處投契及沿路並所至收稅，並免收船渡錢，有違戾去處，監司按劾。」壬午，右正言周操奏：「臣近奏：方今彊國在彊兵，彊兵在豐財，豐財在節用。乞陛下躬行於上，以身先之，聖意俞允，令臣詳具合行裁減之數以聞。欲乞依倣寶元、慶曆故事，特降指揮，委差户部長貳及臺諫同共往來詳議條畫，應宫掖用度許行取會斟酌裁減，庶幾内外一體，人無異辭。」詔從之。都督江淮軍馬張浚奏：「楚州並漣水軍接海州界，多有淮北及山東莊農，將帶老幼或牛具，散在沿淮，欲從朝廷委自兩淮帥臣，行下所部州軍，責令知縣、縣令多方措置，招誘耕作，若能招及三百户，知縣、縣令除到任、任滿賞外，與轉一官，知、通減半。若過此數，並與滿賞。」詔從之。丁亥〔四〕，給事中金安節奏事。上曰：「近日都不見繳駁，有所見但繳駁來，朕無不聽。」詔：「有司所行事件，並遵依祖宗條法，及紹興三十一年十二月十七日指揮，更不得引例及稱疑似，取自朝廷指揮。如敢違戾，官吏重作施行。」丁亥，吏侍凌景夏等言：「看詳到百官應詔可行事件數内，一考課所以別能否也。祖宗鑒月限遷叙之弊，非有勞者未嘗進秩，故當時任作坊副使有十餘年者，任右補闕有十六年者，任御史中丞有十二年者。比年以來，仕於朝或季一遷，或月一改，居官而書考者鮮矣，况三考乎。外之監司、郡守，小州换大州，西路易東路，送往迎來，祇益擾攘。臣願用祖宗久任之法，則能否可以悉得矣。」詔三省、密院檢坐紹興二十八年手詔行下（是年十一月庚戌降詔）。己丑，侍臣看詳到百官應詔旨言事：「侍從、卿監所舉縣令不公，欲令歲考縣令之課以上之，考不以實，令御史糾劾。其縣令有治績與不任職者，不特賞罰其人，並與其舉者而賞罰之。庶幾舉者不敢徇私，而被舉者無不竭力。」詔從之。是月，始限選人改官，每歲八十員。尋又增二十員。賜進士第，自木待問已下五百餘人及第、出身有差。

五月甲午，詔：「自今以薦舉上書登對，真材實能無吝褒權〔五〕，其餘令籍記姓名，以俟選擇，無狀者罷之，仍追坐繆舉。」從中書門下檢正余時請也。以王十朋爲侍御史。十朋奏疏略曰：「聖人之德無以加孝，而天子之孝，莫大乎光祖宗而安社稷。歷代帝王守成、中興、雪恥、復讎之迹不同，其功光祖宗、孝安社稷，則一而已。靖康之禍，臣子有不忍言者。恭惟陛下天資英武，慨然以興復爲念。竊聞每對群臣論天下事，則曰當如創業時，又曰當以馬上治之。又曰某事當俟恢復後爲之。臣比因宣召，語及祖宗陵寢，聖容慘然，三四十年矣。臣仰知陛下之心，真夏少康、商高宗、周宣王、漢光武之心也。奈何在位之臣不知忠孝大節，復欲蹈昔日姦臣之覆轍，屈主以和仇讎之犬羊〔六〕，指祖宗中原之土爲虜人之土〔七〕，謂不當取，指祖宗中原之人民爲虜之人民，謂不當納，又取秦隴已復之地無故而棄之，以資寇讎，以絶生靈歸附之望。臣願陛下推誠盡孝終始如一，言動之間不忘社稷，食息之頃必念祖宗，側身修行，上以承天意興衰撥亂，下以慰人心任賢勿貳。去邪勿疑，以革前日圖任之失，有善必賞，有惡必罰，以振今日紀綱之弊。仍下詔音戒敕有位。陛下既率之以孝，群臣咸應之以忠。如是則可以動天地，可以通神明，可以慰祖宗在天之靈，可以無負太上皇帝付託之意矣。中原何患乎不復，中興何待乎以日月冀耶。」辛丑，起居郎胡銓直前奏事云：「臣罪廢二十六年，陛下登極首蒙召除，曾未旬浹，又擢左史。」上曰：「卿被罪許時，可謂無辜。朕自知卿與王十朋。」銓曰：

「臣與十朋不同，十朋陛下潛邸之舊，且其材可用。」上曰：「潛邸亦有不當用者，如十朋，非朕私之，其人實可用也。近日除臺官，外議如何？」銓曰：「外人鼓舞，謂陛下得人。」上曰：「卿與十朋皆朕親擢也。」

臣留正等曰：人主以知人爲明，人臣以親擢爲重〔八〕。夫援之於常流，而置之通顯，不由進擬，不自掄薦〔九〕，非知之實深，而其人足以大厭人望，能免人之議其私乎。太宗皇帝嘗書向敏中、張詠二名付中書，曰：此二人名臣，朕將用之。其後皆卓然爲時偉望。太宗知人之明，至今誦之。隆興之初，起胡銓於左史，擢王十朋於臺端，中外竦動，咸服聖明之鑒，正人登用，朝廷益尊，具得祖宗用人之意矣。

銓奏：「今之史職廢壞〔一〇〕，其尤甚者有四：一曰進史不當，二曰立非其地，三曰前殿不立〔一一〕，四曰奏不直前。」有旨前殿依後殿，輪左右史侍立，餘依舊制。壬寅，新授兩浙提舉市舶王端朝進對，論中興、創業、守文。上曰：「三者雖異，其實一道。人君不可驕縱，若驕縱則一事不成。」己酉，四川安撫制置使沈介言：「四川宿兵三十年矣，民力凋弊，殆將不支。欲望因錢引之換界，究失亡之總數，勿以他補，專用蠲四川征斂之尤甚者，輔以度牒稱提之，則歲可減百萬之斂。乞委臣措置，然後條具其合蠲之實，瑣科奏聞。」詔從之。辛亥，天申節，上率群臣詣德壽宮上壽，自是歲如之。議者以欽宗服除，當舉樂。禮部侍郎黄中曰：「臣事君猶子事父，禮，親喪未葬不除服。春秋君弑賊不討則雖葬不書，以明臣子之罪。況今欽宗實未葬也，而可遽作樂乎。」又白宰相曰：「太上皇帝於欽宗親弟昆，且嘗北面事之，有君臣之義，尤恐非所安也。」事遂寢。乙卯，詔曰：「永惟國步之艱，越在海隅之阻。間者，亟馳於使驛，庶幾少戢於兵鋒，而邊候屢驚，敵情未革。既摇蕩於秦隴，復窺伺於荆襄，爰奮厲於諸軍，以肅清於舊壤。靡待前茅之警備，將臨細柳以勞師，副上皇與子之心，攄列聖在天之憤。事諏龜筮〔二〕，躬御戎車，眷言清蹕之初，申飭攸司之衆，各揚乃職，明聽朕言，毋徭役以煩民，毋誅求以剥下。佇成嘉績，迄底丕平。」是月，申禁銷金鋪翠及祠神僭擬踰制等事。右僕射史浩罷知紹興府，尋奉祠。浩以不與出師之議，力丐免。侍御史王十朋亦有言也。命張浚兼都督荆襄，汪澈召赴行在〔三〕。侍御史王十朋論太府丞史正志之罪，詔罷之。時張浚欲命李顯忠、邵宏淵引兵進取，而史浩數從中止之。因城瓜洲，白遣正志以太府丞視之〔四〕。正志合兩淮帥守、監司備諭以廟堂指意。正志有口辨，既見浚亦云云，而浚之意不回，浩亦數因書爲言兵少而不精，二將未可恃。浚不聽。時上意方鄉浚，故浩拜右僕射而浚亦有樞使都督之除。會上將之進取，命從中出，三省、樞院不預。浩遂丐去，而正志亦罷斥云。復靈璧虹縣及宿州。時張浚命李顯忠出濠州以趨靈璧，邵宏淵出泗州趨虹縣，浚自往臨之。顯忠至靈璧，敗其都統蕭琦，宏淵圍虹縣，降其統軍蒲察徒穆及同知大周仁〔一五〕，乘勝進克宿州。浚恐盛夏人疲急，召顯忠等還師，而上亦戒諸將以持重，皆未達。僞副元帥紇石烈志寧率兵至〔一六〕，顯忠與戰，連日未決。諜報虜大興河南之兵將至〔一七〕，會宏淵與顯忠又私其金帛，不以犒士，士憤怨漸潰，遂引而歸，虜亦解去。浚時在盱眙，去宿州不四百里。傳云虜且至，浚亟北渡淮入泗州撫將士，已乃還維揚上疏待罪。

龜鑑曰：壽皇即政之初，即曰張浚入對，遂除江淮宣撫使，上勞之曰：「久聞公名，今朝廷所恃惟公。」而浚見上英武，力陳和議之非，此與高宗詔用李綱同一義。然綱一出而爲汪、黃所沮，浚一出而爲史浩所沮，惜乎。隆興元年，張浚召赴行在，及時掃蕩，壯哉斯言。下詔親征，不惑群議，命李顯忠趨靈璧，一鼓而僞都督敗命。邵宏淵屯虹縣，再鼓而僞將降。建炎以來，十四處戰功，皆未有今日符離之一舉者。蓋向者因其來而後與之戰，今則堂堂之陣、正正之旗，往而征之。傳所謂「先人有奪人之心」，非不得已而後戰也。孝宗謂數十年無此克捷。胡銓謂四十年未有此舉。虜人緣此震懾，知吾君有大有爲之志，知廟謨有出不意之奇，知邊鄙有折衝敵愾之將。王十朋又爲：「陛下用兵，爲祖宗陵寢暴露而舉，爲徽宗、欽宗復讎而舉，爲二百年境土而舉，爲中原弔伐而舉。」此豈嘗試僥倖者之爲哉。

六月庚申朔，日有食之。侍御史王十朋爲吏部侍郎。先是，十朋言：「天資愚戇，不達時宜，獨抱孤忠，每懷憂憤。自從總角，身在草茅，聞丑虜亂華〔一八〕，中原陷没，未嘗不痛心疾首，與之有不共戴天之讎。及聞秦檜用事，辱國議和，嘗思食其肉，以快天地神人之憤。臣素不識張浚，聞浚天資忠義，誓不與賊俱生〔一九〕，臣實敬之慕之。前年備員館職，嘗因輪對，首言虜必敗盟〔二〇〕，乞用浚等。虜果南牧，太上皇親征，起浚知建康府。陛下嗣位，以江淮都督之任委之。天下皆以爲當，惟史浩之徒不悦。臣去年十一月被召至闕，首以恢復大計仰贊聖斷。又乞陛下委浚以圖成功，陛下不以臣言爲非，每蒙聽納。浚遣二將取靈壁、虹縣及取宿州，降三大將，一月三捷，議者皆服陛下英斷任浚爲難。及聞王師不利而還，幸災樂禍者横議蜂起，臣又言陛下用兵，爲祖宗陵寢暴露而舉，爲徽宗、欽宗復讎而舉，爲二百年境土而舉，爲中原弔民伐罪而舉。與古帝王好大喜功、開邊生事者不同。投機而進，知難而退，固不以一衄爲群議所摇。然異論紛紛，不肯置浚。臣不合妄贊恢復，又不合乞委任張浚，乞正臣妄言之罪，罷御史職事，仍賜竄殛，以塞群議。」又言：「聞近日陛下欲遣龍大淵撫諭淮南，信否？」上曰：「無之。」十朋奏：「唐以中官監軍，卒爲亂階。」上曰：「未嘗有此。」十朋又奏：「近又聞欲以楊存中充御營使。」上默然，遂有是除。尋出知饒州。下罪己詔。以宿州之師失利也。張浚降特進，改宣撫使。參贊陳俊卿、唐文若以下各降兩官，邵宏淵、李顯忠以下降罰有差。

浚留維揚，大飭兩淮守備。上復命栻奏事。浚因乞骸骨。上見奏謂栻曰：「雖乞去之章日上，朕決不許。朕待魏公有加，不爲浮議所惑。」上對近臣未嘗名浚，獨曰魏公。壬申，胡銓奏事讀劄子至半，上曰：「秦穆公殽之敗，匹馬隻輪無返者，尚能一戰而霸。」讀至晉武平吴，何曾知其將亂。隋文平陳，房喬知其必亡。上曰：「二君皆恃安平驕淫至此。」丁丑，進呈軍人襄陽屯田。上曰：「此可罷。」陳康伯奏曰：「汪澈措置屯田頗就緒〔三〕，但不當役戰士。」洪遵奏：「正合募人願耕者。」上曰：「指揮更添入不得抑勒，秋成所得，依舊與之。」己卯，張浚言：「官兵因戰鬬重傷廢疾不堪披帶之人，望許令子弟親戚承襲。」從之。丁亥，詔：「守令、監司，出入阡陌，勸課農桑，以殖財阜民，則賞不汝遺。厥或怠惰，邦有常刑，必罰無赦。」

秋七月庚寅朔，以虞允文爲湖北京西制置使。允文尋上疏言：「臣切惟藝祖皇帝創業之初，削平諸國，首會襄陽之兵以取荆南。蓋天下勝勢所在，先得之則雄視吴、蜀。一統之初，實始於此。自古以來，蜀以重山爲險，吴以長江爲險，而荆襄之地，平原廣衺，以兵爲險。道路錯出，不以數計，而其大者有六：自陝、虢出盧氏，可以直抵歸州；自光化出茨湖，可以直抵夷陵；自汝州出新野，可以直抵襄陽；自唐州出棗陽，可以直抵郢州；自蔡州出信陽之三關，可以直抵德安府；自陳州出宛丘新息，可以直抵光、黄，皆當以兵爲險之地也。而今之備兵，反薄於守吳、守蜀之數，一失枝梧，虜勢橫潰，吳、蜀之形，釐而爲二，屯兵雖多，首尾莫應。伏願陛下下臣之章於腹心大臣，議所以益兵之策，庶幾不失藝祖所以先重荆襄之意，爲陛下恢復之基，天下幸甚。」以湯思退爲右僕射、同平章事兼樞密使。以旱蝗星變，詔近臣條上闕政。起居郎胡銓請勿徼福佛老，躬行周宣政事。罰監司、守令之貪殘者。中書舍人、直學士院劉珙疏言：「當信賞必罰，以肅將帥之心，痛懲刻剥，以固士卒之志。節浮冗，練軍實，精擇郡守，誅鋤贓吏，以厚吾民之生。而是數者之得失，則又係人主之心誠與不誠耳。陛下誠能廣恭儉日新之德〔三〕，屏馳騁無益之戲，登崇俊良，斥遠邪佞，使日用之間有以養吾之誠，而無害焉，則夫數者固將有所依而立，而災異之變庶乎其可銷矣。」甲寅，户部言：「内外不住添屯軍馬，合用糧料比舊增廣，其數浩瀚。今秋成不遠，理宜措置收糴，添助支用。今且以每石作二貫文，除湖北、京西路就去歲已降本錢外，欲科降去年和糴米支使不盡本錢，並支度牒、見錢關子等，令逐路運司拘收，照應市價賤處，盡本通融收糴。」從之。

八月丙寅，詔：「朕惟共理允賴守臣，比年以來，遷易靡定。欲使宣化承流，民安田里，難矣。載嚴成法，毋徇私恩。今後郡守須到任二年，方許差除。」丙子，詔：「昨議臣權借職田添助國用，深慮吏無圭租，何以養廉。前降指揮更不施行。」戊寅，臣僚言：

「檢放災傷，守、令未嘗加意。乞再展限一月，州縣曉示，許人户從實陳訴，委縣令同所差州官驗視檢放。知州覺察諸縣，監司覺察諸州，如有不行覺察，御史臺彈劾。」從之。以災傷避殿、減膳，降詔略云：「比日飛蝗益多，又聞諸路州縣風水爲災，朕避正殿，減常膳。二三大臣，其盡忠省過，監司、郡守，各務身率，戢奸禁暴，平冤察獄。所在災傷依條振恤檢放，師徒未息，科調繁興，江、淮、襄、蜀尤極勞擾。疆埸之吏，宜加安輯，蠲其苛斂，以稱德意。」癸未，起居郎胡銓奏曰：「陛下憂災，避殿減膳，蝗蟲頓息。天理去人不遠。」上曰：「朕逐日禱天，蝗蟲遂滅，安可不至誠。」銓奏曰：「陛下行之不息，豈特減蝗，虜亦不足慮。」銓又奏：「側聞道路之言，近日臺諫論事，陛下謂爲賣直。」上曰：「非也。朕近謂臺諫論事，要當辨曲直。故近日與張闡説此語，非賣直也。然非卿不聞此言。」銓奏云：「臣事君猶子事父，若於君有隱，則於父亦有隱，非忠孝也。」上曰：「卿言甚善。」銓又奏：「德宗謂姜公輔爲賣直。」上曰：「朕嘗論德宗此言甚失，不足法。」銓奏：「天語誠然，宗社之福也。」初，張浚以符離之役，詔改都督爲宣撫。至是，參贊軍事陳俊卿奏云：「改都督府爲宣撫司，恐使人情觀望，號令不行。」殿中侍御史周操亦以爲請。遂詔復都督。參贊軍事唐文若知鼎州，以户部侍郎王之望代之。監惠民局劉汶罷。言者論：「汶近因太白晝見，陛下詔侍從以下條對得失。汶乃公肆訕言，遍投臺諫，乞行遠竄。」故有是命。以龍大淵、曾覿知閤門事。二人皆上潛邸舊人。上之初即位也，以大淵爲樞密副都承旨，覿帶御器械。去冬，劉度除右諫議大夫，首論待小人不可無節。潛邸舊僚，宣召當有時。蓋指二人也。是年三月，度復上疏劾大淵輕儇浮淺，憑恃恩寵，入則侍帷幄之謀，出則陪廟堂之論，摇脣鼓舌，更變是非。反復數百言，尤爲切至。乃詔大淵除知閤門事，覿權知閤門事。度復奏云：「臣欲抑之而陛下揚之，臣欲退之而陛下進之，臣欲使之畏戢而陛下示之以無所忌憚。是臣所言皆爲欺罔。」因求貶黜，不報。而中書舍人張震亦繳其命，至再除，震次對。出知紹興府，震力辭，不許。殿中侍御史胡沂亦論二人市權。不報。給舍金安節、周必大亦再封還録黄。有旨龍大淵見在假，候假滿日別與差遣。曾覿依舊帶御器械。度尋改權工部侍郎。以所言過實也。震力辭職名，遂與外祠。度辭新命，改知建寧府。詔大淵、覿依舊知閤門事。必大又格除命不下。必大尋奉祠，而二人之命亦寢。未幾，沂亦奉祠，安節除兵部侍郎。至是，復申前命，書行者中書舍人錢周材、給事中工部侍郎陳之淵也。禁士庶服飾侈異及歸正人胡服。

九月己亥，詔：「自今後，内外主兵官進奉會慶聖節香疏、香合並沉香，並不得過二十兩。馬不得過四匹。餘物並不得投進。」辛卯，御史周操奏：「建立長秋，費用不貲。

方今軍旅未寧，歲事荒歉，望應奉繁文内外錫賜痛行裁節。」上曰：「朕宫中已痛加節省，卿等更一切略去浮費。」癸卯，詔：「已付張浚、王彦，令兵將官奏報文字及有陳乞，並不得倚託近侍進達，可徑赴行在通進司投進。」癸丑，起居郎胡銓奏事，上曰：「朕在藩邸時，養得性定。今或飲酒過度，未嘗不悔。」銓奏：「外人皆知陛下無酒色之過，然猶謹畏如此。」乙卯，進呈手詔：「頗聞中外士大夫不安義分，希進苟求，多事造請。執政大臣宣諭此意，公事公言之，勿受私謁等事。」上曰：「賓客固不可全不見，但不當以此廢事。有干求者，卿等宜有以戒之。」起居郎胡銓言：「蒙差權中書舍人，臣與起居舍人馬騏同僚，其人詳練，乞改差騏。」上曰：「難以易卿。」銓奏：「臣與劉珙分上下房，劉珙得上房，臣得下房。下房多出内降，如劉珙近日繳田師中表，陳乞恩例，冒瀆聖聽。況臣綿薄，決不能勝任。」上曰：「劉珙繳得極是。朕初疑其稽遲耳。繳駁貴於當理，如卿名望不必固辭。」先是，虜人移書云〔二三〕：「故疆、歲幣如舊約即止兵。」上付督府，答書乃言歸當禀命許四郡，遂以虜酋遺三省樞密院書來，凡畫定四事：一叔姪通書之式，二命盧仲賢携往。上戒勿許四州，而執政命許之無傷。仲賢至宿州，虜酋懼之以威〔二四〕，唐、鄧、海、泗之地，三歲幣銀絹之數，四叛亡俘虜之人。是秋，詔秘書省除少監、秘丞外以七員爲額。

冬十月，地震〔二五〕。

十一月壬辰，詔曰：「近來環衛久不除授，非所以儲材而均任也。可依舊制，應以材略聞堪任將帥及久勤軍事暫歸休佚之人，並爲環衛官，更不換授，止令兼領。其朝參、職事、俸給、人從並令有司日下條具取旨。」既而環衛官共以十員爲額。癸巳，宰執言：「軍旅之際，間諜居多，巧爲詆誣，陰擾國政。兼近世風俗之弊，毁譽不公，有害於治。」詔：「令宰執、侍從、臺諫謹察，妄有薦毁、專事欺罔者，具以聞奏，當議重置於罰，以靖風俗。」上曰：「此弊已七八十年，罰責必行，正在君相。朕與卿等行之。」湯思退奏：「毁譽不公久矣。毁者當察之，譽者當試之。」詔曰：「朕累降詔旨，優恤軍民。其令尚書省下諸路帥守、監司及諸軍統兵官，各開具已見如何施行，務使實惠及人，無或失信。」甲午，詔學士院經筵官自今月七日輪二員，宿直於學士院。己酉，侍御史周操内宿，召對問遣使事久之。上曰：「朕在宫中並無他用心，只是看經史並騎射耳。」

大事記曰：自隆興元年，令學士院及經筵官日輪二員，宿直於本院，以備咨訪，或問經史，或談時事，或訪人才。及執事所奏，從容造膝〔二六〕，過於南衙面陳〔二七〕，先事獻言，加於路朝顯諫。故宇文价論夔路賑濟推賞〔二八〕，此尚書夜對之言也。陳駿論治贓吏當用祖宗法，此中書夜對之言也。倪思乞養皇孫國公德性，此直學士夜對之言也。金安節、馬騏論諫官言事失當〔二九〕，不宜深罪，此侍講夜對之言也。周操以侍御史内宿召對，論遣使事。王藺在講筵夜對〔三〇〕，論臨安府王佐貪污事，此禁臣夜直之雍容論奏也如此。

詔：「福建提舉司具到本路見在常平米九萬九千二百餘石、義倉米二十九萬五千六百餘石，令本司契勘，如無陳腐，不須更行收糴，從中書門下省請也。」己酉，給事中錢周材等看詳：撫州敕賜同進士出身吴瀣上書，繳進罪言三册，所陳治道、革弊、兵制、理財、取中原五事，論議詳明，言皆可行。詔與堂除陞擢差遣。詔命侍從、臺諫集議講和，群臣相繼論列。而監察御史閻安中議曰：「虜人姦謀詭計〔三一〕，以和而陷我於機穽者屢矣。靖康之變，其痛不可勝言也。自翠華南渡以來，絶江航海以掩我不備者，不遺餘力矣。其心豈欲與我和哉。彼見吾吴、岳、張、韓之軍士氣少舒，兵威稍振，川陝屢勝，順昌大捷，國勢駸駸乎强矣，彼其時亦有蒙國之難焉，恐吾積怨發憤而遂夾攻之也。比我師有靈璧之捷，有虹縣之捷，有符離之捷，虜人死亡者過半，雖我之主帥失於綏御，衆散而歸，不能以一鏃一騎，尾從吾後，臣知其無能爲矣。彼見吾用孟明氏，恐其濟河焚舟，復有後日之舉也。於是，虚聲恐喝，又以和議而疑我焉。一則以威彼背叛之國，安反側之心。二則以沮我壯士之氣，緩攻取之計。三則以疑我歸正蕭琦等輩。四則以摇撼我唐、鄧、海、泗等州。五則以杜絶我謳吟思歸之人，使不得以乘釁而生變也。四州之地決不可棄，當以和好爲權，宜用兵爲實致。」起居郎胡銓議曰：「臣竊惟國家自紹興初與金虜講和〔三二〕，竭民膏血而不恤，忘國大讎而不報，上下偷生，苟安歲月，以爲盟好可恃，蕩然決去藩維之守。一日完顏亮變生肘腋，宗廟社稷幾不血食，天下寒心。陛下即位以來，乾剛獨斷，奮然圖任，二三大臣，力謀恢復，符離之師，兵不血刃而故疆復得，使李顯忠盡忠於國，不貪小利以成大舉之功，則中原響應勢如破竹，興復之期可指日以俟矣。雖然功雖不成，自京都播遷之後垂四十年，未有如符離之舉也。虜人緣此震慴，知陛下有大有爲之志，知廟謨有出不意之奇，知邊鄙有折衝敵愾之將，知臺諫有明目張膽之人，知朝廷有面折廷諍之士，以爲中國有人，遂有乞食之意〔三三〕。兵法曰：『無故而求和者，謀也。』昨來京都失守，本於大臣耿南仲主和。二聖劫遷，本於宰相何㮚主和。維揚失守，本於宰相汪伯彥、黄潛善主和。完顏亮之變，本於秦檜主和。自汴京板蕩以來，四十年間，醜虜爲封豕長蛇薦食上國，何嘗不以和哉。暴蔑我二聖、污踐我兩宮、殘毀我宗廟、陵夷我社稷、發掘我陵寢。今欲與不戴天之讎講信修睦，三綱五常掃地盡矣。就令和好或成，其言可信，決不叛盟，孝子順孫，寧忍爲之，況萬萬無可信之理虖。前車覆，後車戒，陛下若不深思遠慮，力修政事，力敕守備〔三四〕，力任將相，力圖恢復而苟目前之安，臣恐後車又將覆也。議者乃曰：姑與之和而陰爲之備，外雖和而内不忘戰，此向來權臣誤國之言，陛下聞之熟矣。嗚呼。燕安鴆毒不可懷也。一溺於和，則上下偷安，將士解體，終身不能自振，尚又安能戰乎。其爲鴆毒，可勝寒心。」張浚累疏争之，至曰：「自昔議和之臣始以怯懦誤國，全身保家，其終不至於降，蓋有草降表以待用，而陰圖其富貴者矣，不可不察。」壬子，陳康伯、湯思退、周葵、洪遵劄子奏：「近因北副元帥書來有意求和，陛下天資英武，痛祖宗未雪之讎，日思恢復，而一聞虜言〔三五〕，喜見顏色，正欲休兵息民以答天戒，因爲自治之計，以待天下之變而圖之。群臣紛紛，乃謂臣等意欲講和，以苟目前之安。今竊以謂自今以往，尤當信賞必罰，以作成人材，選將勵兵以激昂士氣，務農重穀均財節用，以愛惜公私之力。庶幾今日之和，乃所以成他日之恢復。惟今陛下無忘今日之紛紛，而力行其所未至，使臣等得效其區區之愚，不專爲苟安之事，以實議者之言。」上曰：「虜能以太上爲兄，朕所喜者。朕意已定，正當因此與起治功。」初，張浚累疏言虜彊則來〔三六〕，弱則止，不在和與不和。執政急於求和，遂遣盧仲賢持書報虜。浚復言：「仲賢小人多妄，不可委信。」已而仲賢果以許四州辱命。朝廷乃遣王之望、龍大淵爲通命使副，而召浚赴行在。浚沿途復上疏争之，且曰：「自秦檜主和，陰懷他志，卒成逆亮之禍。檜之大罪未正於朝，致使其黨復出爲惡。臣聞立大事者以人心爲本，今内外之事未決，而遣使之詔已下，失中原之心，失將士之心，失四海傾慕陛下之心。他日誰爲陛下出力用命哉。今議者不務力爲自强之計，因虜帥一再移書，復將裒吾民之膏血以奉讎人，欺陛下以款之之名而共爲和之之實。其說固曰：『吾將款之而後修吾兵政』，不知使命一遣，歲幣一出，國書一正，將士褫氣，忠義解體，人心憤怨，何兵政之可修。又不過曰：『吾將疑之而理吾財用』，不知今雖遣使而兵不可省，備不可撤〔三七〕，重之以歲幣之費，虜使之來，復有他須，何財用之可理，此可見其欺，陛下以款之之名，而實欲行其宿志，彼方惟黨與之是立，惟富貴之是貪，豈復以國事爲心哉。」及入見，又力陳和議之失。上爲止誓書、留使人，而令通書官胡昉先往諭虜以四州不可割之意。於是，之望、大淵待命境上。時廷臣多言可以與之議和，而四州之地不可輕棄。而湖北京西制置使虞允文乃陳不可與和，四州之地與和尚原、商於一帶之險，不可以輕棄。累疏爭之。未幾，虜羈胡昉等，上聞之，謂浚曰：「和議之不成，天也。自此事歸一矣。」

十二月丁卯，上曰：「殿司尚循舊弊，如印馬多是病馬便印，每匹數百千，只緣人情應副。又如私差人兵借事朕已說與王鉷可作約束施行〔三八〕。」左僕射陳康伯罷，出知信州。尋奉祠。從所請也。以湯思退爲左僕射，張浚右僕射，浚仍兼都督。上書聖主得賢臣頌以賜之。庚辰，上曰：「廣帥尚未除人。」宰臣湯思退等奏：「三廣去朝廷遠〔三九〕，犀象珠珍所出，帥守須以廉吏爲先。」上曰：「古謂貪泉使夷齊飲，不失其廉也。」詔：「諸路州軍歲起上供錢物，例有拖欠，監司、郡守卻以羨餘進獻，僥冒賞典。今後上供錢物須管依限起發數足，如輒行率斂進獻，仰本部按劾以聞。」

是歲，廣東提刑司獻緡錢十五萬，有旨令就便撥賜廣西所司，充本路今年上供錢。朱熹入對，三奏：其一言大學之道在乎格物以致其知。其二言君父之讎不可共戴天，非戰無以復讎，非守無以制勝。其三言聖王制御夷狄之道，其本不在乎威彊，而在乎德業；其任不在乎邊境，乃在乎朝廷；其具不在乎兵食，而在乎紀綱。知荆南府張孝祥薦峽州布衣郭雍行義，召不至，賜號沖晦處士。淳熙間，再封頤正先生。總司創造湖北會子七百萬，謂之直便會子〔四〇〕。

甲申隆興二年春正月丁亥朔，詔曰：「朕恭覽乾德元年郊祀詔書有云：『務從省約，無至勞煩。』仰見事天之誠，愛民之仁，朕祗膺慈詔，嗣守丕祚。今歲冬日至當郊見上帝，可令有司，除事神儀物、諸軍賞給依舊制外，其乘輿服御及中外支賞，並從省約。」癸巳，上曰：「近日士大夫奔競之風少息否？」宰相湯思退等奏：「方欲措置。」上曰：「卿等近日極留意政事，要當立紀綱，正法度，不可困於文書。」甲申，知潭州黄祖舜言：「江湖之間私鑄輕薄沙錢，市井鋪户每以好錢五百博换一貫〔四一〕，混雜貫百，與鄉民貿置。欲申嚴私鑄之刑。」户部契勘：「私鑄毛錢及磨錯剪鑿，並博易私錢行使，各有立定條法，乞檢坐指揮，下諸路提刑司，行下所部，切嚴約束。」從之。壬寅，户部言：「諸路節次承降指揮和糴，先拋降下未糴見錢銀，並兩浙運司合樁今年歲額糴本、移用錢及諸路常平剩下糴本等錢，共二百萬貫，令行在並隆興建康鎮江府、衡鼎州，置場糴米斛共一百萬碩，依舊作常平樁管。緣逐路提舉司循習住滯，不催督錢數起發，深慮用而過時，有誤收糴。欲將所科糴錢數，劄下逐路提舉常平官、兩浙運司，日下計置，盡數赴逐處糴場交納。仍各具已催起錢數申尚書省。」從之。是月，都督府言：「會子流轉行使〔四二〕，已是通快。若廣行樁垛本錢，即日支遣，則客旅不至沮滯。欲乞令禮部降空名度牒一萬道，分下諸路出賣，於建康府置務，樁垛見錢，專充會子本錢。」從之。詔諸路監司、帥守及統兵官條上優恤軍民事宜。

二月己未，幸玉津園宴射。癸亥，進呈張浚視師及措置邊事指揮。上曰：「暫往措置邊防，待朕批去，有警即行，不須擇日。」先是，張浚奏：「虜勢未能動〔四三〕，長驅江淮，決無是事。但三月間春草生，須防衝突。乞明降指揮，令臣往淮上視師，無事則不須行。」又奏：「近日外間往往謂臣與宰執議論不和，便欲陛下用兵。今日若能保守江淮已爲盡善，萬一機會之來，王師得勝，虜衆潰散，不得不爲進取之計。是時陛下須幸建康，亦望宰執協力。」湯思退奏：「虜人變詐無窮，朝廷規模要先定。」周葵、洪遵奏：「今日之舉當量度國力。」上曰：「浪戰不可，須是機會，不可强爲。卿等同心，事無不立。」戊辰，進呈擬韓彦直知舒州。上曰：「親民之官不可輕授。」湯思退奏：「彦直嘗爲郎官。」張浚又嘗以爲成閔隨軍漕。」上曰：「更且試之以事，他日可以親民，付之州郡未晚。」宰執退曰：「上於州郡如此不輕，可以知願治之意也。」彦直，世忠子也。丙子，上宣諭：「臣僚論列，間有將臣刻剥士卒以充饋賂，可令學士院降詔戒諭。」

臣留正等曰：自昔將帥之以賄賂進，未嘗不由於左右招權納賄者爲之也。小人之在君側，乘間伺便，竊行其薦毁之説，而賄賂之計得矣，不思將帥之賄賂，皆椎肌剥髓而得之也。士卒困於椎剥，淪於飢寒，利入於權門，怨歸於公上，一旦有警，驅之萬死一生之地，孰肯爲國用命者。其始出於縱己欲，而終至於誤國事，可不戒其漸乎。壽皇因臣僚論列，亟發明詔，丁寧戒諭，而敕厲權貴之詞尤嚴，其弗祗若明訓，誠可以必罰無赦矣。高宗紹興中，嘗有詔曰：「居上位者必有所欲，而後人得以因其所好，以濟請託之私。凡我在位，若皆清白，及侍御僕從，罔匪正人，苞苴何所自入哉。」此可謂得其情矣。

丁丑，詔司農少卿陳良弼往浙東點檢常平等倉。辛巳，良弼言：「比點檢七州常平倉，其間失陷、借支、壞爛、失收米麥共二十七萬六千二十餘碩，並常平錢一萬四千四十餘貫，乞委提舉官遍詣所屬，剗刷係省錢米償納。如所償未足，候收納秋苗日盡償。」從之。是月，雨雹。

三月丁亥，臣僚言：「今入仕之數日以多，故注官之闕日以遠。吏公然受賕，無所忌憚。人亦公然賕吏，無所吝惜。其弊有三：一曰隱匿闕次，二曰引例異同，三曰捃摭小節。臣謂凡今銓曹隨事生弊，蓋不止此。欲乞令本部長、貳、郎官更行條具，務令詳盡。」從之。丙申，進呈監察御史袁綜奏，以病甚母老子幼身後狼狽。湯思退等奏：「前此右正言都民望死，曾支賜銀絹。」上曰：「恐自此爲例。」思退等奏：「前此朝士有死者，堂中亦有例送錢物。欲送三百千與之。」上曰：「甚好。」思退等退，相與言曰：「上雖些小支賜，亦不肯爲例，可謂節儉之至也。」己亥，淮東總領措置營田王弗言〔四四〕：「紹興五六年間置營田司，臣嘗同領江淮營田，經營二年，初年官收四分〔四五〕，莊户六分，次年官與莊户各五分。紹興六年官收約七十四萬碩，莊户所分一同。繼被旨結局，分隸諸路漕司提領，遂致人情觀望，田政日削，牛死不補，客去不追，今雖有存者，所得無幾。欲乞先於側近軍分與主帥商議，揀次等不堪出戰及知農務之人，每軍以十分爲率，差撥一二分列屯耕作。其置莊、買牛、造農器、分課子，並依昨差提領營田司已降指揮施行，假之歲月，以漸增廣。」從之。丙午，宰相湯思退奏：「廣西遭寇數年，乞降德音寬恤。」上曰：「其租税收得多少，不要文具，務行實惠。」戊申，臣僚上言：「内外官司以賞來上者幾無虚日〔四六〕，而吏部以磨勘轉官者，其減年之數多於實歷之人，乞令吏部今後遇以減年磨勘轉官者，須將實歷過年數對用〔四七〕，謂如一年實歷用一年減年，如此亦是合四年轉官者以二年轉也。」詔從之。是月，内批：「劉度罷建寧府。」給舍黄中、馬騏言：「度與郡且一歲矣，今被旨放罷，莫知其故。」上批：「劉度黨附，敢爲欺罔，尚除大藩，可依已降放罷指揮。」未幾中及騏亦以言去，蓋龍大淵等初用事時，諸賢攻之甚力，故上意有朋黨之疑也。張浚復如淮視師。始議以四月進幸建康，浚又言當詔王之望等還。上從之。幸建康之議，湯思退初不與聞，乃與其黨密謀爲陷浚計。詔浚行視江淮。自浚受任督府，且將三年，講論軍務，不遑寢食，所招來山東、淮北忠義之士以實建康、鎮江兩軍，凡萬二千餘人，萬弩營所招淮南壯士及江西群盜又萬餘人。要害之地，城壁皆築。其可因水爲險者，皆積水爲堰。置江淮戰艦，諸軍弓矢器械悉備。兩年冬，虜屯重兵十萬於河南爲虚聲脅和〔四八〕，有刻日决戰之語，將士望虜至成大功，而虜亦知吾有備，卒不敢動。至是，浚又以宰相來撫諸軍，將士踊躍思奮，虜聞浚來，亦檄宿州之兵歸南京，沿邊清野以俟。淮北來歸者日不絶，山東豪傑悉領受節度。浚又以蕭琦契丹望族，沈勇有謀，欲令琦盡統契丹降人。且以檄諭契丹，虜益懼。初給度牒二萬道付諸路出鬻，每道收錢三百貫。侍御史周操言：「今來正是起催折帛夏税之時，若添此一項，愈見窘急。每道乞量降五十千。」續有旨，先次給降一萬道，俟均賣盡日別取指揮。後上謂輔臣曰：「聞臨安所科已自紛擾，不如且已之。」

夏四月，召張浚。先是，右正言尹穡論浚跋扈，乃議罷督階〔四九〕，而以户部侍郎錢端禮〔五〇〕、吏部侍郎王之望爲淮東西宣諭使以代之。之望未行，又拜左諫議大夫。蓋欲使議論歸一也。至是，詔罷督府，應干錢物委端禮、之望及淮東總領拘收。時湯思退令王之望盛毀守備，以爲不可恃。又令尹穡論罷督府官屬馮方。又論浚費國用不貲。又論乞罷浚都督。浚亦請解督府。詔如其請。言者詆浚愈力，浚留平江上章乞致仕者八，上許之。直學士院洪适當制，有「棘門如兒戲耳」之句，蓋适自淮東總領召歸，附思退意，言浚邊備如兒戲，故又形之制詞也。上察浚之忠，欲全其去，制除少師、判福州。陳俊卿知泉州〔五一〕，尋奉祠。

龜鑑曰：王師偶失小利，而幸災樂禍者縱横紛起矣。且符離之役，李顯忠、邵宏淵進兵淮北，藉令潰散，不過失其所下之城邑，何至張皇如是耶。嗟夫，宣、靖以來爲虜所欺〔五二〕，爲和所誤，爲奸臣所罔，曾不一悔，而一欲用兵，少有喪敗，上下翕翕以爲危亡之必至，不獨爲之罷大臣、咎論者，朝廷之議又爲之一變矣。甚矣，人臣任責之難也。

五月壬辰，宣諭：「以十七日幸候潮門外大教場進早膳，次幸白石教場閱兵。」癸卯，進呈主管殿前司公事王琪奏：「神勇軍權統領官劉洪近已致仕，乞改差左軍統領王明填闕。」上曰：「王明病目不可用。」仍戒諭王琪，近所差劉洪年老軟弱，今果死，止是主帥作人情。湯思退退而嘆曰：「陛下留意軍政，下至偏裨，皆知其能否，真大有爲之君也。」壬子，臣僚言：「盱眙並楚州界客人裝載貨物，私相博換錢寶，乞禁止。」詔令宋肇、嚴凝、劉繹依認地分晝夜緝捕，用心捉獲，格外優異推恩。

六月甲寅朔〔五三〕，日有食之。丁巳，淮西宣諭使王之望奏：「同諸將分定把截關隘、戰守屯泊去處。」上曰：「可分明劄下王彥、王之望等，雖地分各有所管，然兵不可太分。如要逐處控扼，使虜人不過，兵家無此理。」卻要逐人回奏，須用持大兵於重害之地。」又曰：「使諸將各認地分則可，若有緩急豈宜如此，將兵力分在數處。」湯思退等奏：「聖鑒如此，兵見機要。」己巳，詔：「夷陵之地，今日爲次邊利害，下湖北京西路制置使司相度有無利便。又見屯夔路兵聽鄰州差撥，於夔州有無妨礙，下湖北路並夔州路安撫司同共相度經久利便，申取朝廷指揮。」

秋七月丙戌，諸王宮大小學教授詹叔善劄子：「見年七十，於條合該致仕。」詔：「詹叔善引年知止，足勵士風，依條致仕，特與一子上州文學。」丁亥，臣僚言：「昨因諸路綱運遲滯，遂降指揮令寄居、待闕等官部押，優立賞格，以爲激勸。積久弊生，其弊不一。其一請託之弊，其二侵害之弊，其三夾帶之弊，其四僥冒之弊。凡此四弊，皆歸於權勢有力之人賄賂請求、姦巧争奪。乞將州郡綱運只差見任官管押。若不及全綱，自有本州準備差使使臣，據其多少，貼差軍員，亦可前去。」詔令户部措置。既而本部言：「欲下諸路監司，一依今來臣僚所請事理施行。」從之。辛卯，詔：「昨來奉上光堯壽聖太上皇帝、太上皇后尊號禮畢，除修製册寶、行禮、都大所一行官吏等已推恩了當，所有本宫官吏諸色人未推恩，可令有司討論施行。」臣僚言：「德壽宫官吏到宫先轉一官，及受册寶文已推恩〔五四〕，今若又復泛及，似太重疊。伏望聖斷特賜寢罷。」詔從之。戊申，臣僚言：「熙寧初創立市舶一司，所以來遠人、通物貨也。邇來州郡官吏趣辦抽解之外，猥多名色，兼迫其輸納，貨滯則減價求售，所得無幾，恐商旅自此不行。」繼而户部欲行下廣南、福建、兩浙轉運市舶司，鈐束所屬州縣場務，遵守見行條法施行，毋致違戾。是月，江東、浙西水，雨雹，詔：「災異數見，江淮水澇，避殿減膳，令侍從、臺諫、卿監、郎官、館職疏陳闕失及當今急務，毋有所隱。」兵部侍郎胡銓言：「當今急務，莫大於備邊。今與虜和議〔五五〕，有可痛哭者十：今日之患，兵費太廣，養兵之外，又增歲幣，民力益困，一也。唐鄧海泗之人，不下數十百萬，一旦與之，是置之死地，二也。海、泗今日之藩籬咽喉也，失則兩淮不可保，大江不可守，而江浙不安，三也。絶中原之望，四也。自秦檜竭民膏血以奉虜，民愁盜起，齊述一變，殺數萬人。郡國二十四，同時大水〔五六〕。今和議雖未必成，皆曰又將竭吾膏血以潤虜人。今兩淮之人嗷嗷然皆曰：又將如前日疲於虜使之往來，而再命之不暇〔五七〕，五也。秦檜力排不附和議之士九十餘人，賢士大夫、國之元老相踵引去。檜末年遣張常先〔五八〕、汪君錫〔五九〕，網羅張浚、胡寅等三十七人，欲竄海島，賴上天悔禍，檜即殞命，而三十七人幸脱虎口。然趙鼎、王庶、李光、鄭剛中、曾開、李彌遜、魏矼、高登、吴元美、楊輝、吴師古等皆死嶺海，或死罪籍，怨憤之氣徹天。今日和議或成，則不附時議之士，或蹈前日之禍必矣，六也。紹興戊午，和議既成，檜建議遣路允迪等二三大臣往南京等州交割歸地，虜一旦叛盟，劫執允迪等，遂下親征之詔，虜復請和，其反覆如此，檜不悟，卒有逆亮之變。覆轍不遠，七也。頃者虜人移書，盡取歸正人，檜一切還之。如江南程師回〔六〇〕、趙良嗣等聚族數百人，幾謀變。今虜必復如前日盡索歸正之人。與之，必反側生變，不與，則虜決不肯但已，八也。自秦檜當國，二十年空竭國力，海内乾耗。今府庫無旬月之儲，自此復和，蠹國害民，殆有甚焉，九也。真宗朝，宰相李文靖公沆賢相也，嘗謂王旦云：我死，公必相，切莫與虜講和〔六一〕，自此必多事矣。旦殊不以爲然。既而遂和，十餘年間，祥瑞天書土木之役不息，東封西祀，饑饉薦臻，且始悔不用李文靖之言。夫祖宗盛時，尚以和議爲不可，況今國勢委靡如此，而復唱和議，使上下解體，士氣惰怯，溺於宴安之鴆毒，國之元老如張浚、王大寶、王十朋、金安節、黄中、陳良翰相繼黜逐。詩云：雖無老成人尚有典刑。韓愈云：言老成重於典刑，是何可輕哉，十也。願陛下堅守和不可成之論，力行其志，自强不息，則醜虜何足患哉〔六二〕。天變水災亦當銷縮，不勞聖慮而滅矣。」監察御史龔茂良疏略曰：「夫水至陰也，其占爲女寵，爲嬖佞，爲小人專制，爲夷狄亂華。而其間因權倖以致者，蓋十七八焉。今左右近習不過數人，衆所指目，形於謡誦。以陛下英明果斷，固不至容其爲婚爲恢，第一二年來，進退一人材，施行一政事，命由中出，人言譁然指爲此輩，甚者親狎之語，流聞中外，賢酬之作，傳播邇遐。陛下深居九重，何由知此。」時内侍押班梁珂及龍大淵、曾覿皆用事，茂良疏蓋指此也。會言者論珂罪，詔與外任宫觀。茂良尋遷右正言，入對，首論：「積陰弗解，淫雨益甚，熒惑入斗，正當吴分，天意若有所愠怒而未釋者，二人害政甚珂百倍。」上諭以「二人皆宫邸舊僚，且俱有文學，敢諫諍，未嘗預外事」。茂良再上疏言：「德宗謂李泌：『人言盧杞奸邪，朕獨不知。』此其所以爲奸邪也。今大淵、覿所爲，行道之人類能言之，而陛下尚未之覺，更頌其賢，此臣所以深憂屢嘆，百倍於未言之前也。」疏入，不報，即家居待罪。及王之望參政，茂良以其嘗薦己，乞回避，詔除太常少卿。茂良力求去，乃命知建寧府。

八月戊辰，詔通判横州賈成之特令再任。從廣西諸司言佐郡有方，爲政不擾也。丙子，臣僚言：「大理寺勘到，左軍統制魏尚令人齎金銀來行在託相識，尋訪關節，求帶閤職。必曾聞有如此而得者，是以效之。欲望將魏尚重作行遣，別降指揮，戒諭中外，今後敢有受財贓滿者，當以軍法從事。」詔從之。詔：「江浙水利久不講修，積雨無所鍾洩，重爲秋稼之害。可令逐州守臣，考按古迹及今堙塞去處，條具措置奏聞。」是月，魏杞使金。先是，上命湯思退作書與虜約許割四郡〔六三〕，且求減歲幣之半。尋又命杞以宗正少卿充通問使。杞及疆，虜以書不如式不受。又求割商秦地及歸正人，且求歲幣二十萬。杞以聞。上命盡依初式，再易書，歲幣亦如其數。魏國公張浚薨。浚行次餘干，以家事付兩子栻、杓曰〔六四〕：「吾嘗相國，不能恢復中原盡雪祖宗之耻，即死不當葬我先人墓左，葬我衡山足矣。」疾革，呼栻等於前，問：「國家得無棄四郡乎？」且命作奏乞致仕而薨。後五年，上追思浚忠烈，加贈太師，賜謚忠獻〔六五〕。浚自幼即有濟時志，在京城中，親見二帝北狩，皇族繫擄，生民塗炭，誓不與賊俱存〔六六〕，故終身不主和戎之議。功雖不就，人稱其忠。論事上前，必以人君當正心務學、修德畏天、至誠無倦爲先。又以儲副爲天下本。自在川陜，即上疏乞選養宗室之賢。及爲相，復陳宗廟大計。資善堂建，皇子出就傅，又薦朱震、范沖訓導之選。每以東南形勢莫重建康，若居錢塘易以安肆，故自紹興至隆興，屢以還幸爲言。稟性至公，嘗劾李綱以私意殺從臣宋齊愈，罷其政。大赦，綱貶海外獨不原。浚爲請得内徙。韓世忠軍士剽掠，浚嘗奏奪其觀察使。及視師淮上，獨稱世忠忠勇，可倚以大事。其輔政以人才爲急，與趙鼎掌國，多所引擢，從臣朝列皆一時之望，人號爲「小元祐」。至隆興初，首薦論事切直折挫不撓者數十人。及再相，又薦虞允文、汪應辰、王十朋、劉珙等，皆一時名士。尤善於撫御將帥，而知其才。始在關陝，吴玠、吴璘由行間識擢〔六七〕，卒有大功於蜀。劉錡晚出〔六八〕，浚一見奇之，即付以事任，歸薦於朝，卒成順昌之奇功。其他若楊政、田晟、王宗尹、王彦後皆爲名將。事母至孝，母喪，浚踰六十，哀毁不自勝。事兄滉友弟尤至，教養其子如己子，置義莊以贍宗族。其子栻甫畢襄事，即草土拜疏，言〔六九〕：「吾與虜乃不共戴天之讎，異時朝廷雖與縞素之師，然旋遣玉帛之使，是以至誠惻怛之心，無以交格乎天人之際〔七〇〕，此所以事屢敗而功不成也。今雖重爲群邪所誤，以至於此，然能以是爲監而深察之，使吾胸中了然無纖芥之惑，然後明詔中外，公行賞罰，以快軍民之憤，則人心悦、元氣充〔七一〕，而虜不難卻矣。」

朱文公曰：南渡以來，士大夫唱爲和議〔七二〕。其賢者則不過爲保守江南之計，夷狄制命，禽獸迫人〔七三〕，莫有知其爲大變者〔七四〕，獨公欲正人心，雪讎恥，復土宇〔七五〕，鎮遺黎〔七六〕。晚復際遇，主議益堅〔七七〕，雖天嗇其功，使公困于讒忌之口〔七八〕，不得就其志，然而表著天心，扶持人紀，使天下曉然知人類之所以異於禽獸，中國之所以異於夷狄〔七九〕，其功盛哉。惜乎，浚之功未遂而檜之毒愈深。後來者遂以東南爲正統之地，以忍恥事仇爲義禮之當然，稱叔姪之國，減歲幣五萬〔八〇〕，則朝廷動色相賀，而自壬午至丙寅四十五年之間，所争者受書之儀而已。可深嘆哉。

九月丙戌，詔：「初除閤職，供職人先令取索脚色，委簿書官審人物不致驕騃鄙俗，須歷任無員闕〔八一〕，具詣實狀申閤門，方許供職。如未歷差遣人，候經任訖照驗印紙與理額外元名次撥填員闕，雖有專降指揮，並許執奏。」甲午，詔：「江東、浙西監司、郡守，比緣江東、浙右俱被水災，卿等既分外臺之寄，能於所部講明田事，預爲陂塘渠堰，防患未然，使顯效著於將來者，朕當不次親擢。其或但爲文具，國有典刑，朕必不赦。」臣僚言：「建炎間，凡除郎官，即於所降指揮，便帶『如未經上殿，令閤門引見上殿』。此蓋祖宗舊制，不知於何年月始不帶行，知有先次供職之文〔八二〕。欲望今後應除郎官，依建炎指揮，仍令其先次上殿，然後供職，見其稍有不稱，即令外任，或與祠禄。」詔從之。是月，以王之望參知政事。之望陳和戰三策，又言：「今日無横身任事之臣。」上大喜，即軍中拜之。虜分兵入寇〔八三〕。交趾來貢。詔：「今後命官犯自盗枉法贓罪抵死，除籍没家財外，取旨遵依祖宗舊制決配，仍檢坐天聖故事，令學士院降詔。」出内帑白金四十萬兩和糴賑濟。尋詔發江西義倉米二十萬石賑濟。命湯思退督師江淮，楊存中同都督，錢端禮、吴芾並爲參贊軍事。初，兵部侍郎胡銓因轉對，爲上言：「與虜和，可弔者十，臣恐再拜不已，必至稱臣。稱臣不已，必至請降。請降不已，必至納土。納土不已，必至輿櫬。輿櫬不已，必至如晉帝青衣行酒而後爲快。倘乾剛獨斷，追回使者，絶請和之議，以鼓戰士，下哀痛之詔，以收民心，天下庶乎其可爲矣。如此則省數千億之歲幣，專意武備，足兵足食，無書名之恥，無去大之辱，無再拜之屈，去十弔而就十賀，利害較然矣。詩云：『毋用婦人之言。』今日舉朝之士皆婦人也。虜既得四郡，專事殺戮。」上意中悔，思退懼，密諭虜以重兵脅和。上聞有虜師，乃命建康都督王彦屯昭關，而三衙江、池諸軍相繼皆出，又命思退督師。思退辭不行。

龜鑑曰：魏公受任督府，招徠山東、淮北忠義之士凡萬二千餘人，招淮東壯士及江西群盜又萬餘人，規模措置，方有次序，湯思退庸劣寡謀，大唱和議，雖張浚力言之何益。彼思退者，乃檜之死黨，其爲計畫大略似檜。然檜之主和，雖陰與虜約，亦未至密諭虜以兵而脅和也。與檜異議者，雖加貶竄，亦未至興大獄，劾二十人不主和之罪以成其議也。是則思退之罪又浮於檜矣。

先是，思退與王之望堅主和議，罷張浚兵柄。銓争之尤力。於是大臣皆不悦，遂命銓以本職措置浙西、淮東海道。命下即趣行。時金寇將西〔八四〕，淮東郡邑皆望風退避。高郵守陳敏拒之射陽湖〔八五〕，而大將李寶駐師江陰，不肯援敏。銓檄寶出師。寶先取密詔爲自安計，銓劾奏曰：「臣受詔令范榮備淮，李寶備江，今寶逗遛視敏弗救，若射陽失守，大勢去矣。」寶懼，與敏犄角退虜兵。時大雪河凍，銓親持鐵椎斫冰，士皆奮發。銓與尹穡同出使，穡使浙東置家於安，銓使江淮，蓋受敵之地，携弩北行。言者併指爲罪，與穡俱罷。

冬十月乙亥，詔都督江淮軍馬楊存中與王琪、郭振共議，真、揚〔八六〕、六合一帶，佔據形勢險要去處，措置捍禦。詔：「朕每聽朝議政，頃刻之際，意有未盡。自今執政大臣或有奏陳，宜於申未間入對便殿，庶可坐論，得盡所聞，期躋於治。」

十有一月丙戌〔八七〕，詔舉義兵，略曰：「朕爲人之後，而不能報上世之憤，爲人之君而不能拯斯民之厄。故食不知味，寢不安枕，未嘗以尊位爲樂也。」又曰：「朕以兵隙難開，隱忍自屈，仍遣魏杞銜命復行，不較禮文，書辭屢易，不愛四郡，割以奉之。乃渝元約，又求商州，且索臨陳繫虜之人，是其更變無厭，必欲尋釁，初無休兵結驩之意。朕重違太上聖意，已盡初式，再换國書，歲幣成數亦如其議，若彼堅欲商、秦之地，俘降之人，則朕有以國斃，不能從也。儻或不諧前好，至於交兵，天實臨之，非朕得已。況我將校六師，受國家爵祿之久，忠義所激，自應奮勇捐軀，爲國雪恥。」甲午，詔：「魏勝忠勇力戰陣亡，可與贈正任承宣使。仍賜其家銀、絹一千匹、兩。其子厚與恩澤。郭淑在盱眙望風逃遁，孔福在濠州坐視虜兵縛橋過淮，略不措置。未欲便加軍法。郭淑可勒停〔八八〕，送靜江府編管。孔福可削奪官職，白身自效。」

臣留正等曰：慶賞、刑威，人主所操，以爲礪世磨鈍之具也。惟在夫用之以明，守之以信而已。故有功而賞，賞之無所顧吝；有罪而刑，刑之無所姑息。賞一人而千萬人勸，刑一人而千萬人懲。而況於行軍用師之際，將以求盡人之死力，其可不知出此哉。觀壽皇所以厚魏勝陣亡之賞，而嚴郭淑、孔福逃遁苟偷之刑，臣知忠臣義士益思所以奮厲，而全軀保妻子之臣有靦面顏矣。

是月，楊存中陞都督。先是，湯思退既不行，乃命存中同都督軍馬。及事急，復以王之望爲督視。之望力辭，乃陞存中爲都督。詔諭歸正官民云：「朕遣使約和，首尾三載，北師好戰，要執不回。朕志在好生，寧甘屈己，書幣土地，一一曲從，唯念名將貴臣，皆北方之豪傑，慕中國之仁義，削去左衽〔八九〕，投戈來歸。與夫中土人民，厭厭腥膻〔九〇〕，喜我樂土。朕知其設意，欲得甘心，斷之於中，決不復遣。爾等當思交兵釁隙，職此之由。視之如讎，共圖掃蕩。」湯思退除職奉祠。言者論其急於和議之成，自壞邊備，罷築壽春城，散萬弩營兵，輟修海舡，毀拆水櫃，不推軍功賞典，及撤海、泗、唐、鄧之戍。詔責居永州。行至信州，憂悸而死。

大事記曰：思退大唱和議，密諭虜以重兵脅和，欲興大功，劾二十人不主和之罪，則皆因檜之心而甚之也。思退雖以此獲罪，而周葵、王之望、尹穡、洪遵之徒爲檜者多矣。一浚豈足以勝百檜哉。雖太學張觀、宋鼎、葛用中等七十人論湯思退、王之望、尹穡鈎致虜人之罪，而和議不可破矣。

時參知政事周葵實行相事，聞諸生有欲相率伏闕者，奏以黄榜禁之，略云：「靖康軍興，有不逞之徒，鼓唱諸生伏闕上書，幾至生變。若蹈前轍，爲首者重置典憲，餘人編配。」黄榜出，物論譁然。於是太學生張觀、宋鼎、葛用中等七十餘人上書言湯思退、王之望、尹穡鈎致虜人，宜斬之以謝天下。書略曰：「逆亮授首之後，朝廷擢用張浚都督江淮，虜人不敢犯塞。蓋由張浚備禦有方，是以寢虜人之謀，故陛下無北顧之憂矣。自湯思退首唱和議，之望、尹穡附之，極力擠排，遂致張浚罷去〔九二〕，邊備廢弛，墮虜人計中，天下爲之寒心。而思退輩方以爲得計。今虜人長驅直至淮甸，皆思退等三人懷姦誤國，豈可置之不問哉。此三人之罪，皆可斬也。臣願陛下先正三賊之罪，以明示天下，仍竄其黨洪适、晁公武而用陳康伯、胡銓爲腹心，召金安節、虞允文、王大寶、陳俊卿、王十朋、陳良翰、黄中、龔茂良、劉夙、張栻、查籥，協謀同心，以濟大計。」上怒，欲加重辟，晁公武及右正言龔茂良同入對〔九二〕，上怒稍霽，之望亦爲之救解，乃止。先是，侍御史尹穡乞置獄，取不肯撤備及棄地者劾其罪，庶和議決成，所指凡二十餘人。由是，擢穡爲左諫議大夫〔九三〕，而公武亦自殿中侍御史遷侍御史。洪适時以中書舍人兼直學士院，王抃使虜軍，並割商秦地、歸被俘人，惟叛亡者不與。餘誓目略同紹興，世爲叔姪之國，減銀絹五萬，易歲貢爲歲幣而已。虜皆聽許。

朱熹封事曰：今日講和之説不罷，則陛下之勵志必淺，大臣之任責必輕，將士之赴功必緩〔九四〕，百官之奉承必不能悉其心力。彼以從容制和，而其操術常行乎和之外〔九五〕。我以汲汲欲和，而其志慮常陷乎和之中。前日之遣使報聘，已失之矣。及陛下嗣位，天下之望曰庶幾乎，而方且禁敕諸將〔九六〕，申遣使介，亦若有意於和議之必成者。又曰：太上皇帝念此讎之未報〔九七〕，雖享天位，而不以爲樂，一旦舉而付之陛下者，以陛下聰明智勇，必能成此志也。今釋怨而講和，非利己也〔九八〕，乃逆理也。己可屈也，理可屈乎。逆理之禍將使三綱淪、九法斁，子焉而不知有父，臣焉而不知其君〔九九〕，人心辟違〔一〇〇〕，天地閉塞，夷狄愈盛，而禽獸愈繁〔一〇一〕，是力舉南北之人而棄之〔一〇二〕，豈曰愛之謂哉。且不曰愛其君父，而曰兼愛南北之民，其於輕重之倫、緩急之叙，亦可謂舛矣。

詔擇日親征，以陳康伯爲左僕射，錢端禮賜出身，簽書樞密院事而兼權參知政事。

閏十一月辛未，詔内藏庫支借銀一十萬兩，應副户部支遣。日後令本部收簇撥還。是月，詔：「館閣儲才之地，依祖宗舊法，更不立額。」崔皋敗虜於六合。

十二月甲申，權尚書工部侍郎何俌進對，因及用人才事。上曰：「近日士大夫議論好惡多不公心。卿每論事皆可施行。如卿所謂其言若善，雖仇怨在所當用，如其不善，雖親故不可曲從。此意甚好。」庚子，詔：「方今多事，理宜博謀。侍從、兩省官每日一到都堂，遇合關臺諫者，亦許會議。」是月，撥户部鬻僧牒緡錢三百萬充會子本錢。赦沿邊諸州，詔略曰：「正皇帝之稱爲叔姪之國，歲幣減十萬之數，地界如紹興之時。憐彼此之無辜，約叛亡之不遺，可使歸正之士，咸起寧居之心。」洪适所草也。論者謂前日之所貶損，四方蓋未聞知。今著之赦文，失國體矣〔一〇三〕。

龜鑑曰：壬午之議，和之未成者也。癸未之議，和之已成者也。和議之未成，則諸臣當論和與不和之是非，而當時洪遵、金安節、唐文若、周必大共爲一議。言和者多，言不和者少，惟張震、張闡之論稍近正，而宰執獨無奏章，姑以聽和議之自成耳。是則前日之失也。今茲和議既成，所以集議者，但論歲幣之增不增，地之割不割，歸正人之遣不遣，邊戍之撤不撤耳。而諸臣猶有許之增幣，許之割地，許之還歸正人者。其曰世讎不可忘者〔一〇四〕，亦僅有張闡〔一〇五〕、胡銓二人而已。向者康伯猶不主和議，今則康伯亦附會而言和矣。蓋靖康之禍日遠月忘，秦檜之毒日久月深，後生晚輩不念前猷，遂以東南爲正統之地，以忍恥事讎爲理義之當然。嗚呼，平王東遷，四十九年忘復讎之義。此春秋之所由作也。二聖之痛，今四十年矣，而當時朝論稱叔姪之國則朝廷動色相慶。而自壬午至丙寅，四十五年之間，所争者受書之儀而已。虚文何益哉。此胡銓所謂舉朝皆婦人也，其亦有感於斯乎。然而考之當時，端人正士如黄通老、劉恭父、張南軒、朱文公最號持大義者。而黄通老入對，則謂内修政事而外觀時變而已。劉恭父自樞府入奏，則謂復讎大計不可淺謀輕舉，以幸其成。文公自福宫上封章，則謂東南未治，不敢苟爲大言以迎上意。南軒自嚴陵召對，則謂虜中之事所不敢知〔一〇六〕，境内之事則知之詳矣。是數公者，豈遽忘國恥者哉。實以乾、淳之時，與紹興之時不同。紹興之時，仗義而行可也。今再衰三竭之餘，風氣沉酣，人心習玩，必吾之事力十倍於紹興而後可。不然輕舉妄動，開邊啓釁，恐不至遲之開禧而後見也〔一〇七〕。

校證

〔一〕虜　原作「敵」，再造本闕頁，據文海本回改。

〔二〕特　原作「恃」，再造本闕頁，據文海本校改。

〔三〕免詞　文海本同，再造本闕頁，「免詞」不文，疑當作「免試」。

〔四〕丁亥　李校：按：此干支與下一「丁亥」相重。以理推之，下一「丁亥」無誤，此「丁亥」當爲

「丁丑」。汪按：李校不合時序，今不從，存疑待考。

〔五〕褒櫂　「褒櫂」，文海本字模糊，似「褒擢」。再造本闕頁。

〔六〕仇讎之犬羊　原作「夙世之仇讎」，據文海本、王十朋全集文集卷三除侍御史上殿札子回改。

〔七〕虜　此「虜」與下文「虜之人民」之「虜」原均作「敵」，據文海本回改（再造本闕頁）。

〔八〕親擢　原作「親櫂」，不文，再造本闕頁，據文海本校改。

〔九〕掄薦　再造本闕頁，文海本作「論薦」。

〔一〇〕史職廢壞　原作「文職廢壞」，文海本同。再造本闕頁。王十朋全集文集卷二論左右史四事與起居郎胡銓同上：「……竊見今之史職廢壞者非一，其尤甚者有四焉：一曰進史不當，二曰立非其地，三曰前殿不立，四曰奏不直前……」據校改。

〔一一〕前殿不立　原作「前殿何立」，文海本同。再造本闕頁。王十朋全集文集卷二論左右史四事與起居郎胡銓同上：「……三曰前殿不立……」林駉古今源流至論後集卷三起居注注引隆興元年胡銓奏亦作「前殿不立」。據校改。

〔一二〕事　文海本作「肆」。再造本闕頁。

〔一三〕汪澈　原作「汪徹」，文海本同，再造本闕頁，據宋史卷三三孝宗紀、卷三八四汪澈傳校改。

〔一四〕白遣　李校：原作「白遺」，據文意改。汪按：文海本字難辨，再造本闕頁，李校似是，今從之。王十朋全集文集卷三論史浩劄子、宋史卷三八七陳良翰傳可資參考。

〔一五〕蒲察徒穆　原作「富察圖們」，再造本闕頁，據文海本回改。

〔一六〕紇石烈志寧　原作「赫舍哩志寧」，再造本闕頁，據文海本回改。

〔一七〕虜　此「虜」與下文「虜且至」之「虜」，原均作「金」，再造本闕頁，據文海本、王十朋全集文集卷四自劾劄子回改。

〔一八〕醜虜亂華　原作「金人長驅」，再造本闕頁，據文海本回改。

〔一九〕賊　原作「敵」，再造本闕頁，據文海本回改。

〔二〇〕虜　此「虜」與下文「虜果南牧」之「虜」，原均作「金」，再造本闕頁，並據文海本回改。「南牧」據點校本王十朋全集奏議卷三自劾劄子。

〔二一〕汪澈　原作「汪徹」，文海本同，再造本闕頁，據宋史卷一七六食貨志屯田卷三八四汪澈傳校改。

〔二二〕廣　文海本同，再造本闕頁，杜大珪名臣碑傳琬琰之集下卷二二劉珙劉珙行狀、朱熹晦庵集卷八八劉珙神道碑、卷九七劉珙行狀均作「擴」。

〔二三〕虜　原作「北」，再造本闕頁，據文海本回改。

〔二四〕虜酋　此「虜酋」及下一「虜酋」，原均作「北人」，再造本闕頁，據文海本回改。

〔二五〕冬十月地震　李校：按：宋史孝宗紀一地震在是年冬十月丁丑。疑此處脱「丁丑」二字。

李校可參。

〔二六〕造膝　原作「造滕」，文海本同，「造滕」不文，吴泳鶴林集卷一九論今日未及於孝宗者六事劄子：「從容造膝，過於南衙面陳……」據校改。

〔二七〕面陳　原作「而陳」，再造本闕頁，據文海本、前引鶴林集卷一九論今日未及於孝宗者六事劄子校改。

〔二八〕夔路　文海本同，再造本闕頁，鶴林集卷一九論今日未及於孝宗者六事劄子作「六路」。

〔二九〕馬騏　「騏」原作「琪」，再造本、文海本同，今按，馬騏字德駿，爲宋孝宗時期名臣。史籍多有記載，據鶴林集卷一九論今日未及於孝宗者六事劄子校改。

〔三〇〕王藺　「藺」原作「蘭」，據再造本、文海本、及鶴林集卷一九論今日未及於孝宗者六事劄子校改。

〔三一〕虜　原作「敵」，再造本闕頁，據文海本回改。

〔三二〕金虜　此「金虜」與下文「虜人」、「醜虜」，原均作「金人」，再造本闕頁，並據文海本回改。

〔三三〕乞食　再造本闕頁，歷代名臣奏議卷九三作「乞和」。

〔三四〕力敕守備　「敕」，再造本闕頁，歷代名臣奏議卷九三作「修」。

〔三五〕虜　此「虜」與下文「虜能以太上爲兄」之「虜」，原均作「彼」，再造本闕頁，並據文海本回改。

〔三六〕虜　此「虜」與本月下文五「虜」字，原均作「敵」，再造本闕頁，並據文海本回改。

〔三七〕備不可撤 「撤」原作「徹」，文海本同，再造本闕頁，據晦庵集卷九五張浚行狀校改。

〔三八〕王錤 文海本字不清，再造本闕頁。「王錤」不見他處有載。本書卷二四下「上曰：朕令殿帥王琪措置三軍……」朝野雜記甲集卷一六東南會子乙集卷四乾道淳熙五大閱、楊萬里誠齋集卷一二三陳俊卿墓誌銘均言及「殿帥王琪」，疑「王錤」爲「王琪」之訛。

〔三九〕三廣 文海本同，再造本闕頁。宋代無「三廣」之説，疑「三」爲「二」之訛。

〔四〇〕直便 原作「直候」，「直候」不文，再造本闕頁，據文海本、本書卷二八、宋史卷一八一食貨志會子校改。

〔四一〕博换 原作「傳换」，文海本同，再造本闕頁，作「傳换」不文，下文有「博换錢寶」，與此相類，據校改。

〔四二〕行使 文海本字不清，似「使」。再造本闕頁。疑應作「行使」。

〔四三〕虜 此「虜」與本月下文二「虜」字，原均作「敵」，並據再造本、文海本回改。

〔四四〕王茀 再造本、文海本同，本書卷一九下、卷二〇上「王茀」均作「王弗」，其他文獻中「王弗」、「王茀」時時互見，難定孰是，姑依原文。

〔四五〕官收四分 原作「官收五分」，再造本、文海本同，「官收五分，莊户六分」不合情理，據徐松宋會要輯稿食貨六三之一三四、繫年要録卷一〇三校改。

〔四六〕賞 原作「貫」，文海本同，作「貫」不文，據再造本校改。

〔四七〕年數　原作「年政」，文海本同，意不通，據再造本校改。

〔四八〕虜　此「虜」與本月下文四「虜」字，原均作「敵」，並據再造本、文海本回改。

〔四九〕督階　文海本「階」字難辨。再造本作「督府」。似作「督府」是。宋史卷三六一張浚傳：「（湯思退）令尹穡論罷督府」。李幼武宋名臣言行録别集下卷三張浚：「右正言尹穡論浚跋扈乃罷督府。」可參。

〔五〇〕錢端禮　「端」，原誤作「瑞」，據再造本、文海本、宋史卷三三孝宗紀校正。

〔五一〕陳俊卿　「俊」原作「浚」，據再造本、文海本校改。

〔五二〕虜　原作「敵」，據再造本、文海本回改。

〔五三〕六月　李校：原作「八月」，據宋史孝宗紀一改。汪按：再造本、文海本均作「六月」，當作校改依據。

〔五四〕文　再造本、文海本均同。然據文意，似當作「又」。

〔五五〕虜　此「虜」及本月下文計八「虜」字，除「竭民膏血以奉虜」之「虜」原作「金」外，其餘原均作「敵」，並據再造本、文海本回改。

〔五六〕同時　原作「時時」，再造本、文海本、歷代名臣奏議卷三〇六作「同時」。

〔五七〕再命　再造本、文海本、歷代名臣奏議卷三〇六均作「奔命」。

〔五八〕末年　原作「未年」，文海本同，作「未年」不文，據再造本、歷代名臣奏議卷三〇六乾道間胡銓奏校改。

〔五九〕汪君錫　再造本、文海本作「汪君錫」，歷代名臣奏議卷三〇六作「汪尹錫」。然繫年要録卷一六九、卷一七〇、熊克中興小紀卷三六詳載作爲秦檜兄婿的汪召錫陷害張浚等事，可證「汪君錫」、「汪尹錫」當爲「汪召錫」之訛。

〔六〇〕江南　再造本、文海本同，歷代名臣奏議卷三〇六作「江西」。

〔六一〕切莫　文海本作「切父」，歷代名臣奏議卷三〇六作「切勿」，再造本闕文，紅筆補「切莫」。

〔六二〕醜虜　原作「彊敵」，據再造本、文海本回改。

〔六三〕虜　此「虜」與本月下文三「虜」字，原均作「敵」，並據再造本、文海本回改。

〔六四〕栻杓　「杓」原作「枃」，再造本、文海本同，據晦庵集卷九五下張浚行狀、宋史卷三六一張杓傳校改。

〔六五〕忠獻　原作「忠景」，據再造本、文海本、宋史卷三四孝宗紀、卷三六一張浚傳、劉時舉續宋編年資治通鑑卷八校改。

〔六六〕賊　原作「敵」，據再造本、文海本回改。

〔六七〕吴玠吴璘　原作「吴璘吴玠」，弟前兄後，不合常序，文海本字模糊難辨，據再造本、誠齋集卷一一六張魏公傳、徐自明宋宰輔編年録卷一七乙正。

〔六八〕劉錡　「錡」原作「琦」，再造本、文海本同，據宋宰輔編年録卷一七、誠齋集卷一一六張魏公傳、晦庵集卷九五下張浚行狀校改。

〔六九〕甫畢襄事即草土拜疏言　再造本同，此句疑有誤。誠齋集卷一一六張左司傳作「甫襄事即拜疏言」，晦庵集卷八九張栻神道碑：「甫畢藏事即拜疏言」。周應合景定建康志卷四七古今人表傳正學傳作「甫畢葬事即拜疏言」。可參。

〔七〇〕交格　再造本同，誠齋集卷一一六張左司傳、晦庵集卷八九張栻神道碑、景定建康志卷四七古今人表傳正學傳均作「感格」。

〔七一〕元氣　再造本、誠齋集卷一一六張左司傳、晦庵集卷八九張栻神道碑、景定建康志卷四七古今人表傳正學傳均作「士氣」。

〔七二〕和議　再造本、文海本同，晦庵集卷九五下張公行狀、宋名臣言行録别集下卷三張浚引「文公曰」均作「和説」。

〔七三〕夷狄制命禽獸迫人　此八字原被館臣删除，今據再造本、文海本回補。

〔七四〕莫有　再造本、文海本、晦庵集卷九五下張公行狀、宋名臣言行録别集下卷三張浚引「文公曰」均無「有」字。

〔七五〕復土宇　再造本、文海本同，晦庵集卷九五下張浚行狀、宋名臣言行録别集下卷三張浚引「文公曰」均作「復守宇」。

〔七六〕鎮遺黎　再造本、文海本同，晦庵集卷九五下張浚行狀、宋名臣言行録别集下卷三張浚引

「文公曰」均作「振遺黎」。
〔七七〕主議　再造本、文海本同，晦庵集卷九五下張浚行狀、宋名臣言行録別集下卷三張浚引「文公曰」均作「主義」。
〔七八〕讒忌　再造本、文海本同，晦庵集卷九五下張浚行狀、宋名臣言行録別集下卷三張浚引「文公曰」均作「讒慝」。
〔七九〕知人類之所以異於禽獸中國之所以異於夷狄　原作「於中外之辨」，據再造本、文海本回改。
〔八〇〕歲幣　原作「歲帑」，「歲帑」不文，「帑」當爲「幣」之訛，據再造本、文海本校改。
〔八一〕員闕　再造本作「遺闕」。文海本字模糊，似「遺」。
〔八二〕知有　再造本、文海本作「卻有」。
〔八三〕虜　此「虜」與本月下文七「虜」字，原均作「敵」，並據再造本、文海本回改。
〔八四〕將西　再造本作「深入」。
〔八五〕射陽湖　李校：原作「謝陽湖」，據元豐九域志卷五改。汪按：再造本、文海本作「謝陽湖」。宋史卷三七四胡銓傳：「惟高郵守臣陳敏拒敵射陽湖，而大將李寶預求密詔爲自安計，擁兵不救。銓劾奏之曰：『臣受詔令范榮備淮，李寶備江，緩急相援。今寶視敏弗救。若射陽失守，大事去矣。』寶懼，始出師犄角……」宋史卷四〇二陳敏傳：「與金人戰射陽湖，敗之，焚其舟。」應作校改依據。下文「射陽」同理校改。

〔八六〕真揚　原作「真陽」，文海本作「真、揚」。再造本作「真、楊」。本書「揚州」、「楊州」互用，故依文海本校改。

〔八七〕十有一月　原作「十有二月」，文海本同，上文有「冬十月」，下文有「閏十一月」，又有「十二月」，依時序不當作「十有二月」，而應作「十有一月」。據再造本、宋史卷三三孝宗紀校改。

〔八八〕勒停　李校：原作「勘停」，據文意改。汪按：再造本、文海本均作「勒停」，應作校改依據。

〔八九〕左衽　原作「舊俗」，據再造本、文海本回改。

〔九〇〕腥膻　原作「故鄉」，據再造本、文海本回改。

〔九一〕張浚　原作「張觀」，文海本同。再造本闕文，紅筆填「浚」字。張觀時爲太學生，不當言「罷去」，此被罷者，顯當是張浚。據校改。

〔九二〕龔茂良　李校：原作「龍茂良」，據宋史卷三八五本傳改。汪按：文海本作「龍茂良」，再造本作「龔茂良」，應作校改依據。「龍茂良」不見他處記載，李校是，今從之。

〔九三〕左諫議大夫　原作「左宣義大夫」，文海本作「左言義大夫」，據再造本校改。宋史卷三三孝宗紀載尹穡時任「右諫議大夫」，同書三七四尹穡傳載其時任「諫議大夫」，可爲佐證。

〔九四〕必緩　原作「必綏」，據再造本、文海本、晦庵集卷一一壬午應詔封事校改。

〔九五〕操術　原作「機術」，據再造本、文海本、晦庵集卷一一壬午應詔封事校改。

〔九六〕禁敕諸將　再造本、文海本同，晦庵集卷一一壬午應詔封事作「禁切諸將毋得進兵」。

〔九七〕此讎　原作「此慙」，文海本字模糊難辨，據再造本、晦庵集卷一三癸未垂拱奏劄校改。

〔九八〕利己　文海本同，再造本闕文，晦庵集卷一三癸未垂拱奏劄作「屈己」。

〔九九〕不知其君　再造本、文海本同，晦庵集卷一三癸未垂拱奏劄作「不知有君」。

〔一〇〇〕辟違　再造本、文海本同，晦庵集卷一三癸未垂拱奏劄作「僻違」。

〔一〇一〕夷狄愈盛而禽獸愈繁　此九字原被館臣刪除，據再造本、文海本、晦庵集卷一三癸未垂拱奏劄回補。

〔一〇二〕力　再造本、文海本同，晦庵集卷一三癸未垂拱奏劄二作「乃」。

〔一〇三〕國體　原作「國禮」，據再造本、文海本校改。

〔一〇四〕不可忘　再造本作「不可和」，文海本作「不可口」。疑作「不可和」是。

〔一〇五〕張闡　「闡」字原爲空闕，據再造本、文海本補。

〔一〇六〕謂虜中　原作「金人」，據再造本、文海本回改。

〔一〇七〕開禧　「開」原作「聞」，據再造本、文海本校改。

宋史全文卷二十四下

宋孝宗二

乙酉乾道元年春正月辛亥朔，車駕詣圜壇行禮，端誠殿受賀，畢，參知政事兼權知樞密院事錢端禮等同班奏事於後幄。上宣諭曰：「宿齋日大雪，及饗景靈〔一〕、太廟、圜丘幸得晴霽禮成。」端禮等奏曰：「斯實陛下誠意格天。」端禮等退，具奏訖宣付史館。從之。去歲，有司請：「國朝郊祀，多用冬至。乾德元年，藝祖初郊，是年冬至適近晦日，遂改用十六日甲子。至道元年，李繼遷叛，遂改用次年正月。所有今年十一月二十九日冬至郊祀，可遵藝祖近晦之義、太宗改卜之典。」詔以來年正陽之月雩祀之辰。尋又遵至道典故，用獻歲上辛。丁卯，起居舍人王稽中奏：「臣每念國朝罕有世家，惟將家子有能世其家，如曹彬之子璨、种世衡之子諤、諤之子師道，皆世爲良將。近日將臣子弟皆以武弁爲恥。」上曰：「卿此言甚當，及至作文官，又皆了不得。」稽中奏：「今國家閒暇，正當選將，萬一用武，倉卒不可得之。」上又曰：「卿言甚當。」乃奏：「乞於大將之家，選武勇能世其家者尊顯之，萬一用武，不至無將可用。若其無虞，不妨陰壯國勢。」上曰：「卿此論極當，深得今日之切務。」王稽中又奏曰：「陛下留意北人，然北人皆負陛下。如賀允中老不知退，遭白簡罷。王之望謀國，前後反覆異詞。尹穡姦邪，與湯思退陰結死黨，使季南壽往來傳遞言語，士大夫目之爲肉簡牌，共爲欺君誤國，弛去邊備，鈎致虜人渡淮〔二〕，幾危社稷。」上曰：「如尹穡猶可罪。朕初以腹心待之，乃姦邪至於如此。」稽中又奏曰：「如王逨雖未甚有施設，然多與尹穡屏人切切細語，士大夫皆謂之姦邪，賴陛下先知其姦，乃並逐之，士大夫猶服聖聰。」庚午，詔：「館職，朕所以招延天下之英俊，以待顯擢。苟不親吏事，知民情，則將來何以備公卿之任。可令後更迭補外，歷試而出，以稱朕樂育真材之意。」乙亥，進呈大理寺勘到韓璡、頓遇、孔福案節目。上曰：「韓璡亦合從重。」錢端禮等奏：「昨初得指揮，欲令永州居住，續奉處分合賀州編管。」上曰：「可令臨安府差人押赴貶所。」再呈頓遇案節。上曰：「虜人未過淮，首先望風逃避，且與貸死，免真決，刺配海外。」又奏：「孔福亦望少賜寬貸。」上曰：「孔福統三千餘人，見虜兵繫橋，更不迎敵，及至橫澗山寨，又棄兵民先走，使盡被害，罪不可恕，當依軍法。」翌日，詔：「孔福、頓遇屯戍守邊郡，金人未至，棄城逃避。內孔福又棄橫澗山寨，致本處人民盡遭殺戮，情犯猶重。孔福特依軍法施行。頓遇特貸命，追毀出身以來文字，免真決，可刺面配吉陽軍牢城收管。」

二月癸卯，進呈有司以久雨，引比歲例，分遣郡縣吏禱於山川神祇。上曰：「應天當以實，此不必也。兩浙以歲澇，飢民流徙未復業，比聞兩路身丁錢絹皆取於五等下户，其議蠲除之。朕出内庫金幣歸其數於有司。凡可賑贍以便萬姓者，條具以聞。小大之獄，豈無冤滯。其令御史慮囚。朕將避殿、減膳以答天譴。」詔：「兩淮合行屯田，以便軍實。昨來郭振於六合措置已見就緒〔三〕，今來已除鎮江府都統制，所有淮南東路屯田理合委官，令郭振同王弗、周綜疾速措置，其合用種糧、農具、牛畜等，一就條具聞奏。」尋命鎮江、建康、鄂州、荆南都統並兼提舉措置屯田，兩淮、湖廣總領，淮南、湖北、京西帥漕兼提舉措置屯田，守臣兼管内屯田事。是月，尚書左僕射陳康伯薨。初，高宗倦勤，有與子之意。康伯密贊大議。及行内禪禮，以康伯奉册，上即位，禮遇優渥，但呼丞相而不名。及是薨，御書「旌忠顯德之碑」表其墓。慶元初，配享孝宗廟廷。上謂輔臣曰：「陳康伯有器量，朕扈從太上在金陵，其從容不迫，可比晉謝安。」臨終奏事無一語差繆，出至殿廬而疾作，輿至第薨。

三月丙寅，刑部侍郎王弗進楚莊王定國是故事。上曰：「王弗進議，誠有國之大戒，今日之先務也。朕當與執政大臣，凡百官僚思其未至，以歸於是，期共守之。」時錢端禮起戚里，爲首參，窺相位甚急。館閣之士相與上疏斥之，皆爲端禮所逐。茀陰附端禮，建爲國是之説以助其勢。於是吏部侍郎陳俊卿抗疏力詆其非，且爲上言：「本朝無以戚屬爲相。此懼不可爲子孫法。」及進讀寶訓適及外戚，因言：「本朝家法，外戚不與政，最有深意。陛下所宜守。」上納其言。端禮憾之，諷使求去。是秋，出俊卿知建寧府，而端禮亦卒不相。是月，詔舉制科。

夏四月丙申，詔廬州兵馬都監郭璘特令再任。以金人渡淮，保守焦湖舟船無虞也。是月，虜使來上國書，始謂上爲宋皇帝云。吴璘來朝，尋進封新安郡王，判興元府。明年，改判興州。

五月己酉朔，上諭輔臣曰：「今邊事少寧，卿等當爲朕留意人材。」錢端禮奏：「人主之職，惟當辨君子小人。若朝廷所任純朴厚重之士，則浮僞自革，實效可成。」上曰：「固知如此，君臣之間須相警戒。」庚戌，中書舍人洪适進對。上曰：「卿所繳秦塤差遣甚當，向後有合繳事，不須劄子，但批敕將來。」又曰：「如有出自朕意、事不可行者，卿但繳來。」初秦塤陳乞宫觀，适繳奏：「秦檜藏姦稔惡，金珠充牣其家。塤乃其不肖之孫，華屋厚藏，輒稱累重仰禄，公然欺世，玩侮朝廷。」故也。辛亥，上諭錢端禮等曰：「早朝與卿等每不從容，今後晚間少暇時，當召卿等款曲論治道。」端禮等既退，又遣中使傳旨，每遇晚召公於東華門入詣選德殿奏事。

大事記曰：自隆興二年，詔：「朕每聽朝議政，頃刻之間，意有未盡。自今執政或有奏陳，宜於申未間入對便殿。」又明年，諭近臣曰：「早朝每不從容。今後晚間少暇，當召卿等款曲論治道。」故召於選德，見於祥曦，引於水殿，宴於觀堂，從容坐席之間，略同賓友，軍國大政，古今理亂，有事當商確者，不妨敷奏。有疑當關決者〔四〕，隨即徹聞。故洪适於晚對而見御屏列監司〔五〕、郡守姓名，周必大、施師點於榻前而論辨可否。如其事未施行，則以不肯任事責魏杞。如某除未分當〔六〕，則以徇情廢法責允文。至謂「朕有闕失，卿亦不可不極言」，此宰執晚召之更相儆戒也如此。

甲寅，臣僚言：「唐任劉晏二十載，今之户部，始用也未必擇之精，既用也，未必任之久，多不一歲，少或半歲，已徙職而去矣。孰能爲國家周虛實，究源流，而圖善後之計哉。伏望陛下略依唐故事，博選中外之臣，其材之可用者，而試以財計之任，又觀其稍有所成，而付之版曹之職。苟稱其職，雖數遷而至乎二府，職固不徙也。勿奪其權，使之得以號令州縣，而趣督倚辦焉。勿拘其制使之得，以權衡低昂，而通融流轉焉。夫然後國之有無，軍之裕乏，民之利害，皆得而責之。彼亦將朝思夕計，畢精竭慮，自任其責而不辭矣。」從之。辛酉，中書舍人洪适進仁宗久任許元故事。上曰：「洪适所進故事，切當今日之弊。今後非因昏懦不職，不得遽有遷易。其興利除害，績用修舉，並依故事優加旌擢，顯用施行。」壬申，詔：「法令禁姦，理宜畫一，比年以來，旁緣出入，引例爲弊，殊失刑政之中。應今後犯罪者，有司並據情款，直引條法定斷，更不奏裁。內刑名有疑，令刑部、大理寺看詳，指定聞奏，永爲常法。仍行下諸路遵守施行。其刑部、大理寺見引用例册，令封鎖架閣，更不引用。」是月，宗正丞林邵言：「祖宗玉牒昨緣南渡散失不存，前後修纂，惟太祖一朝事迹已經安奉，太宗玉牒雖已成書，尚未進入。太上、今上玉牒目今見修自真宗至欽宗凡七世，並未下筆。緣近來體例，每修一朝玉牒，必取旨開局，方始修纂。十年方許一進。則是列聖之書，雖百年而未備。臣今自修真宗玉牒十年，計四十卷，望令本所日下繕寫，同仙源積慶圖進呈，降下玉牒殿安奉。」從之。

六月壬辰，進呈右正言程叔達章，論：「廬州申，蝗蟲遺種生發，遍滿田野，損傷苗稼。淮南運判姚岳卻行申奏蝗自淮北飛渡前來，皆抱草木自死，仍封死蝗以進。」上曰：「岳敢以爲嘉祥，更欲録付史館，可降一官放罷，爲中外佞邪之戒。」丙午，臣僚言：「科舉之制，州郡解額狹而舉子多，漕司解其數頗寬，士取應者往往捨鄉貫而圖漕牒。至於冒親戚、詐户籍而不之恤。且牒試之法，川、廣之士用此可也，而福建則密邇王都，亦復漕試。見任官用此可也，而待闕、得替官一年內亦許牒試。本宗有服親用此可也，而中表緦麻之親亦許牒試。或宛轉請求，或通問囑託，至有待闕、得替官一人而牒十餘名者。欲乞申嚴詐冒之禁。其見行條法候今舉既畢，付之有司重詳損益，立爲中制。」從之。又言：「國家三歲科舉，集草茅之士親策於庭，其間豈無一事之可行。然有司考試，多以文采爲尚，考在前列者，始經御覽。其間有言及諸郡軍民利害實迹，偶文辭不稱，置之下列，往往壅於上聞，誠爲可惜。乞自今有論及州郡軍民利害事實，令初考、覆考詳定所各節録緊要處，候唱名日各類聚以聞。」從之。

秋七月庚戌，知池州魯訔申稱：「本州營下竹生穗實如米，飢民採食之。」仍圖竹實之狀緘囊其物以獻。臣僚論：「歉歲飢民食其不當食之物，誠出於飢餓迫切而已。今池之民採竹實而食，其亦迫切甚矣。訔任在牧民，顧以爲美事，不謂之姦諛不可也。較其罪與姚岳同科。欲望聖斷，將訔罷黜施行。」詔從之。辛亥，進呈王大寶劄子，奏：「理財宜務本抑末。農者，天下之本也，而商賈逐末，競利日繁，宜抑之以助農。如前日免行之令，偶因曹泳建言廢罷。欲乞講明損益，以復前制。」上曰：「曹泳所行，唯免行一事，至今人以爲是，民不可擾，難以施行。」臣僚言：「守臣之弊，重内輕外，革之宜。更出迭入，若未歷州縣，不得居清要，未任監司，不得居郎曹。外有治效擢之内職，内有實績擢之外任。庶幾官宿其業，人效其職，無因循苟簡之意矣。」詔令中書省置籍。癸丑，晚御選德殿，御坐後有金漆大屏，分畫諸道，各列監司、郡守爲兩行，以黄簽標識居官者職位姓名。上指示洪适等曰：「朕新作此屏，其背是華夷圖，甚便觀覽。卿等於都堂，亦可依此。」錢端禮等奏：「三省、密院吏恐有額外人數，乞降指揮不得存留。」上云：「此等事正在卿等行之。已有指揮，何待再行約束。卿等若不能制吏，何以糾察官僚。」乙丑，進呈臨安府結斷鋪翠銷金王三八等事〔七〕。上曰：「聞外間翠羽甚多。若申嚴指揮，未必禁得，治一件足以警衆。」錢端禮奏：「今宫禁既不用，自然外間可革。」是月，詔：「諸路監司、帥臣將見任老疾守臣，限一月公共銓量聞奏，知縣委守臣體訪，申取朝廷指揮。如監司、守臣互爲容隱，御史臺覺察以聞。」鑄當二錢。以工部言：「小平錢工料委與當二錢一體。」遂詔從之。未幾，從户部之請，給會二千萬，仍將川蜀昨來發到鐵錢十五萬貫，與會子品搭錢銀及公據，於兩淮州軍换易〔八〕，其銅錢仰赴所在官司交納，每七百文償以會子一貫。尋以難行而止。

八月己卯，進呈營屯田文字。上曰：「永豐圩見隷建康行宫，歲收米三萬餘碩。朕欲撥付建康軍中，以助軍食，亦以示至公之意，卿等便可批旨施行。」進呈減罷寫宣房額外人〔九〕，錢端禮等因奏：「前日面得指揮減省權攝使臣及額外人吏〔一〇〕，次日刷具盡皆減罷，九日到漏舍，有承旨司謝褒，再三執覆，須要存留王興祖等四人，蓋有謝梓是其子。」

上曰：「人吏何敢如此，可重作行遣。」乃詔謝褒罷樞密院令史，送處州編管，令臨安府日下差人管押前去。庚寅，詔：「應今後文武知州軍，諸路釐務總管、副總管、鈐轄、都監見辭，並令上殿，批入料錢文曆。如託避免對，並不得差除赴任。委臺諫、監司常切按察，以違制論。」癸巳，臣僚言：「去歲江西湖外和糴，其弊非一。不問家之有無，例以稅錢均敷，此一弊也。州縣各以水脚耗折爲名，收耗米什之二三，此二弊也。公吏斗脚百方乞覓，量米則有使用，請錢則有縻費，此三弊也。以關會償價，許之還以輸官，然所在往往折價，至輸官則不肯受，此四弊也。」詔逐路委漕臣並提舉往來巡按，務盡和糴之意，以革四弊。如安坐不恤，奉行簡慢，必罰無赦。甲辰，洪适等奏：「昨日張說傳旨詢問醫官換授事。吏部供並無條法，惟有王繼先以特恩換授。」上曰：「伎術官自是不許換授，舊無條法之事，豈可創。卿等亦當如此。」乙巳，洪适等奏：「近來士風奔競，爭圖換易，舊有指揮已有差遣人不許入國門，新授差遣人限半月出門。今乞降指揮，宰執不許接見已有差遣之人。」上曰：「如此則失之隘。但在卿等力行。」是月，立皇長子愭爲皇太子，大赦。洪适奏：「浙東鹽司久闕官，乞令宋藻不候告前去。」上曰：「卿等曾諭宋藻支還亭户錢否？聞監司所至又要倍斂錢物〔二〕，送胥吏至有六七百千，首須丁寧鈐束。」〔三〕

九月丁巳，進呈付出嚴別劄子，洪适等奏：「後省已曾看詳，只是編類之書，舉子所用，但以其筆札之費，欲與免一解。」葉顒奏：「獻言者大率只要僥倖。」上曰：「亦不奈何，若不采納，便是塞獻言之路。」癸酉，洪适等奏：「近有湖南漕臣任詔、均州守臣戴之邵皆自請討賊。之邵，臣等不識之，須嘗上殿，特與改官，不知何如人，陛下尚省記否？」上曰：「其人亦誕妄，今不須留在極邊，可召赴行在，别與一近裏閑慢差遣。」

冬十月甲申，臣僚言：「私鹽之不可禁者，其弊三：亭户煎鹽入官，官不以時給直，往往寄居爲之干請而後予之，至有分其大半者，一也。煎煉之初，必須假貸於人，而監司類多乘時放債，以要其倍稱之息，及就場給直，往往先已剋除其半，而錢入於亭户之手者無幾，二也。鹽司及諸場人吏，類多積私鹽以規厚利，亭户非不畏法，以有滑吏共爲表裏〔三〕，互相蒙庇，三也。伏望申嚴禁戢。」從之。乙酉，執政内務進對。洪适等奏：「連日祠事恐聖躬少勞，又蒙宣召，不知有何處分？」上曰：「亦别無事，只爲卿等兩日不曾奏事。明日又是旬假，恐事有積壓。」适奏：「陛下勤政如此。」

臣留正等曰：天下萬機之務無窮，而人主應之亦無窮，此古之聖人所以常有兢業之念，而無怠荒之志也。是故朝以聽政，晝以訪問，夕以修令，夜以安身。一日之間，斯須有不敢懈者。禹之功萬世永賴，猶曰克勤於邦。文王日昃不暇食，以咸和萬民，皆用此道，以詔方來。壽皇勤於聽政，日對大臣講求治理，於時兩日不奏事，則有宣對之言〔一四〕，且慮休澣相連，庶政或有留滯，所以爲法於天下，而可傳於後世者，其遠矣哉。

十有一月丙午，上曰：「張師顔有一道之寄，卻公然以魚䲕來此作苞苴，可特降一官。如或不悛，重置典憲，便令報行。」己未，詔：「後省旋次抽摘，取上書可採者，撮其樞要，斷章取義，立爲篇目，繕寫進呈。」從起舍趙師訓之請也。執政晚對，上出牙牌一面，鐫吏、户、禮、兵、刑、工贓吏字，疏事目於下方。上曰：「朕已令製造數副，記朝廷事，卿等亦當依此，以備遺忘。」

十二月己丑，進呈刑寺擬斷廣州新會縣令盧曇慶案，爲受周浩關節收禁梁楝等致死，擬斷徒二年，私罪該赦書原。上曰：「國家法令多寬，官員犯罪遇赦皆原，只虧得以下人，可特與勒停。」丙申，進呈刑寺擬斷陸知剛等詐官案，大理寺並引赦贖銅，刑部擬特旨：陸知剛、陸知微、陸知茂各決杖編管。上曰：「所犯情重，可並決配廣南。孫大雅發陸知剛亦不易，可特與職名。」是日，降御筆：「近勘陸知微等詐官冒請事，情法兩重，刑寺約法斷刑並皆不當。王茀可放罷，陳良翰可降一官放罷。當職官吏議罰將上。」既而潘景珪、元徽之、吴交如、劉敏求各特降一官，人吏並杖一百勒停。以洪适爲僕射兼樞密使，知樞密院事汪澈爲樞密使〔一五〕。」是冬，令監司、郡守闕到即奏事訖之任。如本貫川、廣，見在本鄉居住之人，即仰知、通結罪保明取旨。

是歲，和義郡王楊存中薨。追封和王，謚武恭。其祖宗閔爲永興軍路總管，陳歿。父震知麟州建寧寨，亦死於虜難〔一六〕。存中天資忠孝，慷慨有大節。從戎河朔，高宗一見，遂授以心膂之寄。前後轉鬭大小二百餘戰，金創被體，終始宿衛四十餘年。上以舊臣，尤禮異之，呼郡王而不名。存中父子相繼死難，母張氏見震不屈，亦引脰而死。宗閔遇害，祖母劉氏流落隴蜀。存中日夜禱祠，訪問間關數千里，卒迎以歸。李顯忠以罪斥，存中保任之，卒爲名將。御軍寬而有紀律，所用將士不私部曲之舊，輕財重義，施不少吝。所居建閣以藏御書，上爲題曰「風雲慶會之閣」。起居郎、權中書舍人蔣芾直前奏云：「竊惟中書政本之地，舍人之職不特掌行詞命而已。故事亦許繳駁，臣雖時暫兼攝，亦不敢以承乏而怠於職事。儻政令之有過舉，除授之有失當，不免時犯天聽，尚賴陛下容納。」上曰：「正欲卿如此，不特政事與除授之間，雖人主有過失，亦可論奏。」

丙戌乾道二年春正月丙辰，進呈郭振申董超等陞差。上曰：「年皆及否？」洪适等奏：「年皆已及。」上曰：「立定年限方可杜其私意。」壬戌，進呈建康都統劉源繳納到逃亡事故横行拱衛大夫至副尉、軍兵將校都虞候至押官，付身二萬一千六百八十二件。上曰：「付身還有許多否？」洪适等奏：「果有此數。見今委都司毁抹。」上曰：「此事甚不可得。」於是詔武略大夫、忠州團練使劉源特轉武顯大夫、高州防禦使。甲子，進呈汪應辰乞優恤利州路運糧百姓。而漕臣亦具奏，乞運糧二碩，人支錢引三道，計合降度牒八百餘道。上曰：「中間亦曾免了一處。」洪适等奏：「成、和等四州已嘗免夏秋二税一年。京西路諸州亦免二税一半。」上曰：「利路運糧，每碩與二千，可紐計度牒支降。」

二月丙子，詔：「宰臣奏乞，令侍從、臺諫、兩省官舉監司、郡守，可依薦舉舊法，如犯入己贓，當同罪，餘皆略之。庶多薦引，以副任使。」庚辰，進呈臨安府勘到，殿前司軍兵裴義等三名，盗取駱昂錢物，内有蕭郁、吕宣未獲。洪适等奏：「訓練隊將專管一隊事務，不爲無罪。」上曰：「統制官如何休得，須各與降一官。」适等奏：「統制乃王公述，兼帶御器械。陛下行罰雖親近不免，天下安得不畏服耶。」丙戌，進呈戚方申審，陛差統領官孟俊充統制，副將董苑充統領。洪适等奏：「孟俊今年九月方及三年，董苑充統領係陞二等。」上曰：「孟俊可依差，董苑陞二等恐後援以爲例，且已之。」上又曰：「立定年限，省多少事，亦是良法。」壬辰，進呈户部措置，每月官兵俸料減支見錢分數，月中可省二十萬緡。上曰：「不若且依舊例，事稍動衆，不可輕改。」是月，遣使賑兩浙、江東饑。

三月甲辰，進呈吏部申，安穆皇后堂姪女夫沈巘補官，方十二歲，年未及格。又趙氏乞收使故夫郭瑊恩數，與康汝濟等嶽廟差遣。上曰：「補官只争三年，無甚利害，可待年。及恩例既不合換獄廟，只可依條。」洪适等奏：「陛下以至公存心，雖懿親不爲少回，況臣等豈得用私意邪。」壬子，内降詔曰：「比年以來，治獄之吏大率巧持多端，隨意援引而重輕之。故有罪者與除，而不辜者罹酷〔一七〕，朕甚患焉。卿等其革玩習之弊，明審克之公，使奸不容情，罰必當罪，用迪於刑之中。」丁巳，進呈殿前司陞差將副等〔一八〕。洪适等奏：「陞差但以年限，殊不較量能否，合亦呈試事藝。」上曰：「拘以年限，自是國家法令。今後遇有陞差〔一九〕，卿等可問點三二名就堂下審驗，與之語言，能否自可見矣。」庚申，進呈吏部長貳措置到：「選人改官引見，令立班移近軒陛，逐一宣名，其間聖意或有所疑之人，即乞指名宣諭吏部侍郎，令同到都堂審驗。如不中選，即取旨別作施行。」上曰：「如此施行，全在卿等盡公，方得其實。」甲子，給事中魏杞等劄子：「今來皇太子已講授孟子徹章。」上曰：「可令講尚書。治國之道，莫先於此。君臣更相警戒，無非日所行事，朕每無事，必看數篇。」

臣留正等曰：仰惟壽皇天縱英明，聖學高妙，見於政治之迹，莫非咸五登三之隆。蓋其垂精載籍，深有得於上古之書，謂每無事必看數篇，勸講諸宮，亦以是書。猗歟盛哉〔二〇〕。臣等竊惟治國之道，無出於畏天法祖、恤民用人之大端。而書實具之。其君臣更相警戒，若禹之告舜，無若丹朱傲，惟慢遊是好。益之戒舜，罔游於逸，罔淫於樂。傅說之告高宗，無啓寵納侮，無恥過作非。周公之告成王，無若商王受之迷亂，荒於酒德。此其警戒之深功著明者。無逸立政猶拳拳焉，此固萬世帝王之龜鑑也。

辛未，進呈李信父上書，大略謂守令不得人，且舉其所見聞之一方者言之：「如蠶未成絲已催夏稅，禾未登場已催冬苗，陛下固申加禁止矣。今蓋有今年而追來年之租，謂之預借者。荒郡僻邑，有先二年而使之輸者。如編户差役官吏全不究實，陛下固申警有司矣。今則受財鬻法，以合差役者隱焉，其不應役之家，則自甲至癸以次相及，使致賄以求免。如節次減免租負，何嘗不巧作追呼也。如粳稻不得收税，而今之收税者自若也。如過犯不得入役，今之入役者自若也。常賦之外，泛科名色容或循習。訟牒不問大小輕重，或罰使輸金，或抑使買鹽。頃歲小不登，鄉曲小民十百爲群，持仗剽奪，借食之名以逞其私憾，倒廩傾囷，所在皆然。官不能禁也。」上曰：「李信父書詞理甚可取。此五事合如何施行？」汪澈等奏：「守令得人即無此弊。」上曰：「可行約束，已降指揮召赴都堂審察，卿等更看其人如何。」於是詔户、刑部檢坐見行條法，指揮申嚴，約束行下，如有違戾去處，仰監司覺察按劾聞奏〔二〕。是月，親試舉人，賜蕭國梁以下及第、出身有差。榜首本趙汝愚，以故事降居第二。洪适罷相奉祠。以臣僚交章論之也。

夏四月甲戌朔，進呈劉珙等以措置李金賊徒了畢推賞〔三〕。上曰：「朕已批與劉珙，近時儒者多高談無實用，卿則不然，能爲朝廷了事，誠可賞也。」丁丑，上諭執政：「卿等當謹法令，無創例以害法。如胥輩兼局之類〔三〕，切不可放行。」戊寅，詔：「淫雨爲沴，害及禾麥，可令侍從、臺諫講究所宜以聞。其臨安府並諸路郡縣見禁刑獄立限結絶，委官分詣檢察。」乙酉，臣僚言：「訪聞昨御營司招收弓手，所管三千三百人見在殿司，以殿司而有弓手之名，色目不類。又聞王琪招收百姓一千四百人專充養馬，並輜重突頭，大率游手，不妨在外營趁。又聞馬司逐月勘支效用軍兵一萬六千三百餘人，似與密院兵籍房數目不同，望付密院審實，銷落虛數。所有弓手並養馬軍兵並行揀閱，將强壯堪披帶之人收附以充戰士，尫羸老弱並行揀汰。」詔委都承檢詳揀閱，仍取會不同因依申密院。於是，檢詳晁公武取會殿前、馬、步三司在外諸統帥之兵，各開具置籍聞奏。上曰：「朕令殿帥王琪措置三軍，有堂記子〔四〕，將各人武藝注於其下，甚易見。」丁酉，進呈莫濛、程逖、司馬倬等奏：「知荆南李道所爲乖謬，政出胥吏，妄用經費，專意營私，盜賊群起不即擒捕。」上曰：「李道輒恃戚里，敢爾妄作，可與放罷。」葉顒等奏：「陛下行法不問戚里，天下聞之，孰不畏服耶。」己亥，臣僚言：「祖宗留意考課之法，王安石始罷之。欲望遵用太宗故事，應監司、郡守朝辭日，別給御前印紙歷子。至於興某利、除某害，各爲條目，每考令當職官吏從實批書，任滿精覈。」詔：「經筵官參祖宗法與見行條制，務要適中，可以久行。」是月，除浙西圍田，以其壅水害民田故也。參知政事兼知樞密院事葉顒罷。以臣僚論列也。仍將納賂求差遣人林懋能、周良臣送大理寺。

五月甲辰，進呈饒州闕守臣，葉顒等擬俞翊，且言其作邑有聲，鄱陽大郡，但此人履歷未深。上曰：「選材治劇，亦不須較資格也。可依擬差。」丁巳，上宣諭宰執曰：「近日臣僚劄子，多言大臣不任事。卿等更宜勉力，如朕有所不至處，卿等須來理會。或事有不可任，但來執奏。」庚申，御筆：「不曾任守臣不得除郎官。」魏杞奏：「其間卻有任監司人，未審合與不合除授〔二五〕。」上曰：「監司，察州縣者也。事同一體。」丙寅，詔今後看詳四方投獻書劄文字，擬定等第將上。丁卯，詔：「行下諸路監司、守臣，察今秋有田禾不熟之處，預先講求救荒之政。如將來水旱去處，卻致無備，必置於罰。如備預有方，當議推賞。」

六月壬午，林安宅、蔣芾奏：「臣等備員宥地，所職在於兵將。如二三大將，陛下之所深知，偏裨之間有才者亦多，但臣等素不相識，無以知其才否。欲自此與之相見。」上曰：「卿等於審察或陞差之際觀之〔二六〕，亦可見其人材。且如三省呼召文臣，卿等亦可呼召武臣。文武自當一律。」癸未，王曮入見進對，奏：「久晴極暑。」上曰：「久晴得百穀堅好，朕寧受極暑，不敢憚也。」丁酉，中書舍人王曮、起居舍人陳良祐言：「和糴之弊，害及於民。守、令之罪也。朝廷抛降有定數，而州縣額外倍科。朝廷降糴本於州縣，而州縣什不支一二。乞令州縣各置場，申嚴條法。」從之。中書、門下省言：「州縣等官在任有合支請，往往援例請過官錢，理宜約束。」詔帥臣、監司覺察。是月，罷兩浙市舶司。以言者論，兩路市舶所得不過一萬三千餘貫，而一司官吏請給乃過於所收故也。乾道新書成。詔舉制科。許侍從薦舉，或監司、守臣解送，及權罷注疏出題。廣西提刑張維奏曰：「昔漢宣帝嘗曰：庶民各安於田里，而亡歎息愁恨之聲者，政平訟理也。臣今考察守令，以政平訟理爲臧，以政不平訟不理爲否，而臧否之中復有優劣。凡臧之品有三，否之品有二。」詔諸路監司、帥臣依張維所奏，察本路守令，限兩月各具臧否以聞，不得連銜。

是夏，初令户部印給交子三百萬緡，行於兩淮，不得過江南。

秋七月乙卯，臣僚言：「出官人銓試中而後使之從仕陛下之命也〔二七〕。近睹將仕郎都謙亨差監潭州南嶽廟，本人係隆興元年八月内，因父致仕陳乞恩澤補官，既未曾銓試，又補授未滿三年，陛下法令如此之備，申令如此之嚴，必欲違戾，臣所未曉也。乞指揮今後初除官人陳乞差遣，先令吏部具本人曾與不曾銓試申尚書省，然後取旨除授。」詔都謙亨嶽廟差遣更不施行。餘並依奏。今後執政常遵近制。仍戒諭後省官毋再忽慢。庚申，執政内殿進對。上曰：「前日一雨之後，想見禾稼秀實。」魏杞等奏：「浙中田間正望此一雨，兼聞江東亦自豐熟。」上曰：「今歲秋成可望，甚可喜也。」奏事訖，杞等退而私語曰：「主上憂勤如此，與夫必待進戒而後知稼穡艱難者遠矣。」

八月丁丑，進呈：内東門司申：「内人紅霞帔韓氏得旨轉郡夫人，依外命婦支給請受。據户部供，外命婦郡夫人即無禄令。」上曰：「禄令如此，朕不欲破例。此事且已。朕禁中自理會也。」丙戌，詔林安宅、王伯庠論葉顒姪元濟受周良臣請求贓事，訊驗無迹，事干大臣，風聞失實。林安宅可罷同知樞密院事，王伯庠罷侍御史。丁亥，進呈周良臣等案。上曰：「林安宅、王伯庠昨日之罷亦非得已，若不如此行遣，自後大臣必爲人污衊，受曖昧之謗。周良臣等可疏放，林安宅可筠州居住。」是月，降會子、交子各二千萬，均撥於鎮江、建康兩榷貨務。如兩淮人過江南，許將交子於務場换易會子，江南人過兩淮，亦聽用見錢或會子，就務場對换交子行使。

九月丙午，知鄂州汪澈劄子：「臣頃任御史，嘗舉選人李允升，以贓污送大理寺，所有臣繆舉之罪，望有司施行。」詔特降兩官。甲子，詔：「今後臺諫、侍從章奏，各置一簿，隨所上録之。一以留禁中，時備觀覽，一以授大臣，使之詳閲。有事已行而輒廢，或行而以法有礙於民未便，及監司、郡守言與事違者，各以時糾之。」從秘書少監汪大猷請也。是月，温州水災，遣使賑之。地震。知上元縣李允升坐贓貸死，決配。建康帥守王佐坐容縱允升尋醫離任，追兩官勒停，建昌軍居住。提刑袁孚以失按降一官。禮部員外郎莫濟爲司農少卿。魏杞奏曰：「濟嘗中詞科，且掌南宫牋奏，但恐議者以爲蹊徑未是。」上曰：「中都官初不分清濁，如司農責任亦甚重，以士人除授亦無害也。」濟尋奏言：「爲治在於任人，任人在於責實。任人而不能久，則賢而能者無以見其長，惡而不肖者得以逃其罪。雖有責實之政，將安所施。今輔相大臣或數月而已罷，寺監丞簿、郎曹、卿監不踰歲而輒遷，恐進退人才似乎稍驟也。」詔：「所論甚當。凡百執事各勤乃職，期底於治。」汪大猷奏：「乞令諸帥不拘部曲，各精擇三兩人，必實言其或智或勇，或知其有某材可用，或舉其任某事可取，悉以名聞，分命文武禁近之臣更迭接見，與之談論兵家之務，然後賜對便殿，略其言語儀矩之失，取其材力謀略，審其可用，試之以事，立功則舉者同賞，敗事則罰亦如之。」詔從之。

冬十月乙亥〔二八〕，吏部尚書陳俊卿進對，奏：「臣典選事，但當謹守三尺，檢柅吏奸。至於愚暗所見或未到，亦望聖慈宣諭，時時訓敕之。君臣之分雖嚴，而上下之情不可不通。」上曰：「卿言是也。朕或有過，卿亦宜盡言。」俊卿奏：「自古惟唐太宗能導人使諫，所以致貞觀之治。」上曰：「每讀太宗事，未嘗不慕之。若德宗之忌克，不樂人言，未嘗不鄙之。」上退御講筵，講罷，上曰：「朕雖無大過，豈無小失。卿等不聞有所規諫，恐思慮有所未至，賴卿等補益。」周執羔等奏曰：「陛下聖明，事無過舉。」上曰：「卿等若只備位，非所望於卿等。」梁克家奏：「容臣等退思，苟有闕失，不敢不盡言。」周執羔嘗進對，上曰：「卿有所言，朕未嘗不行。朕有過失，卿當直言。有司之過失，亦當言之。」進呈知溫州劉孝韙劄子，以本州大水之後，乞降度牒應副修築塘埭事〔二九〕。上因言：「朕近日覽神宗紀，見是時災異甚多，何故？」魏杞等奏：「天出災異，譴告人君，正如父母訓飭爲人子者，不必問自己有過無過，但常恐懼修省而已。」上曰：「卿之言甚善。若不恐懼修省，自取滅亡之道也。」己丑，臣僚言：「役法科擾，大略有弓兵月巡之擾，有透漏禁物之責，有捕獲出限之罰，有將迎擔擎之差，有催科填代之費〔三〇〕，有應副按檢之用，有承判追呼之勞。凡此之類，皆役法之所深懼，若蒙朝廷約束，無復如前科擾，天下幸甚。」詔監司常切覺察。先是，饒州歲貢金一千兩。詔減十分之七。雨雹。

十一月辛亥〔三一〕，執政進呈次，上出吳蓋妻趙氏乞故夫遺表恩澤奏異姓。上曰：「不知前此有無體例，可以行否？」魏杞等奏：「容檢照舊例。」上曰：「今後有文字更不批出，只與卿等理會，庶幾不錯。」杞等奏：「若無例，臣等亦不敢行。陛下欲只與臣等理會，如此政令豈有過舉者。」乙卯，詔執政私第接見賓客，除侍從禀議職事外，其餘呼召取覆官止許各接見一次。丁巳，殿中侍御史單時言：「伏睹制旨，監司於所部保明郡守，郡守於所屬保明知縣，縣令治狀顯著，令中書門下省籍記取旨甄擢。然人之才術各有分量，吏之治迹未易稽考。臣願訓敕監司、郡守列其所舉之人、治狀之目，詳著於薦書，然後大明賞罰，舉得其實，則受上賞，舉失其實，則置重憲。庶幾選舉之法得矣。」從之。甲子，車駕幸候潮門外大教場，次幸白石教場，抽摘進呈三司軍馬。有旨慰勞錫賚諸將鞍馬金帶，以及士卒，賞皆有差。時久陰曀，暨皇帝出郊，雲霧解駁，風日開霽。是月，起居舍人洪邁直前奏：「臣幸得以文字薄伎待罪屬車間，每侍清閒之燕，獲聞玉音，凡所擿論，莫非中的，徽言善道，可爲世法，退而執筆，欲行編次，而考諸起居注皆據諸處關報，始加修纂，雖有日曆時政記亦莫得書，故使洋洋聖謨無所傳信。臣伏睹今月五日，給事中王曮進講春秋莒人伐杞，言周室中微，諸侯以强凌弱，擅相攻討，殊失先王征伐之意。上曰：『春秋無義戰。』周執羔進讀三朝寶訓，論文章之弊。上又曰：『文章以理爲主。』陳巖叟等奏刑部事。上曰：『寬則容奸，急則人無所措手足。』此數端皆承學之臣日夜探討，累數百語所不能盡，而陛下蔽以一言，至明至當，然記言動之臣弗能宣究，恐非所以命侍立本意。欲望聖慈令講讀官自今各以日得聖語，關送修注官。仍乞因今所御殿名曰祥曦記注，庶幾百世之下，咸仰聖學，以迹聰明文思之懿。」從之。步帥陳敏言：「本司所管官兵二萬餘人，今汰去老弱二千餘人，以所請錢米論之，歲費四十八萬貫，推究諸處，共約有三十萬餘人，以十分爲率汰去一分老弱，計三萬人，每歲可省七百二十萬貫。如是則費用省而國自富，老弱去而兵自强矣。」從之。

十二月庚寅，左司諫陳良祐奏：「今之言利者多要生財，生財乃所以病民，國用愈見不足。願取見一歲賦入之數，其取於民者已過，則從而蠲免之，以寬民力。取見所養官吏與兵之數，其可省者從而省之，常令財用十分，以七分養兵與官吏，三分以備非常。如此，則上下兼足。」上曰：「朕常有志放免和買及折帛等錢，以寬民力。但如今未暇。」良祐奏：「舊來本無此等錢，皆是軍興時科取，講和之後，依舊不除。今取於民者竭矣。若制節國用，令出入有度，稍有蓄儲，即可行陛下之志矣。」上曰：「因卿之言，當定經制。」辛卯，詔：「朕惟理國之要，裕財爲重。夫百姓既足，君孰與不足。量入爲出，可不念哉。自今宰相可帶兼制國用使，參政可同知國用事。庶幾上下同德，永底阜康。」丁酉，起居舍人洪邁奏：「天下萬務，出命於中書，審於門下，行於尚書，所以敬重政令，期於至當而已。初無文武二柄、東西二府之別也。今三省所行，事無巨細，必先經中書畫黄，宰執書押既圓〔三〕，當制舍人書行，然後過門下，而給事中書讀。如給舍有所建明，則封黄具奏，以聽上旨。惟樞密院既得旨即畫黄過門下，而中書不預，則封繳之職微有所偏。況今日宰相、樞臣兩下兼領，因而釐正，不爲有嫌。欲望詔樞密院，自今已往，凡已被旨文書，並關中書門下，依三省式畫黄書讀，以示欽重出命之意。」詔從之。然樞院機速事則不由中書直關門下省，謂之密白。是月，以葉顒、魏杞爲左右僕射，簽書蔣芾兼參知政事，陳俊卿同知兼權參政。先是，上猶未能屏鞠戲，又將游獵白石。俊卿時爲吏書，上疏力諫。後數日，入對，上迎謂曰：「前日之奏備見忠讜。朕決意用卿矣。」俊卿再拜謝。上曰：「朕在藩邸已知卿爲忠臣矣。」兵侍陳巖肖因對，奏：「近睹宣麻並拜左右二相〔三三〕，同日除參樞二執政，中外相慶，以爲得人。然臣以爲大臣當稍付之以權，使之任天下之責。」上深嘉納。曾覿、龍大淵以舊恩竊寵，士大夫頗出其門，言事者語或及之，往往獲罪。時陳俊卿受詔館北使，大淵爲副，公見外未嘗與交一言。大淵造門納謁，亦謝不見。一日，中書舍人洪邁見俊卿曰：「人言鄭聞當除右史，某當除某官，信乎？」俊卿曰：「不知也。」詰語所從，邁以大淵對。俊卿他日入對，畢具以邁語質於上前，曰：「臣不知此等除目，兩人實與聞乎？抑其密伺而播之於外，以竊弄陛下之威權也。」上曰：「朕何嘗謀及此輩，必竊聽而得之，卿言甚忠，當爲卿逐之。」俊卿再拜謝，退，未及門，已有旨出二人於外矣〔三四〕，中外快之。虜使來庭〔三五〕，俊卿以故事押宴，使者致私覿其狀，花書而不名，俊卿卻之。掌儀懼，白俊卿，恐生事。俊卿使語之曰：「今日豈當用辛巳前故事耶。」使者詞屈，乃問俊卿爵里甚悉，而易狀書名以遣，曰：「特爲陳公屈耳。」自是遂爲例。

丁亥乾道三年正月甲辰，内降詔曰：「獄，重事也。稽者有律，當者有比，疑者有讞，持巧心設貳端者有禁。朕選任廷尉、理官，以法付之。而比年以來，顧以獄情白於執政，探取旨意以爲輕重，甚亡謂也。夫人臣舉要，有司致詳，閱實之初，五聽參具，在彼有情，在我有法，相當而已，而又何咨焉。繼自今其祗乃心，敬於刑，惟當爲貴，毋習前非，不如吾詔，吾將大置於罰，罔有攸赦。」癸丑，何逢原除金部郎官。上曰：「恐儒者不肯留意金穀事，如吕搢，問簿籍都不知，卿等可面諭何逢原，令留意職事。」

臣留正等曰：户部理天下財穀，郎位其間者有五〔三六〕，而司珍之責莫重焉。爲郎於此，而恬不以事爲意，則均節邦之財利〔三七〕，考其簿正，奠其地守，以制盈虚之柄者，將孰任其責也。孔子嘗爲委吏矣，曰會計當而已矣。嘗爲乘田矣，曰牛羊茁壯長而已矣。夫委積芻牧之微，雖聖人未嘗有不屑爲之心也。而況司珍之事，又有大於委積芻牧者乎。壽皇聖訓與夫子若符節。

是月，度支郎唐瑑言〔三八〕：「自紹興三十一年即造會子，至乾道二年七月，共印造二千八百餘萬道〔三九〕。止乾道三年正月六日以前〔四〇〕，措置收换外，尚有八百餘萬貫在民間未收。今來諸路綱運，依近降指揮，並要十分見錢，故州縣不許民户輸納會子，致流轉不行。商賈低價收買，輻湊行在，所以六務支取擁併喧閧。今欲給降度牒及諸州助教帖各五千道，付榷貨務，召人依見立價例，全以會子進納，庶幾少息擁併之弊。而會子在民間，亦不過數月便可收盡。」詔先次給降度牒並助教帖各五百道，候出賣將盡，取旨接續給降。中書、門下省言：「昨來支降交子，付兩淮行使，緣所降數目過多，及銅錢並會子不許過江，是致民旅未便。今措置令銅錢、會子依舊任便行使，應官司見在未支交子，令差人管押赴左藏庫交納。」

二月壬申，上曰：「朕已草得一指揮理會財用。」少頃降出御筆云〔四一〕：「自後宮禁內人並百官、將校、軍兵、諸司人，每月初五日國用房開具前月支過已上五項請給數目，並非泛支用造册進呈。便從此月爲始。外路軍馬可降式樣付諸路總領，逐月開具。自此遂爲定式。」上謂輔臣曰：「蔣參政理會財用，已尋見根源。」初，芾因謝新除，留身奏云：「方今費財最甚者無如養兵。近見陳敏揀汰二千人，戚方揀汰四千人。夫汰兵固良法，然今日之兵多是有官人〔四二〕，與之外任，依舊請券錢，又添供給，雖減之於內，添之於外，亦未見其益。既減六千人，必又招六千人填額，則是添六千人耗蠹財用矣。契勘在內諸軍，每月逃亡事故常不下四百人，若權住招，一年半內可省三百八十萬貫。俟財用稍足，可逐旋招收强壯，訓練而用之，不惟省費，又可兵精。」因奏紹興以來初分五軍，並內外諸軍分合添減之數。上以爲然，故有此宣諭。乙亥，架閣衛博論用人宜録所長〔四三〕、棄所短。上曰：「卿言極是。用人不當求備，知禮者必不知樂，知樂者必不知刑。若得其人，不當數易。宜久任以責成功。」丁丑，上言：「虜主葛王禽荒〔四四〕，日事田獵，修造宫室，土木之工不止〔四五〕，後宫亦多，其侈靡又過於顔亮，大與初即位時不同。要之人主侈心一生，其弊至此。朕每以自儆戒。卿等見朕有過，亦當規正。」蔣芾奏：「臣近朝德壽宫，恭聞太上皇帝玉音云：主上勤儉過於古帝王。」上曰：「朕亦自以爲勤儉無愧唐太宗，惟是功業遠不逮太宗。」芾奏：「功崇惟志，陛下既有此志，守之以不怠，何患功業之不成。」壬午，起居舍人洪邁奏：「兩省每日行遣録黄文書盈於几閣，多有常程細故，不足以煩朝廷，專出命者，使中書之務不清，無甚於此。」上曰：「朕嘗見通鑑載，唐太宗謂宰相聽受辭訟縈於簿書，日不暇給，因敕尚書細務屬左右丞〔四六〕，朕見欲理會，卿所論可謂至當。」宣諭葉顒曰：「今日可進入武臣薦舉兵將官册子，朕欲周知其人。」顒奏：「宜於無事詢訪，以備緩急。」陳俊卿奏：「陛下曾記得王存否，其人似尚可用。」上曰：「朕識之，粗暴之人〔四七〕，老矣，智、力皆無所用也。」乙酉，詔降下武經龜鑑孫子令密院委使臣一員給賜鎮江都統戚方、建康都統劉源，仍令選擇兵官，各賜一本。乙未，進呈：「環衛官元有指揮，不許差戚里。前日得旨差潘才卿，有礙元降指揮。」上曰：「卿等如此理會甚好，可別理會。」戊戌，諫議陳天麟言：「近探報虜聚糧增戍，以其太子爲元帥居汴，宜擇將帥預講禦備之策。」上曰：「此今日急務。昨王琪請築揚州城，卿等見文字否？」葉顒奏：「琪至都堂議論，尚未定。」魏杞奏：「淮東之備，宜先措置清河、楚州、高郵一帶，庶可遏虜糧道。」上曰：「若把定高郵，不放糧船過來，則虜不能舉留淮上〔四八〕，自當引去也。」

三月庚子，宰臣葉顒乞抽回江州兵馬。上曰：「此豈得已，亦要熟商量。近來招兵練兵皆容易，惟養兵最難。此豈有定論。他時財賦有餘，自可增招。」顒又奏：「昨日陳敏對，陛下必已分付六合事。」上曰：「亦説卻欲帶步司人去。」顒奏：「陳敏甚曉地利，且有志立功名。」上曰：「若陳敏鎮守高郵甚好，卻别擇一步帥，亦難得人。」是月，宣押殿前司選鋒軍九百人騎入内射〔四九〕。

夏四月丙子，宣殿前司選鋒等軍五百八十二人、車二十四兩入内教。庚寅，右軍統制張平奏事。上曰：「兵謀務要决勝，不得輕發〔五〇〕，有功者雖讎與賞，有罪者雖親與罰。」是月，併利州東西爲一路。以吴璘爲安撫使兼四川宣撫兼知興元府。璘尋薨。初，璘病，呼幕客草遺表，命直書其事曰：「願陛下無棄四川〔五一〕，無輕出兵。」不及家事，人稱其忠。璘爲人剛毅靖深，喜大節，略苛細。讀史傳，曉大義。其御軍恩威兼濟，士卒樂爲之用。每出師，指麾諸將風采凛然，無敢犯令者。故所向多捷。玠死，璘爲大將，守蜀捍虜餘二十年〔五二〕，隱然爲方面之重，其威名亞於玠。其選諸將多以功，有告以薦材者，璘曰：「兵官非嘗試，難知其才。今以小善進之，則僥倖者獲志，而邊人宿將之心怠矣。」故所用後多知名。嘗著兵法二篇。追封信王，謚武順。

五月戊申，上曰：「昨批韓曉奏狀，知隨州林嶷放罷。如此處置莫是。」葉顒奏：「臣昨見言者，論罷韓曉，臣知林嶷陰遣其家屬在行在納短卷於臺諫，臣方欲再開陳，今陛下批下〔五三〕，可謂明見萬里之外。」陳俊卿奏：「近日此風頗盛，是使監司不敢按郡守，郡守不敢按縣官。」上曰：「此風誠不可長。朕方欲手詔戒諭臺諫。」辛酉，王炎奏：「近來士大夫議論太拘畏，且如近詔王琪至淮上相度城壁，朝士皆紛然以爲不宜。」上曰：「此何害，儒生之論真不達時變，昔徐庶言通世務者在乎俊傑〔五四〕，朕與卿等當守此議論，他不足恤。」是月，振泉州水災，安奉太宗真宗玉牒及三祖下仙源積慶圖哲宗寶訓。

六月癸酉，上曰：「朕欲依祖宗故事，先令有司具囚情款，前數日進入，朕親閱之，可釋者釋之，可罪者罪之，庶不爲虛文。可降指揮，今後並依祖宗典故。」丁亥，度支趙不敵言：「將帥未必知兵，徒務聲勢。今日添使臣，明日招效用，但資冗墮〔五五〕，未見精雄。」上曰：「此正中今日將帥膏肓。」是月，命知院虞允文宣撫四川，代吴璘也。允文尋言：「房州義士、金州保勝軍見管七千餘人，皆建炎、紹興之初，自相結集，固守鄉閭，最爲忠義。而州縣全不加恤，分占白直，應副往來。又有都統司差役科擾。欲乞差皇甫倜爲利州東路總管，金州駐劄，令專一主管，於農務隙時往來教閲，或緩急有警，可責令分守諸關。」從之。

秋七月辛亥，臣僚言：「户部申請諸路並限一季出賣官產，拘錢發納。且以江東西、二廣論之，村疃之間，人户凋疏，彌望皆黄茅白葦，膏腴之田耕猶不遍，豈有餘力可買官産。今州縣迫於期限，且冀有厚賞，不免監錮保長，抑勒田鄰。乞寬以一年之限，戒約州縣不得抑勒，如有違戾，重置典憲。」從之。癸丑，諫議陳良祐奏：「民間傳邊事多是兩下説成，爲備雖不得已，要不可招敵人之疑。如近日修揚州城，衆論以爲無益。」上曰：「正欲爲備，如何無益？」良祐奏：「萬一虜人衝突〔五六〕，兵不能守，則是爲虜人築也。今遣二三萬人過江，虜人探知，卻恐便成釁隙。」上曰：「若臨淮則不可，在内地亦何害。」良祐奏：「更願審思。今日爲備之要者，無過選擇將帥，收蓄錢糧，愛民養士。」上曰：「卿言甚是。」甲寅，上曰：「淮東備禦事，此須責在陳敏，萬一有警，卻恐推避誤事，卿等宜熟與之謀。」魏杞奏：「臣等昨爲陳敏約〔五七〕，敏亦自任此事。今朝廷但當稍稍應副之而已。」上曰：「是。」是月，以皇太子愭疾，大赦天下，尋薨。

閏七月丙寅朔，宣諭曰：「朕欲江上諸軍各置副都統一員，令兼領軍事，豈惟儲他日統帥，亦使主將有顧忌，不敢專擅作過。」戊寅，郭剛除鎮江副都統。上曰：「郭剛之除，聞鎮江軍中甚喜。」葉顒奏：「郭剛甚廉，軍中素所推服。」庚辰，上論理檢院故事，因謂葉顒等曰：「朕常思祖宗創立法度，以貽後人，後世子孫不能保守，極可惜。」上又曰：「創之甚難，壞之甚易。」蔣芾曰：「臣嘗記元祐三年進士第一人李常寧，廷試策破題四句云：『天下至大，宗廟社稷至重，百年成之而不足，一日壞之而有餘。』」上曰：「誠爲明言。」芾奏：「所謂壞者非一日遽能壞也。人主一念慮之間，不以祖宗基業爲意，則事事放倒，馴致敗壞。故人主每欲自警戒，常恐一念慮之失。」上曰：「朕非獨自警戒而已，且憂後世子孫不能保守爲可惜也。」癸未，臣僚言：「閩中鹽策之弊有五：官糴浩瀚而本錢積壓不支，間或支俵而官吏尅減，計會縻費，貧民下户皆不樂供官，而太半糶於私販，一也。綱運之人，非巨室則官吏，載縣官之舟，藉縣官之重，影帶私鹽出糶，二也。州縣斥賣，多置坊局，付之胥輩，其權秤之減尅、泥沙之雜和，官皆不之問，私價輕而官價重，官鹽雜而私鹽真，鄉村之民太半食私鹽，故官糶不行，三也。巡尉未嘗警捕，但日具巡歷申於官長，月書所到，置於驛壁，私販猾商莫之誰何，四也。今之邑敷賣官食鹽，與夫借鹽本錢者，多是給虚券，約綱到數日支給，甚至抛敷賣之數付之耆保，攤及僑户。其見在鹽卻封樁不得支出，謂之長生鹽。若人户不願請鹽，只納敷數之半以貼陪，官將官鹽貯之别所，以添後日之數，謂之還魂鹽。猾吏攬撲〔五八〕，民户貼陪錢請鹽出賣，出息則與邑均分，謂之請鈔鹽，五也。況閩中崇岡峻嶺，淺灘惡瀨，商旅興販，流轉實難，故鈔鹽之法不可行。乞講究利害，盡革前弊。」明年二月施行。癸巳，劉珙自湖南召還，初入見，首論：「獨斷雖英主之能事，然必合衆智而質之以至公，然後有以合乎天理人心之正，而事無不成。若棄僉謀，徇私見，而有獨御區宇之心焉，則適所以蔽其四達之明。而左右私昵之臣，將有乘之以干天下之公議者矣。」〔五九〕又論羨餘之弊，曰：「州縣賦入有常，大郡僅足支遣，小郡往往匱乏，而近者四方尚有以羸餘獻者，不過重折苗米，或倍税商人，至有取新賦以積餘錢，捐積逋以與州郡〔六〇〕。州郡無以自給，不過重取於民。此民之所未便一也。和糴之弊，湖南、江西爲尤甚。朝廷常下蠲免之令，遠方之民舉手相賀，曾未數月，又復分抛。州縣既乏緡錢，將何置場收糴。民間關引無用，則與白著一同。倘有以革綱運之弊，自可減和糴之數，此民之所以未便二也。望詔止之。」上嘉納。尋以珙爲翰林學士。珙嘗從容言於上曰：「世儒多病漢高帝不悦學，輕儒生。臣竊以爲高帝之聰明英偉，其所不悦，特腐儒之俗學耳。誠使當世之士有以聖王之學告之，臣知其必將竦然敬信，而其功烈之所就不止於是而已矣。蓋天下之事無窮，而應事之綱在我，惟其移於耳目，動於意氣，而私欲萌焉，則其綱必弛，而無以應夫事物之變。是以古之聖王無不學，而其學也必求多聞，必師古訓，蓋將以明理正心，而立萬事之綱也。此綱既立〔六一〕，則雖事物之來〔六二〕，千變萬化，而在我常整整而不紊矣。惜乎當是之時，學絕道喪，未有以是告高帝者。」上亟稱善。

八月乙未朔。是月，禁兵官交結內侍。時鎮江軍帥戚方刻剥役使軍士嗟怨，言者及之。陳俊卿奏：「外議內臣中有主方者。」上曰：「朕亦聞之。方罪固不可貸，亦當並治左右素主方者，以警其餘。」即詔罷方，而以內侍陳瑶、李宗回付大理究其賄狀。獄成，陳瑶決配循州，李宗回等降罰有差。於是詔戒兵將官交納內侍，公行苞苴，自今有違戾，必罰無赦。上又諭輔臣以「建康劉源亦嘗有賂於近習，方思有以易之。今欲且遣王抃至彼檢察奸弊，留數月而後歸，庶新帥之來，不至循習。」俊卿又奏曰：「今但遴選主將，則宿弊當自革矣。」上曰：「政患未得其人耳。」俊卿曰：「苟未得人，更宜精擇。既已委之，則當信任。今未得其人已先疑之，似非朝廷所以待將帥之體。且軍中財賦所以激勸將士，但主帥不以自私，則其他當一聽之〔六三〕。今檢梱苛細，動有拘礙，則誰復敢出意繩墨之外，爲國家立大事乎。況朝廷所以待將帥者如此，使有氣節者爲之心必不服，其勢必將復得姦猾之徒，則其巧思百出，弊隨日滋，又安得而盡革耶。今不慮此，而欲獨任一介單車之使以察之，政使得人，猶失任而無益，況不得人，則其弊又將不在將帥而在此人矣。」上納其言，罷抃不遣〔六四〕。大霖雨〔六五〕，宰執求罷不允。詔内外察獄，今太官早晚並進素膳。戊午，慮囚。

九月丁丑，翰學劉珙進讀三朝寶訓，至淳化五年，太宗謂近臣曰：「太祖實録或云多有漏落，當命官重修。」因歎史官才難。蘇易簡曰：「大凡史官，宜去愛憎。近者扈蒙修史，蒙爲人怯懦多疑忌，故其史傳多有脱落。」上曰：「善惡無遺，史臣之職。」珙奏云：「史官以學識爲先，文采次之。苟史官有學識，安得愛憎怯懦疑忌。」上曰：「史官要識、要學、要才，三者兼之。」臣僚言：「檢視災傷，官司未嘗遵承。每差州縣官到，隨行征求，皆有定例。然後擇村疃中近年瘠薄之田，先往視之，名曰應破。又擇今歲偶熟之處，再往視之，責以妄許〔六六〕，名曰伏熟。重爲民困。望詔守臣選差練曉清强官，公心考覈。申飭監司，嚴行按舉。所差官污廉、勤惰、公正誣罔，悉以上聞。」從之。是月，陳良翰言：「昨立住賣度牒二十餘年，人民生聚不爲無益。辛巳春，邊事既作，用度浸廣，乃始放行。令下之初，往往争買，其價則五百千，其限則三個月，其數不過萬道，未足以病民。今則減價作三百千，展限已三十餘次，總數計十萬三千餘道，民甚病之。且唐人有言：十户不能養一僧。今放行者與舊所度者，無慮三四十萬，是三四百萬户不得休息也。不知國之所利者能幾何，而令三四百萬户不得息肩。且又暗損户口，侵擾齊民，奚止千萬。此其爲害豈淺淺哉。」是秋，申嚴獻羨餘之禁。從劉珙奏也。

冬十月壬寅，上曰：「昨日有從官奏云：邊事規舉未定。」〔六七〕葉顒奏〔六八〕：「臣等日夕講究，亦且徐徐措置。」上曰：「維揚築城已畢，更得來年一冬無事，足可經略。」陳俊卿奏：「淮上規摹，須久任守臣，遲責其效。其不職者早宜易之。」上曰：「極是。」壬子，三省進呈畢，上曰：「朝廷更有何事合理會？須是務其遠者〔六九〕、大者，勿徒事於簿書苛細。朕尋常或過飲一兩盃酒，便覺忘事，以此觀之，須是清慮。」是月，成都府路旱。詔降僧牒四百道充糴本，措置賑濟。

十一月丙寅，郊，雷雨，望祭於齋宮。時虜使來賀會慶節〔七〇〕，上壽在郊禮散已之內，不當用樂。陳俊卿請令館伴以禮諭之〔七一〕，而議者慮其生事，多請權用樂者。俊卿又奏：「請必不得已〔七二〕，則上壽之日，令設樂，而宣旨罷之。及宴使客，然後復用。庶幾事天之誠得以自伸，而所以禮使人者，亦不爲失。」上可其奏，且曰：「宴設雖進御酒亦毋用樂，惟於使人乃用之耳。」議者顧以爲紫宸上壽乃使客之禮，固執前議。俊卿又不可，獨奏言：「適奉詔旨，有以見聖學高明，過古帝王遠甚，臣敢不奉詔。然猶竊謂更當先令館伴以初議喻使人，再三不從，乃用今詔，則於禮爲盡，而彼亦無詞，不可遽鄙夷之，而遂自爲失禮以徇之也。」蔣芾猶守前説。俊卿退復爲奏曰：「彼初未嘗必欲用樂，我乃望風希意而自欲用之。彼必笑我以敵國之臣而虧事天之禮，他時輕侮，何所不至[七三]。此猶不可不留聖慮。」上嘉納之。葉顒、魏杞罷相，奉祠。以郊祀雷變故也。詔戒士大夫因循苟且，誕謾奔競之弊，命臺諫、侍從、兩省官指陳時政闕失。以陳俊卿參知政事，劉珙同知樞密院。俊卿言於上曰：「執政之臣，惟當爲陛下進賢退不肖，使百官各任其職。至於細務，宜歸有司，庶幾中書之務稍清，而臣等得以悉力於其當務之急。」上甚然之。一日，審察吏部所注知縣，有老不任事者，俊卿判令吏部改注，吏白例當奏知。俊卿曰：「此豈足以勞聖聽[七四]，明日取旨，自今此等請勿以聞[七五]。」一日，上顧輔臣圖議恢復，劉珙奏曰：「復讎雪恥，誠今日之先務。然非内修政事有十年之功，臣恐未可輕動也。」同列有進而言者曰：「漢之高、光皆起匹夫，不數年而取天下，又安得所謂十年修政之功哉？」珙曰：「高、光初起匹夫也，故以其身蹈不測之危，而無所顧。陛下躬受太上皇帝祖宗二百年宗社之寄，其輕重之寄，豈兩君比哉。臣竊以爲自古中興之君，陛下所當法者，惟周宣王而已。宣王之事見於詩者，始則側身修行以格天心，中則任賢使能以修政事而已。其終至於外攘夷狄，以復文武之境，則其積累之功至此自有不能已者，非一旦率然僥倖之所爲也。」上深然之。

十二月甲寅，詔諸路訓練兵官，將逐州揀中見教閲禁軍内，事藝最高强〔七六〕、身貌强壯爲上等，事藝高强、身貌瘦怯爲中等，餘並爲下等。限一月，置册開具申密院。是月，詔：「今後已降指揮合待報事，令諸房置簿隨日抄上，時行檢舉拘催。仍令左右司勾銷結押〔七七〕。如有違慢去處，三省開具取旨。」是歲，定改官以一百人，盜賞以二人〔七八〕，四川换改官以二十人爲額。廣東提舉茶鹽石敦義坐盜鹽脚錢入己，貸死刺配柳州。

校證

〔一〕景靈　原作「京靈」，據再造本、文海本校改。

〔二〕虜　此「虜」與本月下文二「虜」字，原均作「北」，並據再造本、文海本回改。

〔三〕措置　原作「指置」，文海本闕字，據下文及再造本校正。

〔四〕闕　原作「闕」，據再造本、文海本校改。

〔五〕監司　原作「監國」，文海本同，據本書下文及再造本、周必大文忠集卷一五五經筵故事、宋史卷三三孝宗紀校改。

〔六〕未分當　文海本同，再造本作「未公當」，似是。

〔七〕王三八　「王」原作「玉」，中興聖政闕頁。據再造本、文海本校改。
〔八〕換易　原作「相易」，據再造本、文海本校改。
〔九〕寫宣房　原作「寓宣房」，據再造本、文海本校改。「寫宣房」另見於洪邁容齋三筆卷四宣告錯誤。
〔一〇〕及額外人吏　「及」原作「反」，文海本同，不文，據再造本校改。
〔一一〕倍斂　再造本、文海本均作「掊斂」。
〔一二〕首　文海本同，再造本作「者」，從上句讀。似作「者」是。
〔一三〕滑吏　再造本、文海本作「猾胥」。
〔一四〕宣對之言　再造本作「宣對之旨」，文海本「言」字模糊難辨。
〔一五〕汪澈　原作「汪徹」，再造本、文海本同，據本書前後文及宋史卷三三孝宗紀卷三八四汪澈傳校改。
〔一六〕虜　原作「敵」，據再造本、文海本回改。
〔一七〕不辜　原作「不乖」，文海本字難辨，據再造本校改。
〔一八〕陞差　李校：原作「陸差」，據下文改。汪按：再造本、文海本均作「陞差」，可爲校改依據。
〔一九〕陞差　原作「陛差」，據前後文及再造本、文海本校改。
〔二〇〕歟　原作「與」，據再造本、文海本校改。

〔一一〕仰　原作「卿」，文海本同，據再造本校改。

〔一二〕劉拱　再造本、文海本均同，然佚名群書會元截江網卷二一作「劉珙」，從下文看，作「劉珙」近是。

〔一三〕兼局　原作「廉局」，不文，文海本字模糊，據再造本校改。

〔一四〕堂記子　再造本、文海本均作「掌記子」，作「掌記子」似是，然未見他處有載，存疑未改。

〔一五〕合與不合　上一「合」字原作「令」，據文義及再造本、中興聖政卷四五校改。

〔一六〕自「際觀之」以下至「建康兩」原脱，據再造本、文海本補。

〔一七〕銓試中而後使之從仕　「而後」、「從仕」文海本原闕，據再造本、中興聖政卷四五補。

〔一八〕冬十月　李校：原作「各十月」，據宋史孝宗紀一改。汪按：再造本、文海本、中興聖政卷四五均作「冬十月」，應作校改依據。

〔一九〕塘埭　原作「塘棣」，文海本同，據再造本、中興聖政卷四五校改。

〔二〇〕塡代　原作「捐代」，據再造本、文海本、中興聖政卷四五校改。

〔二一〕辛亥　再造本、文海本同，中興聖政卷四五作「辛丑」。難定孰是。

〔二二〕圓　原作「完」，據再造本、文海本、中興聖政卷四五校改。

〔二三〕睹　原作「都」，據再造本、文海本、中興聖政卷四五校改。

〔二四〕未及門已有旨出二人於外矣　原作「遂出二人於外」，據再造本、中興聖政卷四五校改。文海本「有旨」誤作「自旨」，餘同再造本、中興聖政。另再造本、文海本均爲小字，中興聖政卷四五爲正文。今暫作正文。

〔三五〕虜使　原作「北使」，據再造本、文海本回改。

〔三六〕郎位其間者有五　「者」原作「共」，據再造本、文海本、中興聖政卷四五校改。

〔三七〕財利　原作「財物」，據再造本、文海本、中興聖政卷四五校改。

〔三八〕唐璩　李校：原作「唐掾」，據中興聖政卷四六改。汪按：再造本、文海本均作「唐璩」，應作校改依據。

〔三九〕道　原作「貫」，據再造本、文海本、中興聖政卷四六校改。

〔四〇〕止　原作「在」，據再造本、文海本、中興聖政卷四六校改。

〔四一〕頃　原作「須」，據再造本、文海本、中興聖政卷四六校改。

〔四二〕兵　原作「施」，文海本作「於」，據再造本、中興聖政卷四六校改。

〔四三〕録　原作「緣」，據再造本、文海本、中興聖政卷四六校改。

〔四四〕虜　此「虜」與下文三「虜」字，原均作「敵」，並據再造本、文海本回改。

〔四五〕土木　原作「上木」，文海本同，據再造本、中興聖政卷四六校改。

〔四六〕左右丞　李校：原作「左右承」，據中興聖政卷四六改。汪按：再造本、文海本均作「左右丞」，可作校改依據。

〔四七〕粗暴之人　「之」字後原衍「一」字，文海本同，據再造本、中興聖政卷四六删。

〔四八〕舉　文海本同，再造本、中興聖政卷四六均作「久」。

〔四九〕殿前司　「司」原作「可」，據再造本、文海本、中興聖政卷四六校改。

〔五〇〕輕發　原作「輕動」，據再造本、文海本、中興聖政卷四六校改。

〔五一〕四川　再造本、文海本、中興聖政卷四六均同，杜大珪名臣碑傳琬琰之集上卷一四王曮吴武順王璘安民保蜀定功同德之碑作「四州」，指關外四州，乃四川之屏障，疑作「四州」是。

〔五二〕虜　原作「敵」，據再造本、文海本回改。

〔五三〕今　原作「令」，據再造本、文海本、中興聖政卷四六校改。

〔五四〕徐庶　再造本、文海本、中興聖政卷四六均誤作「徐度」，今不從。然據司馬光資治通鑑卷六五，講「通世務者在乎俊傑」者乃司馬徽，非徐庶。

〔五五〕冗墮　原作「冗隨」，據再造本、文海本、中興聖政卷四六校改。

〔五六〕虜　此「虜」與下文二「虜」字，原均作「敵」，並據再造本、文海本回改。

〔五七〕爲　再造本、文海本同，中興聖政卷四六作「與」。

〔五八〕攬撲　「撲」原作「樸」，據再造本、文海本、中興聖政卷四六校改。

〔五九〕乘之　原作「棄之」，據再造本、文海本、中興聖政卷四六校改。

〔六〇〕捐　原作「損」，據再造本、文海本、中興聖政卷四六校改。

〔六一〕此綱　「綱」字原脱，據再造本、文海本、中興聖政卷四六補。

〔六二〕事物之來　「來」前原衍「紛」字，據再造本、文海本、中興聖政卷四六删。

〔六三〕下文自「檢梔」以下至「上壽之日」，四庫本、再造本、文海本均因錯簡，將本卷文字誤入卷二一三上內，今據聖政自卷二一三上移回。李校已作如上移動，然未出校説明。

〔六四〕罷抃　李校：原作「罷林」，據中興聖政卷四六改。汪按：再造本闕文，文海本同。李校是，今從之。

〔六五〕霖雨　李校：原作「霖面」，據中興聖政卷四六改。汪按：再造本闕文，文海本作「霖而」。李校是，今從之。

〔六六〕許　文海本同，再造本闕文，中興聖政卷四六作「許」。

〔六七〕邊事　李校：原作「邊室」，據中興聖政卷四六改。汪按：再造本闕文，文海本作「邊室」，李校是，今從之。

〔六八〕葉顒　李校：原作「華顒」，據中興聖政卷四六、宋史宰輔表改。汪按：再造本闕文，文海本作「華顒」，李校是，今從之。

〔六九〕務　原作「畜」，文海本同，再造本闕文，據中興聖政卷四六校改。

〔七〇〕虜　原作「北」，再造本闕文，據文海本回改。

〔七一〕請令　李校：原作「讀令」，據中興聖政卷四六改。汪按：再造本闕文，文海本作「讀令」，李校是，今從之。

〔七二〕得已　李校：原作「密已」，據中興聖政卷四六改。汪按：再造本闕文，文海本作「密已」，李校是，今從之。

〔七三〕何所　李校：原作「何祈」，據中興聖政卷四六改。汪按：再造本、文海本均作「何祈」，姑從李校，存疑待考。

〔七四〕聖聽　原作「聖德」，據再造本、文海本、中興聖政卷四六校改。

〔七五〕以聞　原作「以問」，文海本同，據再造本、中興聖政卷四六校改。

〔七六〕最　原作「取」，據再造本、文海本、中興聖政卷四六校改。

〔七七〕結押　原作「結甲」，文海本同，據再造本、中興聖政卷四六校改。

〔七八〕盜賞　原作「恤賞」，據再造本、文海本、中興聖政卷四六校改。

宋史全文卷二十五上

宋孝宗三

戊子乾道四年春正月甲子朔。是月，籍荆南義勇民兵。先是，前知荆南府王炎奏：「荆南七縣，主、客、佃户共四萬有奇，丁口一十餘萬。臣依舊籍，雙丁以下及除官户並當差户人外，浄得八千四百有奇。每歲於農隙，只教閲一月。若比以贍養官軍八千四百人〔一〕，歲當錢四十萬貫、米一十一萬石、紬絹布四萬餘匹，今纔歲費一萬四千石、錢二萬緡，獲此一軍之助，利害豈不較然易見。」

二月甲午朔。是月，詔：「福建路建、劍、汀、邵武四州軍科賣官鹽，騷擾民户。可將本路鈔鹽一項，盡行住罷。轉運司每歲合抱發鈔鹽錢二十二萬貫，並與蠲免。卻令本司於八州軍增鹽錢並將樁留五分鹽本錢，抱認七萬貫充上供起發。今後州縣不得更以賣鈔鹽爲名，依前科敷騷擾。」初，臣僚極言其弊〔二〕，詔令前漕臣沈度、陳彌作看詳來上〔三〕，遂有是命。未幾，沈度奏事，上曰：「前日觀卿所奏鹽事，已盡蠲十五萬緡以寬民力。」且曰：「朕意欲使天下盡蠲無名之賦，悉還祖宗之舊，以養兵之費未能如朕志。」又言：「四川有鈔鹽綱，有歲計鹽綱、鈔鹽綱者，爲抱納鈔鹽錢窠名，歲計鹽綱者，每斤除分隸增鹽錢、鹽本等錢外，其餘係州縣所得市利錢〔四〕，即以充納上供銀錢等用。今鈔鹽窠名已盡行除放，州縣只是搬賣一色歲計綱，須令置場出賣，不得科抑於民。」給僧牒一千道、紫衣師號五百道，助四川總司。以蔣芾爲右僕射，王炎賜出身、簽書樞密院事。雨雹，大雪。

三月癸亥朔，詔舉制科。

夏四月壬辰朔。是月，賑綿、漢等州饑。尋以饒、信及建寧府等州饑，遣司農寺丞馬希言同提舉常平官賑濟。降僧牒一百道付建寧府。户部降米五千石賑衢州饑。荆南府僧牒二百道，衢州一百道，饒、信米各三萬石。雷州水，賜十道。進呈欽宗實録並帝紀。禮部員外郎李燾奏修史，先進呈帝紀，自淳化始，凡所以先進呈者，群臣筆削或有失當，因取決於聖裁，故號爲進呈紀草〔五〕。李燾上續資治通鑑長編，自建隆元年至治平四年閏三月。

五月壬戌朔，令常平官歲按倉儲。

六月甲午，上曰：「昨日汪涓對云：去秋江西水，數州之民至有無藁秸餵牛者〔六〕。

朕都不知。」陳俊卿奏：「去秋沈樞亦申來言水災，陛下所以預令理會和糴。」上曰：「卿等更別措置。今後水旱須令實申來。」蔣芾奏曰：「州縣所以不敢申，恐朝廷或不樂聞。今陛下詢訪民間疾苦，焦勞形於玉色，誰敢隱。」上曰：「朕正欲聞之，庶幾朝廷處置賑濟。」尋詔諸路漕司以水旱之實聞，州縣隱蔽者並置於法。辛亥，度支趙不敵言：「方今一歲內外支用之數，大概五千五百萬緡有奇。又以一歲所入計之，若使諸路供億以時，別無蠲減拖欠，場務入納無虧，則足以支一歲之用不闕。然賦入之科名猥多〔七〕，分隸於户部之五司。如僧道免丁、常平免役、坊場、酒課之類，則左右曹掌之；如上供、折帛、經總、無額、茶鹽香礬之類，則金部掌之；度支則督月樁，倉部則專糴本。催理雖散於五司，悉經於度支。藉之古人量入爲出之義，則度支一司安可以不周知其所入之數也哉。臣因置爲都籍，會稽窠名，總爲揭貼，事雖方行，簿書草具，而條目詳備固已粲然易考。欲望付之本曹，自兹爲始，歲一易之，庶幾有司得以久遠遵行。不惟財賦易以稽考，抑使胥吏無所容奸。」從之。丙辰，詔守臣罪狀顯著或職事不舉，而監司不即按劾〔八〕，卻因他事發覺，三省具姓名取旨，守臣不按知縣亦如之。

秋七月壬戌，臣僚言：「臨安府風俗，自十數年服飾亂常，習爲胡裝〔九〕，聲音亂雅〔一〇〕，好爲胡樂〔一一〕。臣竊傷悼中原士民淪於左衽〔一二〕，延首企踵，欲自致於衣冠之化者〔一三〕，三四十年卻不可得。而東南禮義之民，乃反墮於胡虜之習而不自知〔一四〕，甚可痛也。今都人靜夜十百爲群，吹鷓鴣，撥胡琴〔一五〕，使一人黑衣而舞〔一六〕，衆人拍手和之，傷風敗俗不可不懲。伏望戒敕守臣，檢坐紹興三十一年指揮〔一七〕，嚴行禁止。」詔從之。甲申，詔諸路運司行下所屬，將灾傷處各選清强官遍詣地頭，盡與檢放，或不實不盡有虧公私，被差官並所差不當，官司並重作行遣。其被水甚處，令監司、守臣條具合措置存恤事件聞奏。是月，親録繫囚。先是，詔：「以疏决並爲文具，令有司具祖宗典故，朕當親閲。」至是，後殿臨軒决遣罪人。右僕射蔣芾以母喪去位，陳俊卿兼知樞密院事，言於上曰：「臣自叨執政之列，每見三省密院被内降指揮，苟有愚見，必皆密奏，多蒙開納，爲之中止。然比及如此，已爲後時。今以參預首員，奏行政令，欲乞自今内降恩澤有未允公議者，容臣卷藏不示同列，即時繳奏，或次日面納。」上曰：「卿能如此，朕復何憂。」俊卿每勸上親忠直，納諫諍，抑僥倖，肅紀綱，講明軍政，寬恤民力。異時統兵官不見執政，俊卿曰：「召三五人從容與語，察其材智所堪而密記之，以備選用。」於是上嘉俊卿之言，多所聽從，大抵政事復歸中書矣。龍大淵既死，上憐曾覿〔一八〕，詔召之〔一九〕。陳俊卿曰：「自陛下出此兩人，中外無不稱誦聖德。今欲召還，恐大失天下望。臣願先罷去。」上感其言，遂止不召。贈王悦官。悦知衢州，死之日百姓巷哭，即爲立祠於徐偃王廟。

其喪出城，百姓號慟聲振原野。悦愷悌慈祥，視民如子。是春，乏食，悦發廩勸分，使百姓不至失所。自中夏闕雨，悦竭誠祈禱，絶不茹葷，早晚一粥，幾月餘。日題之壁間，有「乞爲三日之霖，願減十年之壽」之語，竟以是卒。詔贈直龍圖閣，仍宣付史館。

八月乙巳，度支郎官劉師尹論：「頃年因軍須額外創添賦入，欲乞漸次裁減，以寬民力。」上曰：「朕未嘗妄用一毫，只爲百姓。」又論漢宣帝時吏稱其職，民安其業。上曰：「宣帝中興，只此數語。今吏不稱職，所以民未受實惠。」癸丑，知温州胡與可以支常平錢五百貫並係省錢五百貫，賑給被水人户自劾。上曰：「國家積常平米，政爲此也。可放罪。」是月，行乾道曆。初，將統元、紀元曆與劉孝榮所獻新曆委官測驗，互有疏密，遂令太史局參照新舊行用。尋禮部侍郎程大昌言：「新除曆官互有異同，難以參照，而新曆比舊曆則爲稍密。」遂詔令太史局施行新曆，以乾道曆爲名。未幾，禮部郎李燾言：「曆久必差，自當改法。恭惟列聖臨御，未有不更曆者，獨靖康偶不及此。今統元曆行之既久，其與天文不合固宜。況曆家皆以爲雖名統元，其實紀元。若紀元又多歷年所矣。曆術精微，莫如大衍，大衍用於世亦不過三十四年。後學膚淺，其能行遠乎。隨時改曆，此道誠不可廢。抑嘗聞曆不差不改，不驗不用，未差無以知其失，未驗無以知其是。失然後改之，是然後用之，此劉洪要言至論也。舊曆差失甚多，不容不改，而新曆亦未有明效大驗，但比舊曆稍密耳。厥初最密，後猶漸差。初已小差，後將若何。故改曆不可不重也。謹按仁宗用崇天曆，自天聖至皇祐，其四年十一月，月食，曆家言曆不效，詔以唐八曆及本朝四曆參定。曆家皆以景福爲密，遂欲改曆，而劉羲叟獨謂崇天曆頒行逾三十年，方將施之無窮，兼所差無幾，不可偶緣天變輕議改移。又謂古聖人曆象之意，止於敬授人時，雖則預考交會，不必脗合辰刻，辰刻或有遲速，未必獨是曆差。仁宗從羲叟言，詔復用崇天曆。羲叟學爲本朝第一，歐陽脩、司馬光輩皆遵承之。崇天曆既復用又十三年，至治平三年，始改用明天曆。曆官周琮等皆遷官〔三〇〕。後三年，明天曆課熙寧三年七月月食又不效，又詔復用崇天曆。琮等皆奪所遷官。崇天曆復用至熙寧八年，始更用奉元曆。奉元曆議沈括實主之。明年正月月食，奉元曆遽不效，詔問修曆推恩人姓名〔三一〕，括具奏辨，故曆得不廢。先儒蓋謂括强解，不深許其知曆也。然後知羲叟所稱『止於敬授人時，不必輕議改移』者，不亦至言要論乎。欲乞朝廷察二劉所陳，及崇天、明天之興廢，申飭曆官加意精思，勿執今是，益募能者，熟復討論，更造密度，使與天合，庶幾善後之策也。」詔送太史局，仍令諸路求訪精通曆書之人。

九月壬申，禮部員外郎李燾論對〔三二〕，論科舉等事。上曰：「科舉之文不可用老莊及佛語，若自修於山林，何害。儻入科場，必壞政事。」甲戌，户部郎官曾逮奏：「任賢使能，周室中興，於賢曰任，於能曰使，則賢能之任使固不同。今以刀筆之小才，奔走之俗吏，謂之使能，此不可不辨。」上曰：「論得甚好。」癸未，新差權發遣衢州劉夙奏對〔二三〕，論朝廷不當顯以才取人。上曰：「才有君子之才，有小人之才。小人而有才，虎而翼者也。人主之要，在於辨邪正。」

冬十月辛卯，前四川制置使汪應辰面對，讀劄子至畏天愛民。上曰：「人心易怠，鮮克有終。當以爲戒。」上又曰：「朕日讀尚書，於畏天之心尤切。」應辰奏：「堯舜禹湯文武皆聖人。然一部尚書中君臣更相警戒，言語雖多，要皆不出此道。聖訓及此，實天下之福。」是月，蔣芾起復左僕射，陳俊卿右僕射。芾辭，乞終喪。詔從之。先是，殿前指揮使王琪被旨按視兩淮城壁，還，薦和州教授某人。上命召之。俊卿與同列請其所自，上曰：「王琪稱其有才。」俊卿曰：「琪薦兵將官乃其職，教官有才，何預琪事。」上曰：「卿等可召問之。」俊卿召琪責之〔二四〕，琪皇恐不知所對。會揚州奏昨琪傳旨增築州城，今已訖事。俊卿請於上，則初未嘗有是命也。俊卿曰：「若爾，即琪爲詐傳聖旨，此非小利害也。容臣等熟議以聞。」退至殿廬，遣吏召琪詰之。琪叩頭汗下。俊卿亟草奏言曰：「王琪妄傳聖旨〔二五〕，移檄邊臣增修城壁，此事繫國家大利害、朝廷大紀綱，而陛下之大號令也。人主所恃者，紀綱、號令、賞罰耳。今琪所犯如此，此而不誅，則亦何所不爲也哉。謹按律文，詐爲制書者絞。惟陛下奮發英斷，早賜處分。」於是有旨削琪官而罷之。先是，禁中密旨直下諸軍者，朝廷多不與聞。有某官張方者，因某事發覺，俊卿方與同列奏請：「自今百司承受御筆處分事宜〔二六〕，並須申朝廷奏審方得施行。」未報〔二七〕。至是，因琪事復以爲言，上乃悅而從之。事下兩日，則又有旨收還前命。俊卿語同列曰：「反汗如此，必關牒至内諸司，有不樂者，相與爲之耳。」〔二八〕即具奏曰：「三省、察院所以行陛下詔命也，百司庶府，所以行朝廷號令也。詔命一出於陛下，號令必由於朝廷，所以謹出納而杜奸欺也。祖宗成憲著在令甲，比年以來，漸至隳紊。臣等昨以張方之事輒有奏聞，及此踰月，又因王琪奸妄之故，陛下赫然震怒，然後降出，聖慮亦已審矣，聖斷亦已明矣。中外傳聞，莫不歎服。而昨日陛下諭臣等曰：『禁中欲取一飲一食，必待申審〔二九〕，豈不留滯。』而又有此指揮。夫臣等所慮者，命令之大，如令三衙發兵則密院不可不知，令户部取財則三省不可不知耳。豈爲此宫禁細微之事哉。況朝廷乃陛下之朝廷，臣等偶得備數其間，出内陛下之命令耳。凡事奏審，乃欲取決於陛下。臣等非敢欲專之也。況此特申嚴舊制，亦非創立新條。而已行復收，中外惶惑，且將因循觀望並舊法而廢之，爲後日無窮之害，則臣等之罪大矣。或恐小人因此疑似，陰以微言上激雷霆之怒。更望聖明深賜體察。」翌日面奏，上色甚温，顧謂俊卿曰：「朕豈以小人之言而疑卿等耶。」先是，劉珙進對語切，遂忤上意。既退，御筆除珙端明殿學士、在外宫觀。俊卿即藏去，密具奏言：「前日奏劄，臣實草定。珙與王炎略更一兩字即以投進。以爲有罪，則臣當先罷。若幸寬之，則珙之除命臣未敢奉詔也。」明日，復前申請，且曰：「陛下即位以來，容納諫諍，體貌大臣，皆盛德事。今珙乃以小事忤旨而獲罪如此，臣恐自此大臣皆以阿諛順旨爲持禄固位之計，非國之福也。」上色悔。久之，又奏言：「珙正直有才略，肯任怨，臣所不及，願且留之。」上曰：「業已行之，不欲改也。」俊卿曰：「珙無罪而去，當與大藩，以全進退之禮。」上然之，乃以珙爲江西帥。俊卿退又自劾草奏抵突、被命稽留之罪。上手札留之。俊卿請益堅。上不許，且曰：「卿雖百請，朕必不從。」上於是有意相俊卿矣。不數日，而有是命。大閲於茅灘。上親御甲冑指授方略，命三司合教，爲三陣，戈甲耀日，旌旗蔽天，六師驩呼，犒賞有加焉。

十二月戊子朔。是月，召魏掞之。以諸司薦其行高識遠、學術該通、孝於親、友於弟，召赴行在。至是入對。上曰：「治道以何者爲要？」掞之奏：「治道以分臣下邪正爲要。」詔掞之議論可採，賜同進士出身，除太學録。將釋奠孔子祠，職當分獻先賢之從祀者。掞之先事白宰相曰：「王安石父子以邪説惑主聽，溺人心，馴致禍亂，不應祀典。而河南程氏兄弟唱明絶學〔三〇〕，以幸來今，其功爲大。請言於上，廢安石父子勿祀，而追爵程氏兄弟，使從食。」不聽。又言：「太學之教，宜以德行爲先。其次尤當使之通習世務，以備官使。今壹以空言浮説取人非是。」其它政事有繫安危治亂之機者，亦無不抗疏盡言以諫，至三四上，皆不見省，則移書杜門，以書質責宰相，語尤切。掞之前已數數求去，遂以迎親予告歸。行數日，罷爲台州州學教授。掞之自少有志於當世，晚而遇主，謂可以行其學，然其仕不能半歲而不合以歸，尋以病卒，聞者惜之（掞之已見紹興三十一年）。先是，福建諸司薦興化軍仙遊林彖行義，召不至。諸司又薦彖行義，授迪功郎、添差本軍教授。

是歲，蠲廣德軍月樁錢。湖廣總司申：「江、鄂、荆襄三處軍馬，歲約用九百八萬四千餘貫。」〔三二〕四川宣撫使虞允文奏：「興、洋之間，紹興初，義士繫籍者以七萬計，今所籍興元、洋州、大安軍共二萬三千人有奇。其金、房等州雖未申到，約亦可得三萬人。則西師之勢壯矣。歲可免六七百萬之費，而獲四五萬人之用，其爲利便甚明。」有以四明銀鑛獻者，上命守臣詢究，且將召冶工即禁中鍛之。陳俊卿奏曰：「陛下留神庶務，克勤小物，然不務帝王之大，而屑屑乎有司之細，臣恐有識之士有以窺陛下也。況彼懼其言之不副，則其鑿山愈深，役民愈衆，而百姓將有受其害者。夫天地之産，其出無窮。若愛惜撙節常如今日，則數年之後，自當沛然。但願民安歲稔，國家所少者，豈財之謂哉。請直以其事付之明州，使收其贏餘以佐國用，則亦不至於擾民矣（此事當是俊卿爲參政時，然不得其月日，姑附此年之末）〔三二〕。

己丑乾道五年春正月戊午朔。是月，徐子寅新知無爲軍〔三三〕，陳獻屯田利害。上以其可采，遂除大理正，充措置兩淮屯田官。

二月辛亥，中書舍人汪涓奏：「按中書舍人於制敕有誤許其論奏〔三四〕，而給事中又所以駁正中書違失，各盡所見，同歸於是。近年已來，間有駁正，或中書舍人、給事中列銜同奏，則是中書、門下混而爲一，非神宗官制所以明職分、正紀綱、防闕失之意。」壬子，又言：「詔令之出，始於中書，又經門下審覆，然後付外〔三五〕，謂之成命。近年以來，往往書讀未定即已行下，所屬或傳報於外。」詔制敕未經兩省書讀勿行〔三六〕。是月，雨雹。罷制國用司，以其事併歸三省户房。

三月戊午，明州州學教授鄭耕道進對，奏：「太祖皇帝嘗問趙普曰：天下何物最大。對曰道理最大。太祖皇帝屢稱善。夫知道理爲大，則必不以私意而失公中。」上曰：「固不當任私意。」

臣留正等曰：天下惟道理最大，故有以萬乘之尊而屈於匹夫之一言，以四海之富而不得以私於其親與故者。若不順道理〔三七〕，則曰予無樂乎爲君，惟予言而莫予違也。私意又安得不肆。壽皇聖帝因臣下論道理最大，乃以一言蔽之曰：固不當任私意。嗚呼，盡之矣。

壬午，淮西副總管王公述進對。上曰：「到任應有事與郭振同共深切議論〔三八〕。淮甸義兵可依時教閱，不可久勞，有妨種耕。如城修了當，可因往逐州軍按閱廂禁軍。或見淮甸有大利便，可具奏來。」癸未，臣僚言：「國家置武學養士，皆月書季考，以作成之。而武臣登第，止許參選入監當錢穀之任，銓部積壓猥多，差遣艱得。後雖許通注沿邊親民巡尉，往往皆遠惡去處，多不願受。是致武臣及第之後，所用非所養，甚非朝廷教育作成之意。欲望睿旨將前後武舉及第之人，其間有兵機練達、武藝絶倫、可爲將佐者，許侍從薦舉，乞賜召對，量材擢用。或令注授屯駐諸軍機幕、幹辦，參贊軍謀，庶幾有以激勸。」詔令監司、帥臣、管軍、侍從已上薦舉。是月，親試舉人，賜鄭僑以下及第、出身有差。命參政王炎宣撫四川，仍舊參知政事。

夏四月辛卯，左祐劄子：「契勘楚州係極邊重地，路當衝要，本州之東，地名皛魚溝、北沙一帶，抵接淮海，與山東沿海相對。乞將本州兵馬鈐轄羊滋移往前去，置廨舍，警察奸盜。緣元管海船二百餘隻，搬運海州軍糧、間探之類，甚爲濟用。其一帶正瀕淮海，與射陽湖通濟，地分闊遠，誠恐本官出巡臨時闕官拘轄。今欲創置使臣二員，專充管轄海船，機察淮海盜賊〔三九〕，聽羊滋使喚。」從之。是月，詔去歲灾傷，州郡流移人，令常平司所在收恤賑給。

五月癸亥，刑侍汪大猷言：「國家立保正之法，緣法中許願兼耆長者聽，故數十年來，承役之初，縣道必抑使兼充。蓋保正一鄉之豪，官吏百須可以仰給，故樂於並緣以爲己利。凡有差募，互相對糾〔四〇〕。乞令諸路常平司相度，或別有所見可行者，限一月條具來上。俟到，令本部參以見行條法，立爲定制。」從之。詔後省官置言事籍，看詳臣僚士庶言事，詳擇其可行者條上。是月，詔有司議獄以法，不得作情重奏裁。

六月戊戌，上御便殿。初上御弧矢，有弦激之虞，以致目眚。至是，康復。陳俊卿密疏曰：「陛下經月不御外朝，口語藉藉，由臣輔相無狀，不能先事開陳，以致驚動聖躬，虧損盛德，非細事也。臣聞自昔人主處富貴崇高之極，志得意滿，道不足以制欲，則游畋聲色，車服宮室不能無所偏溺，而不得爲全德之君。陛下憂勤恭儉，清浄寡欲，凡前世英主所不得免者一切屏絶，顧於騎射之末，猶有未能忘者。臣知陛下非有所樂乎此，蓋神武之略志圖恢復，故俯而從事於此，以閱武備，激士氣耳。陛下誠能任智謀之士以爲腹心，仗武猛之材以爲爪牙，明賞罰以鼓士氣，恢信義以懷歸附，則英聲義烈不出樽俎之間，而敵人固已逡巡震疊於千萬里之遠，尚何待區區馳射於百步之間哉。」又曰：「古之命大臣，使之朝夕納誨，以輔德繩愆，糾繆以格非，欲其有以正君之過於未形。唐太宗臂鷹將獵，見魏證（徵）而遽止。憲宗蓬萊之遊，憚李絳而不行。臣人微望輕，無二子骨鯁强諫之節〔四一〕，致陛下過舉彰聞於外。今誅將及身而後乃言，亦何補於既往之咎哉。」又曰：「弓矢之技，人所常習而易精，然猶不免今日之患。況毬鞠之戲，本無益於用武，而激射之虞，銜橜之變〔四二〕，又有甚於弓矢者。間者，陛下頗亦好之，臣屢獻言，未蒙省録。今茲之失，蓋天之仁愛陛下，示以警懼，使因其小而戒其大也。陛下試以弦斷之變思之，則向之盛氣馳騁於奔踶擊逐之間，無所蹉跌，蓋亦幸矣，豈不爲之寒心哉。太祖皇帝嘗以墜馬之故而罷獵，又以乘醉之誤而戒飲。遷善改過，不俟旋踵。此子孫帝王萬世之大訓也。臣願陛下克己厲行，一以太祖爲法，則盛德光輝將日新於天下，而前日之過何傷日月之明哉。」〔四三〕右諫議大夫單時亦上疏諫，上面諭曰：「卿言可謂愛朕。」前此，時爲侍御史，嘗上封事，言飲酒、擊毬二事。上大喜之。詔輔臣曰：「擊毬朕放下多時，飲酒朕自嘗戒。」賜孔璨官，宣聖四十九世孫也。

秋七月丙寅，宰執言：「近日上書論邊事者，悉送兩編修官，擇其可行者與可去者。或可留存者，各以其類相從，置簿抄上，以備他日採擇之用。」〔四四〕

八月甲申朔，日有食之。乙未，中書門下省奏白劄子：「寺監丞簿〔四五〕、學官、大理司直、密院編修之類，謂之職事官，朝廷所以儲用人才。比年以來，往往差下待闕數政，除授猥濫〔四六〕，賢否混淆，何以清流品，何以厚風俗。欲望特降指揮，今後職事官須見闕方得除人。其已差人，卻恐待次之久，無闕可授。乞朝廷稍復諸州添差釐務通判〔四七〕、簽判、教授、屬官等闕以處之，他時職事官有闕，卻從朝廷於曾差下人内選擇召用。庶幾内外之職稍均，朝廷紀綱稍正。」詔已差下人如應赴任，半年内許令赴上。在半年外人，各以資序高下除授一次。其所復添差等闕，今後更不作闕，三省常切遵守。是月，以陳俊卿、虞允文爲左右僕射。

九月丁巳，中書門下省勘會：「諸路監司近來多不巡按官吏，貪惰無所畏憚，間有出巡去處，又多容縱隨行公吏等乞覓騷擾，理宜約束。」詔諸路監司今後分上下半年依條巡按，詢訪民間疾苦，糾察貪惰不職官吏，仍具詣實以聞。如敢依前容縱公吏等乞覓騷擾，當議重置典憲。己未，新江東運副程大昌朝辭，上宣諭曰：「近來監司多不巡歷，卿爲朕遍行諸州，察守令臧否，民情冤抑，悉以聞奏。」丙寅，起居郎林機論：「諸郡守臣欲郡計辦集〔四八〕，而不恤縣道之匱乏，致使横斂及民。」上曰：「甚不體朕寬恤之意。且如税賦大重，朕欲除減，但有所未及，當次第爲之。」機又奏曰：「諸處有羨餘之獻，皆移東易西以求恩倖。」上曰：「今之財賦，豈得有餘。今後若有獻，朕當卻之。」壬申，詔三衙諸軍，應有違軍律弊事，統兵官特與放罪，差主帥措置〔四九〕，日下盡行除革。其軍校有因教閲損壞軍器，官爲給錢修補，軍身火飯〔五〇〕，務令飽足，不得多斂錢米，卻行減尅。借差軍兵戰馬，多破白直，諸處窠役回易私占官兵，悉行拘收入隊教閲，務要軍政整肅。諸處送到官員月給，並應副索客及諸般名色掊斂減尅、陪填贏落以爲私用等錢物，亟計贓論罪〔五一〕。私借人馬亦計庸科斷。其違戾統制、統領、將佐從主帥按劾以聞，當議重置典憲。主帥失於糾舉，亦重作行遣。先是，樞密院奏：「國家撫養戰士，全藉主兵官督責教閲，以備緩急使喚。近來三衙諸軍統兵官循習私意，恣爲不恭〔五二〕，顯是有害軍政。」遂條具十一事〔五三〕，乞行懲革，故有是詔。是月，復監司避本貫法。是秋，令監司、帥臣臧否守令。太常少卿林栗等言：「竊惟祀帝於郊〔五四〕，在國之南，就陽位也。國家舉行典禮，歲中祀上帝者四，春祈夏雩秋享冬報，其二在南郊圓壇，其二在城西惠照院。望祭齋宮蓋緣在京日孟夏大雩，別建雩壇於郊丘之左，季秋大享，有司攝事，就南郊齋宮端誠殿。今城西望祭齋宮，於就陽之義無所依據。欲望詳酌除三歲親祠自有典故外，其有司攝事歲中四祭，並即圓壇，以遵舊制。」從之。續禮部侍郎鄭聞等言：「國初沿襲唐制，一歲四祭昊天上帝於郊丘，謂祈穀、大雩、享明堂、祀圜丘也。惟是明堂當從屋祭。元祐六年，從太常博士趙叡之請，有司攝事，乃就齋宮行禮。至元符元年，又寓於齋宮端誠殿。竊見今郊丘之隅，有浄明寺，欲乞遇明堂親饗，則遵依高宗皇帝紹興三十一年已行典禮。如常歲有司攝事，則當依元祐臣僚所陳，權寓淨明寺行禮。庶合明堂之義。」從之。

冬十月庚子，臣僚言：「陛下臨御之初，約束州縣受納苗米多收加耗，法禁嚴甚。而近年以來，所收增多。逮朝廷抛降和糴，卻以出剩之數，虛作糴到所得價錢，盡資妄用。乞申戒州縣，杜絶弊倖，庶寬民力。」從之。是月，賑温、合州水災〔五五〕，守臣不以聞，各降官、落職、放罷，監司各降一官。

十一月甲寅，守起居郎兼權中書舍人林機論：「司馬光有言，君子以德勝才，小人以才勝德。才德之辨，願陛下察之。」上曰：「朕於此未嘗不加察，但恐有所未盡。漢高祖名知人，謂陳平智有餘難任，周勃重厚可屬大事，蓋得此道。」丁巳，御書御製用人論賜宰臣陳俊卿等。己未，林機奏：「本朝慶曆三年，歐陽脩建言，臣僚奏事退，令少留殿門，候修注官出，面録聖語。至七年，王贄始請只令備録關報〔五六〕。遂爲定制。是以仁宗皇帝之朝，道德教化之源，禮義刑政之具，載在國史，最爲詳悉，由史官之職也。近世以來，臣僚奏事，例以不得聖語爲報。伏睹在京通用令：『諸進對臣僚，有親聞聖語應記注者，限一日親録，實封報門下中書後省，事干機密，難於録報者，止具因依申知。』又敕：『應記注事不報門下中書後省者，以違制論。』欲乞睿旨降付兩省〔五七〕，檢舉前件條令，庶幾得以特書大書，垂信萬世。」詔檢坐見行條法，申嚴行下。辛未，給事中兼侍讀胡沂進對，論朝廷命令，當謹之於造命之初。上曰：「三代盛時如此。卿職當繳駁，事有當言，勿謂拂主上、拂宰相而不言。」是月，令守臣毋得薦舉通判〔五八〕，有履行著聞、職事修舉者，許監司列銜保奏。嚴監司、郡守選，令侍從、臺諫、兩省官各舉京朝官以上三人，保任終身，限五日聞奏。見任郎官不在薦舉之數。

十二月甲辰，秘書監兼史院編修李燾言：「臣竊見太平興國三年，初修太祖實録，命李昉等同修，而沈倫監修。五年成書。及咸平元年，真宗謂倫所修事多漏略，乃詔錢若水等重加刊修，吕端及李沆監修。二年書成，視前録爲稍詳。而真宗猶謂未備。大中祥符九年，復詔趙安仁等同修，王旦監修。明年書成。太宗實録初修於至道，再修於大中祥符九年。神宗實録三次重修。哲宗實録亦兩次重修。神宗、哲宗兩朝所以屢修，則與太祖、太宗異，蓋不獨於事實有所漏略而已，又輒以私意變亂是非。紹興初不得不爲辨白也。誣謗雖則辨白，而漏略固在，然猶愈乎近所修徽宗實録。蓋徽宗實録疏舛特甚。史院已得旨修四朝正史〔五九〕。竊緣修正史當據實録，實録儻差誤不可據，則史官無以準憑下筆。乞用太祖、太宗故事，將徽宗實録重加刊修，更不別置司局，只委史院官取前所修實録子細看詳，是則存之，非則去之，闕則補之，誤則改之。實録先具，正史便當趨成。」〔六〇〕又言：「臣近進續資治通鑑長編，自建隆迄治平，自合依詔旨接續修進。乞許臣專意討論徽宗一朝事迹纂述，長編既具，即可助成正史。」是月，張栻新除嚴州入見。時宰相虞允文以恢復自任，且謂栻素論當與己合，數遣人致意，栻不答。見上首言曰：「先王所以建功立事無不如志者，以其胸中之誠足以感格天人之心也。陛下試深察之，日用之間，念慮云爲之際，亦有私意之發，以害吾胸中之誠者乎。有則尅而去之，使吾中扃洞然無所間雜，則見理必精，守義必固，天人之應將不待求而得矣。且欲復中原之土，必先收中原百姓之心，欲得中原百姓之心，當先有以得吾境內百姓之心，求所以得吾境內百姓之心者無他，不盡其力，不傷其財而已。若中原之內聞吾君愛惜百姓如此，又聞百姓安樂如此，則其歸孰禦。」上曰：「誠當如此。況中原之人本吾赤子，必襁負其子而至矣。」栻又奏：「今日誕謾之風不可長，至如邊事，須委忠實不欺之臣。不然，或有誕謾，豈不誤陛下倚任。」上曰：「若誕謾必至誤國事。」栻又奏：「先聽其言，卻考其實。此所謂敷奏以言，明庶以功。」栻至郡問民疾苦，首以丁鹽絹錢太重爲請。詔蠲其半。降會子二十萬貫，行兩淮漕司收換銅錢。兩淮州郡並以鐵錢及會子付使。

是冬，措置兩淮陳子實言〔六一〕：「準指揮復置萬弩營，令乞以神勁軍爲名。合行事件乞並隸屬官田所，兼乞下淮東漕司就真州計置營寨。又遇招到萬弩手，以本軍忠勇使效爲名，支給例物，並免户下科敷、差役及三百畝税賦。」並從之。

庚寅乾道六年春正月壬子朔。是月，黄中入對。初，中兼給事中，内侍遷官不應法，諫官劉度坐論近習龍大淵忤旨補郡，已復罷之，中皆不書讀。安穆皇后家當賜田而奪殿前軍所買田以自入，軍士以爲言。事下户部，尚書韓仲通不可，而侍郎錢端禮奏予之。中復封上。群小因是媒孽中，遂罷去。諫官尹穡詆中爲張浚黨。乾道改元，中年適七十，即告老。至是，上思中老儒，召赴闕引對。中因復以前奏正心誠意、致知格物者爲上精言之。又言：「比年以來，言和者忘不共戴天之讎，固非久安之計。言戰者復爲無顧忌大言，又無必勝之策。必也暫與之和而亟爲之備，内修政理而外觀時變，則庶乎其可。」上皆聽納，除兵部尚書兼侍讀。中知無不言，其大者則迎請欽廟梓宫，罷天申錫宴也。中前在禮部論止作樂事，中去踰年卒用之。是年，又將錫宴，中奏申前説，且曰：「三綱五常，聖人所以維持天下之要道，不可一日無。欽宗梓宫遠在沙漠，臣子未嘗一言及之，獨不錫宴一事僅存，如魯告朔之餼羊耳。今又廢之，則三綱五常掃地而盡，陛下將何以責天下臣子之不盡忠孝於君親哉。」中未滿歲，即乞告老，且陳十要道之説以獻。且曰：「用人而不自用者，治天下之要道也。以公議進退人才者，用人之要道也。察其正直納忠、阿諛順旨者，辨君子、小人之要道也。廣開言路者，防壅蔽之要道也。考覈事實者，聽言之要道也。量入爲出者，理財之要道也。精選監司者，理郡邑之要道也。痛懲贓吏者，恤民之要道也。求文武之臣面陳方略者，選將帥之要道也。稽考兵籍者，省財之要道也。」甲子，詔：「真州六合縣遺火，延燒居民寨屋，統制官錢卓並不用心救撲，顯是弛慢不職，可降三官。」丙子，建康都統制郭振言：「已降指揮令振同淮西總領相度，揀選屯田堪披帶人充入隊帶甲，不堪披帶人且令依舊屯田，於所得子利内約度支給養贍。契勘屯田官兵共約三千餘人，其每年所收物斛大段數少，若將不堪披帶官兵止於所得子利內支給養贍，委是不給。乞將屯田諸莊內除巢縣界拓皋莊〔六二〕各召歸正人耕作外，其和州界屯田並行廢罷。將見佔官兵拘收歸軍。」詔其田令和州召人租田〔六三〕，如無人，即估價召人承買。是月，户部言：「自放行度牒，已賣一十二萬餘道。今考遞年所納免丁錢止增三五萬貫，顯是州縣侵隱，望行下諸路提刑司檢察括責，盡數入經總制帳，每季起發。」從之。

二月壬午朔。是月，詔均役限田，略曰：「朕深惟治不加進，夙夜興懷，思有以正其本者。今欲均役法，嚴限田，抑遊手，務農桑。凡是數者，卿等二三大臣深思熟計，爲朕任此而力行之。其交修一心，毋輕懷去留，以負委託。」

三月壬子朔，户部侍郎葉衡言：「三務場每歲所收入納茶鹽等錢，依指揮比較，如有增羡，方推賞。竊慮將别色應數。欲乞立定歲額：行在八百萬貫，建康一千二百萬貫，鎮江四百萬貫，收納及額，方得推賞。」是月，省諸司吏員。罷淮東總領所併歸淮西，仍以總領兩淮浙西江東財賦軍馬錢糧爲名。詔復都大發運使，以史正志爲户部侍郎、江浙京湖淮廣福建等路都大發運使，江州置司。尋降緡錢三百萬充糴本：户部一百四十萬，左藏南庫一百六十萬。尋命總領並兼發運使。罷鑄錢司，以其事歸轉運司。罷四川安撫制置司併歸宣撫司。

夏四月乙未，校書郎劉焞奏，蜀中毁錢以爲銅，而乃欲榷其銅以鑄錢。上問：「蜀中有出銅處否？」焞對：「蜀中銅山但有名耳。祖宗時嘗榷其銅，額不過三百六七十斤。」上曰：「原來所出只如此。」焞奏：「不但止如此，亦自元無之。沈該嘗作相，建議令榷銅山之銅。時王之望爲轉運使，風采震動一路，然竟不能榷。後但科敷民間以應朝廷之令而已。」上曰：「如此豈可。」劉焞又奏「衛文公元年，革車三十乘，季年乃三百乘」事。上問：「衛文公能致富，莫只是節儉，所謂大布之衣、大帛之冠否？」焞奏：「作傳者但記其恭儉之事，至於文公操心自别有道，所謂秉心塞淵是也。若如此沈審，即無輕發之事，自不枉過歲月，所以如期致富也。」上曰：「極是極是。」焞又奏論：「崇、觀以後，政事多不要其終，曰引法，曰鈔法，曰方田水利，曰官田，曰水運，曰開邊。」上曰：「此皆崇、觀創爲之否？」焞奏：「崇、觀皆以紹述爲名建立政事，人多乘時獻言，故多所更張。」上曰：「獻言者固是迎合，朝廷聽之亦太不審。」焞奏治平以來，君子小人消長事。上曰：「朕每痛念自治平以前都無事，皆自王安石唱之，其後章子厚、蔡卞繼之，至靖康間，大臣猶庸繆無狀，更不曾畫一策，以至敗亂。」焞奏：「大抵君子消之幾盡，小人既去，則不免用庸人。」上曰：「極是。朕每以此爲戒。」上又曰：「大抵小人之進多因迎合。朕每誦兩句云：不察察以爲明，不穆穆以爲恭。小人察之亦豈勝察，但令無可迎合足矣。」令淮東萬弩手候秋成日依淮西路一體教閱施行。時陳俊卿爲相，奏於揚州、和州各屯三萬人，預爲定計〔六四〕，仍籍民家〔六五〕，三丁者取其一以爲義兵，授之弓弩，教以戰陣，農隙之日聚而教之。沿江諸郡亦用其法。要使大兵屯要害必争之地，待敵至而决戰，使民兵各守其城〔六六〕，相爲犄角以壯聲勢。而又言於上曰：「國家養兵甚費，募兵甚難。惟有此策可守邊面〔六七〕，可壯軍勢。而樂因循憚改作之人，皆以擾民爲詞。天下之事欲成其大，安能無小擾〔六八〕，但守臣得人，公心體國，自不至大擾矣。」上意亦以爲然。詔即行之。然竟爲衆論所持，俊卿尋亦去位，不能及其成也。

五月癸丑，臣僚奏：「每遇大禮，凡所須之物動以千萬計，有司但依例拋降近處州郡收買，州郡則責辦於屬邑，屬邑則取足於平民，並不支還價值。又輦運所費不貲，交納之際老姦宿贓邀阻乞取，人受其弊，無不怨嗟。臣謂三歲一舉希闊之典，豈不能捐十數萬緡錢，選清强官於近便去處置場和買，或許客旅販賣，依時價交易，嚴立賞罰，絶去姦弊，變怨嗟爲謳歌。如此則人心悦而天意得，和氣不召而自至矣。」詔從之。辛酉，校書郎蕭國梁論：「漢武帝承富庶之後，而有虚耗之弊。蓋用之者多，不止爲征伐也。」上曰：「不獨漢武帝爲然，自古人君當艱難之運，未有不節儉，當承平之後，未有不奢侈。朕他無所爲，止得節儉。」又論鹽鐵、商車、緡錢等事皆取民無藝。上曰：「正不必如此。」又論今日坑冶不必搜，茶鹽不必外爲之法。上曰：「祖宗茶法已盡，是誠不必更變。」〔六九〕

臣留正等曰：古之爲國家者，類皆成於節儉，而敗於奢侈〔七〇〕。故卑宫室、惡衣服，禹所以興，至桀則瑶臺瓊室而亡矣。不邇聲色，不殖貨利，湯所以興，至紂則以酒池肉林而亡矣。自三代以至漢、唐，靡不然者。壽皇聞蕭國梁用財之説，反復論議，深懲漢武之失，至謂他無所爲，止得節儉，此與禹、湯之意若合符節，誠百王之軌範也。

甲子，前知廣州龔茂良進對。上曰：「廣南在祖宗朝多以重臣分鎮，後來士大夫乃以入南爲憚。南方農事，近來如何？」茂良奏：「嶺外土曠人稀，亦多不耕之田。蓋緣頃歲湖寇侵擾，廣東人户流移，今漸次復舊。」因論：「奏聽納之道，當以功效成否責言者。若未見功效而遽賞之，恐好言利害之人紛然競進。」上曰：「敷納以言，明庶以功，車服以庸，豈可未見效便賞言者。」茂良奏：「其下文明言帝不時敷，同日奏罔功，蓋恐反此，復爲預防之説以告舜。」上曰：「正是如此。」庚午，户部狀：「已降指揮，自行在至建康府，沿路征税頗繁，可省者省之。今措置臨安府自北郭税務至鎮江府，沿路一帶税場内，地里接近，收税繁併去處，合行省罷，庶幾少寬商賈。」詔從之。癸酉，新知泉州胡銓進對，讀劄子至「臣嘗恭聞聖訓，有及於唯禮不可以已之説，如不欲平治天下則已，如欲平治天下，捨禮何以哉」。上曰：「朕記得曾與卿説禮之用甚大。」於是詔胡銓可與在京宫觀兼侍講。甲戌，詔曰：「朕嗣承大業，所賴薦紳大夫明憲度、總方略，率作興事以規恢遠圖屬者。訓告在位，申飭檢柙，使各崇尚名節，恪守官常。而百執事之間，玩歲愒日，苟且之俗猶在，誕謾之習尚滋。便文自營以爲智，模稜不決以爲能。以拱默爲忠純，以繆悠爲寬厚，隆虚名以相尚，務空談以相高。見趨事赴功之人，則舞筆奮辭以沮之。遇矯情沽譽之士，則合從締交以附之。甚者責之事則身媮，激之言則氣索。曾微特立獨行之操，安得伏節死義之風〔七一〕。豈廉恥道喪之日久，而浸漬所入者深歟。抑告戒懇惻，未能孚於衆也。繼自今其洒心易慮，激昂砥礪，毋蹈故常，朕則爾嘉。或不從朕言，罰及爾身，弗可悔。」乙亥，臣僚言：「保正之役爲良民之害，願行耆長之法，募民之有産者爲之，罷去保正之役。」臺諫、户部看詳，言：「檢會元豐八年十月指揮，耆户長、壯丁之役皆募充。其保正、甲頭、承帖人並罷。欲下兩浙路權依此〔七二〕，給顧直募耆、户、壯丁。」〔七三〕從之。戊寅，詔：「舊設兩省言路之臣，所以指陳政令得失，給舍則正於未然之前，臺諫則救於已然之後〔七四〕。故天下事無不理。今任是官者，往往以封駁章疏太頻，憚於論列，深未盡善。今後給舍、臺諫凡封駁章疏之外，雖是事之至微，亦無致忽，少有未當，可更隨時詳具奏聞，務正天下之事。」左僕射陳俊卿罷。虞允文之始相也，建議遣使金虜以陵寢爲請〔七五〕。俊卿面陳以爲未可，復手疏言之，事得少緩。允文至是復申前議。一日，上以手札諭俊卿曰：「朕痛念祖宗陵寢淪於腥羶者四十餘年〔七六〕，今欲遣使往請，卿意以爲如何？」俊卿奏曰：「陛下痛念陵寢，思復故疆，臣雖疲駑，豈不知激昂憤切仰贊聖謨，庶雪國恥。然性質頑滯，於國家大事，每欲計其萬全，不敢輕爲嘗試之舉。是以前日留班面奏，欲俟一二年間，彼之疑心稍息，吾之事力稍充，乃可遣使。往返之間，又一二年，彼必怒而以兵臨我，然後徐起而應之，以逸待勞。此古人所謂應兵其勝十可六七〔七七〕。茲又仰承聖問，臣之所見不過如此，不敢改詞以迎合意指，不敢依違以規免罪戾，不敢僥倖以上誤國事，惟陛下察之。」繼即杜門上疏，以必去爲請。三上，乃許出知福州。陛辭，猶勸上遠佞親賢，修政事以攘夷狄〔七八〕，泛使未可輕遣。允文遂遣使，竟不獲其要領。初，吏部尚書汪應辰舉李垕應制科〔七九〕，旨召試，權中書舍人林機言：「垕詞業未經後省平奏，且獨試非故事。」俊卿奏元祐中謝琮亦獨試。機蓋爲人所使耳。上詔俊卿詰之，乃機與諫官施元之密謀，以是沮應辰，而對上又不以實。二人因此遂罷。應辰竟以與右相論事不合求去。俊卿奏應辰剛毅正直，乞留之，因數薦應辰可爲執政。上初然之，而後竟出應辰守平江。自是上意益向允文〔八〇〕，而俊卿亦數求去矣。俊卿在相位，曾覿官滿當代，度其必將復入，預請以浙東總管處之。上曰：「覿意似不欲爲此官。」俊卿曰：「前此陛下出覿及大淵，中外無不歎仰盛德。今外間竊議，以謂覿必復來，願陛下捐私恩以伸公議。」上稱善久之。俊卿既去，覿亦召還，遂建節旄、歷使相以躋保傅，而士大夫莫有敢言者矣。

閏五月壬午，詔廣東運判劉凱特降兩官。以凱嘗奏曾造之最，至是造犯贓，凱以失舉坐罪故也。造前知潮州，以贓敗除名勒停，編管南雄州〔八一〕，仍籍没家財。又前知横州皇甫謹以侵盜官物入己〔八二〕，特貸命刺配梧州。甲申，刑部狀：「據建康府司法參軍趙善寅申，準敕節文，今後權將敕律内應以絹定罪之法，更遞增一貫，通四貫足斷罪外，有敕内以錢數定罪，擬欲一例遞增一貫。乞備申朝廷。」又刑部狀：「據太平州申，亦爲上件事，並送部看詳。本部乞將應紐絹定罪更增一貫，通作四貫。其以錢定罪者，亦合一體更與遞增一貫。」詔從之。壬辰，鎮江府金壇縣布衣陳士英上書：「秀州有大辟公事送鞫於常州，勘官郟次雲、行司張濤臨鞫結案，某人枉就死地。後致正殺人者出官首身，秀州取元行案張濤本縣隱蔽。夫前冤枉之獄既如此，後容吏之罪又如此，有公道乎？體上意乎？刑獄之大者尚如此，矧其小者，灼見其弄法矣。」詔令呂正己體究申尚書省。己亥，臣僚言：「方今重征之弊，莫甚於沿江，如蘄之江口、池之雁汊〔八三〕，自昔號爲大小法場，言其征取酷如殺人。比年不止兩處，凡泝流而上，至於荆峽，虚舟往來，謂之力勝，舟中本無重貨，謂之虚喝，宜征百金，先抛千金之數，謂之花數。騷擾不一。欲乞行下沿江諸路監司，嚴行禁革。及刷沿江置場繁併處〔八四〕，取旨廢罷。」從之。壬寅，詔：「江東諸郡多有被水去處，漕臣黄石不即躬親按視，止差縣官前去，顯是弛慢，可降兩官。」癸卯，詔：「江東運司將建康府、太平州被水分縣，四等、五等人户今年身丁錢，並與放免一年，不得巧作名色依舊科取。如有違戾，令監司按劾，許人户越訴。」丁未，詔：「入内内侍省東頭供奉官徐考叔爲不合請求曲法〔八五〕，特降一官，送吏部與遠小監當。」是月，詔諸州入納、解發並用錢會中半。范成大爲祈請使，爲陵寢、受書二事也。虜復書略云〔八六〕：「和約再成，界山河而如舊。緘音遽至，指鞏雒以爲言。援橐時無用之文，瀆今日既盟之好。既云廢祀，欲伸追遠之懷，止可奉遷，即俟刻期之報。至若未歸於旅柩，亦當並發於行途。抑聞附請之詞，欲變受書之禮，出於率易，要以必從，於尊卑之分何如，顧信誓之誠安在。」自紹興講和後，定受書之禮，及乾道再和，循舊例降榻受書畢，復御座。上頗悔之。先年因其報問使還，及其年遣李若川賀虜尊號，悉命口陳，祈削舊禮。不報。至是，虞允文議遣使，上問：「誰可使者？」允文薦李燾及成大。退以語燾，燾曰：「今往，虜必不從，不從則以死争之，是丞相殺燾也。」更召成大告之，成大即承命。兵部尚書黄中嘗從容奏曰：「陛下聖孝及此，天下幸甚。然今欽廟梓宮未返，朝廷置而不問，則有所未盡於人心。且雖夷狄之無君〔八七〕，或以是而窺我矣。」上異其言。比成大致書，虜果以爲詞云。詔：「遣使本爲祈請祖宗陵寢，而臣下妄興異論，可見不忠不孝。吏部尚書陳良祐可放罷，筠州居住。」時議遣泛使往請陵寢，良祐上疏争之故也。置舒州鐵錢監。從發運使史正志之請也〔八八〕。每歲以五十萬貫爲額。

六月辛亥，詔：「諸路監司，責任非輕，近來多有闕官去處。可檢照累降卿、監、郎官更迭補外指揮施行。」壬子，内批降郊祀詔曰：「要當一純二精，務盡吉蠲之饗。蓋爲群黎百姓，匪專服御之華。」丙辰，權盱眙龔鋈奏：「本軍去秋旱，申告朝廷，於高郵軍撥米二千石賑貸。今二麥收成，見准總所牒催還〔八九〕，已一面告報人户情願具到收成熟田，每畝送納課子小麥三升，補助支遣。」勘會龔鋈所陳，止緣總所拘催先借撥過高郵軍椿管米二千石，致上件申請。特與除放。癸亥，軍頭司引見臨安府疏決罪人。

臣留正等曰：恭聞真宗皇帝咸平之四年，嘗敕三司引逋負官物之人於崇政殿〔九〇〕，上親臨問，釋二千六百餘人，除二百六十餘萬緡。越明年，又閱逋負名籍，釋繫囚一千二百六十，蠲物八萬三千。信史書之，天下誦之，以謂堯、舜、三代之仁政不能加毫末於此。今壽皇聖帝哀矜庶獄，蒐講舊典〔九一〕，厪厪當暑引見繫囚〔九二〕，尋降赦書，悉從末減。仁哉，壽皇聖帝之心，真宗皇帝之心也。

丁卯，新除尚書吏部員外郎張栻進對，奏：「近日陛下治徐考叔請託之罪，並及徐伸罷之。英斷赫然，臣爲諸臣言：陛下懲姦不私於近，有君如此，何以負之。」上曰：「朕意正欲群臣言事，如其不言，是負朕也。」又奏：「謀國當先立一定之規，周密備具，按而行之。若農服田力穡以底於成。」上曰：「奕者舉棋不定，猶且不可。況謀國而無定規乎？」辛未，臣僚言：「竊見敕令所書成欲進，愚謂所書蓋君子所盡心者〔九三〕，金科玉條，不容有改，況其利害禍福所繫非輕，欲望朝廷曲加參訂，所貴永有成法，天下幸甚。」詔委兩省、侍從審覆訖，取旨進呈。甲戌，權發遣静江府李浩朝辭進對，上諭鹽事曰〔九四〕：「相度以聞。官吏貪虐、庸懦不任職奏來。」乙亥，趙廓權發遣江南東路兵馬鈐轄回，朝見進對，論治軍務要嚴整。又論州兵須以正兵夾習。上曰：「嚴整乃治軍之要，州兵當兼正兵同赴功。」廓奏：「臣所陳皆今日軍政之弊。」時宰臣謂虜衰可圖〔九五〕，建遣泛使往請陵寢，士大夫有指其非是者輒斥去之。是月，吏部郎中兼權起居郎張栻奏疏曰：「臣竊謂陵寢隔絶，言之至痛。然今未能奉辭以討之，又不能正言以絶之〔九六〕，乃欲卑詞厚禮以求於彼，則於大義爲已乖，而度之事勢，我亦未有必勝之形。夫必勝之形，當在於蚤正素定之時，而不在於兩陣決戰之日。今日但當下哀痛之詔，明復讎之義，修德立政，用賢養民，選將帥，練甲兵，以内修外攘、進戰退守之事通而爲一，且必治其實而不爲虚文，則必勝之形隱然可見矣。」於是栻見上，上曰：「卿知虜中事乎？」〔九七〕對曰：「不知也。」上曰：「虜中饑饉，連年盜賊日起。」栻曰：「虜中之事臣雖不知，然境中之事則知之詳矣。」上曰：「何事？」栻曰：「比年諸道歲饑民貧，而國家兵弱財匱，小大之臣又皆誕謾不足倚仗，正使彼實可圖，臣懼我之未足以圖彼也。」上爲之默然久之。栻因出所奏疏。

秋七月癸巳，詔鄂州建岳飛祠宇，以忠烈廟爲額〔九八〕。從州人之請也。甲午，臣僚奏：「竊以省官不如省事，古之格言也。國家循襲近世文弊之極，上下苦之，宜及中外正無事時，蚤計所以更革，省去繁文，漸就簡質。欲望陛下委自朝廷，博訪官司，凡有行遣迂回者〔九九〕，各令日下條具，蚤爲更革。事既漸簡，日多閒暇，而以圖回萬務，有餘裕矣。」詔從之。丙午，權户侍王佐言：「今之户部，即祖宗時三司之職。國之會計出納無所不統。比年朝廷創立南庫，本以豐儲蓄、備緩急，而不知者以爲割户部經常之費，爲别庫椿積之資，殊不知財之在南庫與户部則一也。今欲將户部所入，根考括責，造成簿籍，勾稽驅磨，俾無滲漏。月終以實收支之數申奏，歲終會計其盈虛。或經常用度之餘，有趲剩數，除量留一月約支外，盡以歸之朝廷。或朝廷有非泛支用，亦合聽户部開具，申陳取撥。不惟事切一體，形迹不存，亦使有無相通，不誤緩急。」詔專委王佐趲造簿籍，令陸之望同措置。

八月己酉，新權發遣衢州胡堅常進對〔一〇〇〕，奏廣糴常平。上曰：「若一州得二十萬石常平米，雖有水旱，不足憂矣。卿所奏甚好。」新福建轉運副使沈樞進對，奏：「州郡水旱去處，乞留轉運司和糴米接續常平賑糶。」上曰：「即爲施行。」戊午，新權知筠州葛祺進對〔一〇一〕，論恢復大計。上曰：「盛衰，禮之必然。」〔一〇二〕又論東南之兵可用。上曰：「會稽八千人破秦，在用之如何耳。」又論建康戰船乞修葺添造，月具數目申奏。上曰：「甚好，已令修葺。」新權知饒州江璆進對〔一〇三〕，上曰：「卿向來所陳鹽利甚好。廣南田可耕否，何不勸誘？鄱陽近地大郡，卿宜加意治之如二廣。」上又曰：「鄱陽所出瘠薄，卿宜有以撫恤之。」丙寅，新知真州常禋進對，奏寬民力事。上曰：「不可擾及百姓，民兵切留意。」臣僚言：「比年監司、郡守近朝廷者，固已極一時之選，而地遠者未能悉稱陛下揀求之意〔一〇四〕。今畿甸之民，州縣一不得其情，則之臺之省，以至撾鼓，必徹而後已。遠方之民，縣不見省，則訴之州，州不見省，則訴之監司，監司又不見省，則死且無告矣。欲望陛下益加宸慮，如除授遠地監司、郡守，比近地爲加審。委臺諫訪問糾劾，比近地爲加嚴。」詔從之。癸酉，太學正薛元鼎進對，論周之名將南仲爲武成王同時之將，乞改配食武成王。上喜，以謂南仲之孫皇父，猶爲宣王中興之將，便可施行。又奏：「太學釋奠，輪差南班宗室陪位觀禮。今差武舉從祀已定，乞令三衙管軍及環衛官輪陪位觀禮。」上曰：「亦使之知。」知寧國府姜詵劄子：「今來合於十月内措置修圩，濟養圩户饑民，除以委官前去相視料度工役，續具申聞外，今採訪得今來所壞圩岸，比之紹興年内所費多所減省，兼有合行門決除廢去處，見行相度，亦當具申朝廷。」詔：「其餘州軍有圩岸損壞去處，令守臣依此措置修整，仍具工役去處申尚書省。」甲戌，右朝請大夫呂游問進對，論祖宗成法。上曰：「言事者未必盡知利害，便與更張。」是月，復敕令所。

九月壬寅，新權發遣衢州施元之進對，論用人責小過太詳〔一〇五〕。上曰：「今日之弊正在此。」

臣留正等曰：用人之道，取其長者必護其短。其大節苟可稱，則其細故雖略焉可也。漢高祖不以小行而廢陳平，唐太宗不以怨仇而廢魏證（徵）〔一〇六〕，卒之謀謨、諫諍皆爲名臣。其理蓋昭昭也。觀守臣論用人責小過之失，而壽皇灼知爲今日之弊。聖謨洋洋，如天覆物，人才之在天下，孰非可用者乎。

是月，詔役法爲下三等户之害，並以官民户通差。池州都統吴總朝辭，上曰：「將帥難得人，故文臣中擇卿。將帥須先民事後統軍。」

冬十月戊申，權發遣興元府王之奇奏：「伏睹歸正官承信郎劉湛、右迪功郎劉師顔父子等保護陵寢〔一〇七〕，忠義事節。湛子師荀、師顔與其親黨幾五十人，深念祖宗德澤，不顧夷狄殘暴〔一〇八〕，謂聖朝陵寢不可犯，謂腥膻醜類非我君〔一〇九〕，共甘一死，以支逆虜之盜伐〔一一〇〕。連年繫獄，子死婦亡，衆人聞此，爲之骨驚，而湛父子含笑受之，非天資忠義，何以至此。」詔承信郎劉湛特轉兩官，劉師顔改右承務，即陞擢差遣。秦世輔特轉一官，陞充正將。仍宣付史館。癸丑，湖南轉運副使黄鈞進對，論士大夫風俗不振。上曰：「君相不當言命，士大夫不當言風俗，士大夫，風俗之本也。」又論水旱。上曰：「當早爲之備。」丙辰，知信州林機進對，因論：「昔曹彬下江南，太祖皇帝靳一節度使不予。近世爲將者，未嘗有戡難破敵之功，爵賞過厚，至於極人臣之位。願陛下鑒是，爲駕馭之術，庶可責效於異日。」上曰：「此實人主礪世之術也。」丁巳，權知襄陽府司馬倬奏乂故試兵部侍郎朴乞賜謚。得旨特與贈謚。太常寺欲擬謚曰忠肅：危身奉上曰忠，執心決斷曰肅。詔司馬朴賜謚忠潔。甲子，禮部尚書劉章進對，奏：「臣聞李德林在隋開皇初，與修敕令，請於朝，謂欲有更張者，當以軍法從事。夫法之弊也，故修之，修之而未必皆當，與衆共議之可也。乃欲脅之以軍法，其亦不仁甚矣。仰惟陛下清明遠覽，命官取新舊法並前後敕旨，緝而修之，越歲書成〔一一〕，迺以奏御，而丙夜之觀，尤爲詳悉。其間有未便於人情、未安於聖心者，莫不朱黃識之，稍或可疑，必加改定，然後頒行。欲望播告中外，惟新書是遵。」上曰：「朕已看一遍，亦異乎隋高祖之事矣。」詔從之。癸酉，新江西轉運判官芮輝進對〔一二〕。上曰：「卿當先正士大夫風俗，次則民間訟牒早與裁決，其次則漕運，卿所陳甚好，在合理會奏來。」是月，復武提刑。先是，陳俊卿在相位日，御札依祖宗舊制復置武提刑。俊卿言：此職自景德以來，置復不常。今用文臣一員，亦無闕事。員外增置，徒爲煩擾。乃止。至是卒置之。造會計録。從都大發運使史正志之請也。

十一月丁丑朔，詔：「淮南轉運司今後使人往來應副舟船，並責令篙梢結罪，如敢船載錢寶一文以上過界流配，一貫以上及憑恃貴勢抑勒裝載，並依軍法施行。若篙梢隱匿，與犯人一等斷罪。仍許人陳首，若錢數多，取旨陞擢。漕臣不行覺察，重行黜責。」壬午，郊。乙酉，大禮慶成。臣僚劄子：「伏見郊祀陰雨連日，自聖帝致齋酌獻，景靈宮天宇澄霽，祥煙瑞霧環繞殿楹。回鑾太廟，又雨，至夜漏四刻，陰雨頓開，星斗燦然，行朝饗之禮焉。明日，駕如青城亦晴，道旁觀瞻甚盛。霏微凍雨還作。將祭之夜，駕幸大次更衣，數星燁然〔一三〕，現於雲表。及登壇樂作，四郊雲陰尚盛，獨歲星中天靈光下燭，終禮成不雨。行禮之次，差官巡杖至城門〔一四〕，雨大霔〔一五〕，獨泰壇無有。此皆聖上寅畏，格於上天，天意昭答。乞宣付史館，以彰聖德。」詔宣付史館。張栻劄子略曰：「陛下之心即天心也。陛下之心欲定未定，故上天之應乍陰乍晴。天人一體，象類無間，深切著明有如此者。臣願陛下毋以此爲祥瑞之事，而如此存敬戒之心。試思夫次日御樓肆赦之際，日光皎然，四無纖翳，天其或者，何不早撤雲陰於行事之時，使聖懷坦然無復憂慮，而必示其疑，以爲悚動，然則丁寧愛陛下之意深矣。天意若曰：今日君子小人之消長、治亂之勢、華夷之形〔一六〕，皆有所未定，特在陛下之心何如耳。若陛下之心嚴恭兢畏，常如奉祠之際，則君子小人終可治，治道終可成〔一七〕，夷狄終可滅〔一八〕。當如祀事，終得成禮。惟陛下常存是心，實天下幸甚。」己丑，國子録姚崇之輪對，論：「大將而下有偏裨、準備將之屬，豈無人才可膺王佐之任。乞驟加拔擢，如古人拔卒爲將。」上曰：「苟得其人，不拘等級。」權通判建康府許克昌進對，乞命兩省侍從更宿禁中，賜以燕問，從容以盡天下之事。上首肯如是，詔許克昌與知州軍差遣。又乞命郡守以治兵爲殿最，武臣提刑按閱郡兵。上曰：「正是如此。」又論揀汰使臣及歸正人，州郡拊之不至。上曰：「卿如今典郡，正要如此。」又論禁流言。上曰：「流言爲害。」又論弭盜賊。上曰：「甚好。」庚寅，臣僚劄子：「伏睹已降指揮，加上光堯壽聖太上皇帝、壽聖太上皇后尊號。謹按大唐詔令，凡上太上皇尊號，係人主率百官上表陳請。謂宜參用唐制，以稱主上事親盡敬之意。」詔從之。

十二月丙辰，監左藏西庫周權進對，奏增減僞會罪賞。上曰：「期於必行。」又奏行賞罰。上曰：「當先賞而後罰。」戊午，太學録袁樞輪對，因論今日圖恢復當審察至計，以圖萬全之舉。上曰：「卿言極是，當如此。」己未，工部侍郎胡銓奏：「於隆興之初，仰蒙聖訓，令臣搜訪詩人。臣已物色得數人。」上曰：「可具姓名來。」庚申，禮部尚書劉章進對，奏：「當今縣邑之政，出於苟且。爲令者惟知以官錢爲急，月解無欠則守臣監司必喜之。而民訟不理，皆置不問。」上曰：「豈可取其辦錢，而不察其政。」癸酉，詔史正志職專發運，奏課誕謾，廣立虚名，徒擾州郡，責授楚州團練副使、永州安置。其發運司可立近限結局。復置淮東總領所，大閱於白石。

校證

〔一〕比　再造本、文海本同，中興聖政卷四七作「此」。

〔二〕臣　原作「巨」，文海本同，據再造本、中興聖政卷四七校改。

〔三〕陳彌作　再造本、文海本、中興聖政卷四七均同，朝野雜記甲集卷一四福建鹽作「陳彌祚」。文獻中「陳彌作」、「陳彌祚」互出，難定孰是。

〔四〕得　原作「行」，文海本同，據再造本、中興聖政卷四七校改。

〔五〕紀草　原作「記草」，再造本、文海本同，中興聖政卷四七作「紀草」。「紀草」爲宋代國史本紀草稿，乃專用術語，故作「紀草」是。

〔六〕秸　原作「枯」，文海本不清，據再造本、中興聖政卷四七校改。

〔七〕科　再造本、文海本同，中興聖政卷四七作「窠」。宋代多用「窠名」，也有「窠名」、「科名」互用的情況。

〔八〕監司　原作「按司」，再造本、文海本同。據中興聖政卷四七校改。

〔九〕胡裝　原作「奢華」，據再造本、文海本回改。

〔一〇〕聲音亂雅　原作「聲音之娛」，據再造本、文海本回改。

〔一一〕好爲胡樂　原作「以鄭亂雅」，再造本脱此四字，據文海本校改。

〔一二〕淪於左衽　原作「淪溺日甚」，據再造本、文海本回改。
〔一三〕衣冠之化　原作「醇樸之化」，據再造本、文海本回改。
〔一四〕胡虜之習　原作「妖媚之習」，據再造本、文海本回改。
〔一五〕撥胡琴　原作「撥琵琶」，據再造本、文海本回改。
〔一六〕黑衣而舞　「黑」原作「綵」，據再造本、文海本回改。
〔一七〕三十一年　「一」字原脱，據再造本、文海本、中興聖政卷四七補。
〔一八〕曾覿　原作「魯覿」，再造本闕文，據文海本、中興聖政卷四七校改。
〔一九〕詔　文海本同，再造本闕文，中興聖政卷四七作「欲」。似作「欲」是。
〔二〇〕周琮　原作「同琮」，文海本同，再造本闕文，據中興聖政卷四七、宋史卷四八天文志卷八二律曆志校改。
〔二一〕推恩　原作「相恩」，文海本同，再造本闕文，「相恩」不文，據中興聖政卷四七、宋史卷八二律曆志校改。
〔二二〕論對　再造本同，文海本字模糊不辨，中興聖政卷四七作「輪對」。作「輪對」似是。
〔二三〕劉夙　李校：原作「劉風」，據中興聖政卷四七、葉適水心文集卷一六劉公墓志銘改。汪按：再造本、文海本作「劉夙」，應作校改依據。
〔二四〕琪　原作「淇」，據前後文及再造本、文海本、中興聖政卷四七校改。

〔二五〕聖旨　再造本、文海本同，中興聖政卷四七、朱熹晦庵集卷九六陳俊卿行狀均作「聖訓」。

〔二六〕承受　「承」原作「丞」，再造本、文海本同，據中興聖政卷四七校改。

〔二七〕未報　原作「之報」，文海本同，再造本闕文，據中興聖政卷四七、徐自明宋宰輔編年録卷一七、晦庵集卷九六陳俊卿行狀校改。

〔二八〕相與　原作「相敬」，文海本同，據再造本、中興聖政卷四七、宋宰輔編年録卷一七、晦庵集卷九六陳俊卿行狀校改。

〔二九〕必待　原作「必得」，文海本字模糊難辨，據再造本、中興聖政卷四七、晦庵集卷九六陳俊卿行狀校改。

〔三〇〕絶學　原作「經學」，據再造本、文海本、中興聖政卷四七、晦庵集卷九一魏掞之墓志銘校改。

〔三一〕九百　原作「凡百」，文海本字不清，據再造本、中興聖政卷四七校改。朝野雜記甲集卷一七淮東西湖廣總領所載：「乾道中……湖廣總領所歲費錢九百六十餘萬緡」。可爲佐證。

〔三二〕附　原作「付」，文海本同，據文義及再造本、中興聖政卷四七校改。

〔三三〕徐子寅　李校：原作「徐子實」，據（宋）會要（輯稿）兵一五之一九改。汪按：再造本、文海本、中興聖政卷四七均作「徐子實」。王應麟玉海卷一七七食貨屯田作「徐子寅」。宋史卷三四孝宗紀繫此事於四年十一月，亦作「徐子寅」。後二書可爲校改佐證。

〔三四〕按中書舍人　原作「而給事中又」，再造本、文海本同，然語不通，據中興聖政卷四七、徐松宋會要輯稿職官一之八二、朝野雜記甲集卷九給舍不許列御奏事校改。

〔三五〕付外　原作「付分」，再造本、文海本同，據中興聖政卷四七、宋會要輯稿職官一之八二校改。

〔三六〕勿行　原作「未行」，據再造本、文海本、中興聖政卷四七、宋會要輯稿職官一之八二校改。

〔三七〕若不順道理　「順」，文海本字模糊，似「顧」，再造本、中興聖政卷四七作「顧」。

〔三八〕與郭振同共深切議論　「郭振」，原作「郭垠」，文海本字殘難辨，據再造本、中興聖政卷四七校改。又周應合景定建康志卷二六官守志記，郭振時任「侍衛親軍步軍都指揮使」、「主管侍衛步軍司公事、差充建康府駐劄御前諸軍都統制」，「兼知廬州充淮南西路安撫使、馬步軍都總管」。可爲佐證。「深切」，再造本、文海本、中興聖政卷四七均作「深熟」。

〔三九〕機察　再造本、文海本同，中興聖政卷四七作「譏察」。

〔四〇〕對糾　再造本、文海本同，中興聖政卷四七作「論糾」。

〔四一〕骨鯁　原作「骨鯾」，據再造本、文海本、中興聖政卷四七校改。

〔四二〕銜轡　再造本、文海本、中興聖政卷四七均作「銜靨」。

〔四三〕日月之明　「明」，再造本、文海本同，中興聖政卷四七作「光」。

〔四四〕之用　再造本、文海本同，中興聖政卷四七無「之用」，而有「從之」，有「從之」文意完整。

〔四五〕寺監　原作「寺劄」，再造本、文海本同，「寺劄」不文，據中興聖政卷四七、朝野雜記甲集卷六近歲堂部用闕、佚名兩朝綱目卷七校改。

〔四六〕猥濫　李校：原作「猥監」，據中興聖政卷四七改。汪按：再造本作「猥濫」，可作校改依據。文海本作「猥監」。

〔四七〕釐務　原作「釐定」，句不通，據再造本、文海本、中興聖政卷四七校改。

〔四八〕辨集　原作「辨集」，再造本、文海本同，中興聖政卷四七、章如愚群書考索後集卷六四貢獻校改。

〔四九〕主帥　原作「主師」，再造本、文海本同，「主師」不文，據中興聖政卷四七校改。

〔五〇〕單身　再造本、文海本同，中興聖政卷四七作「單身」。

〔五一〕亟　再造本、文海本、中興聖政卷四七作「並」。

〔五二〕不恭　再造本、文海本、中興聖政卷四七作「不公」。

〔五三〕條具　再造本、文海本同，中興聖政卷四七作「修具」。

〔五四〕祀帝於郊　「帝」字原脱，據再造本、文海本、中興聖政卷四七補。

〔五五〕合州　再造本、文海本、中興聖政卷四七同，宋史卷三四孝宗紀作「台州」，合州在四川，台州鄰近温州，疑作「台州」是。形近致誤。

〔五六〕關報　原作「開報」，據再造本、文海本、玉海卷四八藝文景德時政記、薛季宣浪語集卷三三薛徽言行狀校改。

〔五七〕欲　原作「次」，據再造本、文海本、中興聖政卷四七校改。

〔五八〕守臣　原作「節臣」，文海本同，「節臣」不文，據再造本、中興聖政卷四七校改。

〔五九〕得旨修　原作「得修旨」，據再造本、文海本、中興聖政卷四七乙正。

〔六〇〕趨成　再造本、文海本、中興聖政卷四七作「趣成」。

〔六一〕陳子實　再造本、文海本、中興聖政卷四八均同，然朝野雜記甲集卷一八淮南萬弩手載：「淮南萬弩手……乾道五年冬，上命措置兩淮官田徐子寅領其事，復以神勁軍爲名。」水心文集卷一八錢之望墓誌銘：「乾道中，令徐子寅復置『萬弩營』於真州。」故疑「陳子實」爲「徐子寅」之訛。

〔六二〕拓皋　再造本、文海本、中興聖政卷四八均作「柘皋」。

〔六三〕和州　李校：原作「和川」，據中興聖政卷四八改。汪按：再造本、文海本作「和州」，應作校改依據，另前文已述及「和州」。

〔六四〕定計　原作「家計」，再造本、文海本、中興聖政卷四八均同，「家計」不文，據晦庵集卷九六陳俊卿行狀校改。

〔六五〕籍　原作「借」，文海本作「措」，當爲「籍」之殘，「籍民家」，意爲根據百姓户籍徵取，據再造本、中興聖政卷四八校改。

〔六六〕使民兵各守其城　「使」原作「所」，「各」原作「合」，「守」原作「首」，再造本、文海本同，並據中興聖政卷四八、晦庵集卷九六陳俊卿行狀校改。

〔六七〕邊面　原作「方面」，據再造本、文海本、中興聖政卷四八、晦庵集卷九六陳俊卿行狀校改。

〔六八〕小擾　原作「小憂」，據再造本、文海本、中興聖政卷四八、晦庵集卷九六陳俊卿行狀校改。

〔六九〕不必　文海本同，再造本、中興聖政卷四八作「不可」。

〔七〇〕奢侈　再造本、文海本、中興聖政卷四八均作「奢汰」。

〔七一〕伏節　原作「仗節」，據再造本、文海本、中興聖政卷四八校改。

〔七二〕兩浙　原作「兩淮」，再造本、文海本同，據中興聖政卷四八、宋會要輯稿食貨一四之四五又六五之九九校改。

〔七三〕給顧直募耆户壯丁　「顧」，原作「催」，文海本字難辨，據再造本、中興聖政卷四八、宋會要輯稿食貨一四之四五又六五之九九校改。又「耆户」，再造本、文海本同，宋會要輯稿食貨一四之四五又六五之九九作「耆户長」。

〔七四〕敕於　原作「敕於」，再造本、文海本、中興聖政卷四八同，「敕於」不文，據玉海卷一二一官制臺省元豐六察校改。

〔七五〕金虜　原作「金人」，據再造本、文海本回改。

〔七六〕腥羶　原作「北地」，據再造本、文海本回改。

〔七七〕其勝 原作「不勝」，據再造本、文海本、中興聖政卷四八、晦庵集卷九六陳俊卿行狀、宋宰輔編年録卷一七、岳珂桯史卷四乾道受書禮校改。

〔七八〕攘夷狄 原作「安邊陲」，據再造本、文海本回改。

〔七九〕汪應辰 「汪」原誤「江」，據再造本、文海本、中興聖政卷四八校改。

〔八〇〕益向 原作「蓋向」，據再造本、文海本、中興聖政卷四八校改。

〔八一〕南雄州 李校：原作「兩雄州」，據中興聖政卷四八改。汪按：再造本、文海本均作「南雄州」，應作校改依據。

〔八二〕横州 原作「梧州」，皇甫謹曾任知梧州，犯罪後不可能刺配梧州，據再造本、文海本、中興聖政卷四八校改。

〔八三〕雁汊 「汊」字原脱，再造本、文海本同，中興聖政卷四八此字處有空闕，黄震黄氏日抄卷六七范石湖文：「論重征莫甚於沿江，如蘄之江口、池之雁汊，號大小法場。」宋史卷四一四鄭清之傳：「沿江算舟之賦素重……如池之雁汊，有大法場之目。」繫年要録卷一六三：「軍器監丞黄然面對，論沿江一帶税務，比來非理邀取，商旅患之，於是號蘄之蘄陽、江之湖口、池之雁汊爲大小法場。」度正性善堂稿卷一〇尚賢堂記：「秭歸、夷陵、蘄陽、雁汊，征商之厄。」據補「汊」字。

〔八四〕繁併 原作「繫併」，文海本同，據前文及再造本、中興聖政卷四八、黄氏日抄卷六七范石湖文校改。

〔八五〕東頭供奉官徐考叔爲不合請求曲法　「供奉」，原作「供養」，再造本、文海本作「供俸」，「曲法」原作「去法」，再造本同，文海本闕文，並據中興聖政卷四八校改。「考」原作「攷」，六月丁卯條作「徐考叔」，現統一爲「考」。

〔八六〕虜　此「虜」及本月下文三「虜」字，除「虜必不從」之「虜」原作「彼」外，原均作「敵」，並據再造本、文海本回改。

〔八七〕且雖夷狄之無君　原作「且使虜國之日彊」，據再造本、文海本回改。

〔八八〕發運使　「運」，原作「遣」，再造本、文海本、中興聖政卷四九均同，據本書前後文校改。

〔八九〕見准　「准」原作「在」，據再造本、文海本、中興聖政卷四九校改。

〔九〇〕官物　「物」字原脱，文海本同，據再造本、中興聖政卷四九、長編卷四八、宋史卷六真宗紀補。

〔九一〕舊典　原作「舊約」，據再造本、文海本、中興聖政卷四九校改。

〔九二〕厘厘　原作「屋厘」，據再造本、文海本、中興聖政卷四九校改。

〔九三〕所書　再造本、文海本同，中興聖政卷四九作「此書」。

〔九四〕鹽事　原作「監事」，文海本同，據再造本、中興聖政卷四九校改。

〔九五〕虜　原作「敵」，據再造本、文海本回改。

〔九六〕正言　再造本、文海本、中興聖政卷四九作「正名」。

〔九七〕虜中　原作「邊境」，據再造本、文海本回改。下文二「虜中」同此。

〔九八〕忠烈廟　「廟」字原脱，據再造本、文海本、中興聖政卷四九補。

〔九九〕迂回　原作「遷回」，「遷回」不文，據再造本、文海本、中興聖政卷四九校改。

〔一〇〇〕胡堅常　李校：原作「朝堅常」，據中興聖政卷四九改。汪按：再造本作「胡堅常」，可作校改依據。文海本作「朝堅常」，同誤。

〔一〇一〕知筠州　「知」原作「和」，據再造本、文海本、中興聖政卷四九校改。

〔一〇二〕禮　再造本、文海本同，中興聖政卷四九作「理」。

〔一〇三〕權知饒州　「權知」原作「修和」，據再造本、文海本、中興聖政卷四九校改。

〔一〇四〕揀求　原作「東求」，文海本同，再造本作「柬求」，據中興聖政卷四九校改。

〔一〇五〕論　原作「用」，據再造本、文海本、中興聖政卷四九校改。

〔一〇六〕李校改「魏證」爲「魏徵」，謂：「原作『魏證』，據文意改。」汪按：「證」爲避宋諱用字，可不改。

〔一〇七〕劉師顔　「師」原作「思」，據本書下文「師顔」及文海本、中興聖政卷四九、宋史卷一一三禮志校改。下文「劉師顔」原亦作「劉思顔」，據同上書校改。

〔一〇八〕不顧夷狄殘暴　原作「不顧敵國驕横」，據再造本、文海本回改。

〔一〇九〕謂腥膻醜類非我君　原作「謂臣子節義不可失」，據再造本、文海本回改。

〔一一〇〕以支逆虜之盜伐　原作「以支强弱之形勢」，據再造本、文海本回改。

〔一一一〕越歲　原作「越舊」，不文，據再造本、文海本、中興聖政卷四九校改。

〔一一二〕芮輝　原作「芮揮」，文海本同，中興聖政卷四九闕頁，據再造本校改。另參佚名南宋館閣續録卷七官聯等。

〔一一三〕爗然　原作「曄然」，據再造本、文海本回改。

〔一一四〕杖　再造本、文海本同，中興聖政卷四九作「仗」。

〔一一五〕大霆　原作「大霔」，據再造本、文海本、中興聖政卷四九校改。

〔一一六〕華夷　原作「中外」，據再造本、文海本回改。

〔一一七〕小人終可治治道終可成　中興聖政卷四九闕頁，文海本作「小人終可卞，治道終可成」，再造本作「小人終可治，道終可成」。

〔一一八〕夷狄　原作「國恥」，據再造本、文海本回改。

宋史全文卷二十五下

宋孝宗四

辛卯乾道七年春正月丙子朔，加上太上皇帝尊號曰光堯壽聖憲天體道太上皇帝，太上皇后尊號曰壽聖明慈太上皇后。癸未，上諭輔臣曰：「前日奉上册寶，太上聖意甚悦。翌日過宫侍宴，邦家非常之慶，漢唐所無也。」又曰：「本朝家法遠過漢唐，惟用兵一事未及。朕以虜讎未復〔一〕，日不皇暇。如宫中臺殿，皆太上時爲之，朕未嘗敢增益。太上到宫徘徊周覽，爲之興歎，頗訝其不雅飾也。」上又指殿東樓曰：「去此樓無數步〔二〕，遇花時亦不曾往，或令人拗數枝來觀耳。」輔臣奏：「陛下不以萬乘爲樂，而以中原爲憂。早朝宴罷，焦勞如此〔三〕，誠古帝王所不及。」上曰：「朕無他嗜好，或得暇惟書字爲娱耳。」虞允文等奏曰：「臣等見石墀上皆陛下草聖，筆力天縱，有飛動之狀。」上曰：「戲書不足觀。朕近寫得一軸。」因顧内侍取示允文等，迺郭熙秋山平遠詩，因以賜允文。又曰：「太上真草皆極古今之妙，來日與卿等覓來。」允文等頓首謝。己亥，上曰：「元日上册寶，天色開霽，兩宫欣豫，人情和悦，薄晚方雨，天意昭昭如此。」上又曰：「無逸一篇，享國久長皆本於寅畏。朕近日取尚書中所載天事編爲兩圖，朝夕觀覽，以自儆省，名之曰敬天圖。」允文奏：「古人作無逸圖猶夸大其事，陛下盡圖書中所載敬天事，又遠過之。惟聖人盡躬行之實，敬畏不已，必有明效大驗。」上曰：「卿言誠然。」是月〔四〕，進呈泉州左翼軍統制趙渥招到軍兵一千人，並不支費官中例物〔五〕。上曰：「趙渥當與旌賞。」虞允文奏：「且與一遥郡。」上曰：「賞宜從重。設使職事有闕，罰亦不輕。可與遥郡團練使。」庚子，進呈郎曹多闕員。上曰：「昨召數人皆未到，可且令寺監丞兼權。數日前有人説近來自郡守爲郎，間有不曾歷職事官者，卻似太驟。此言甚有理。」虞允文奏：「近來舘學寺監拘礙資格，遷除不行，故有自縣便爲郡，自郡便爲郎者。是舘學寺監反不如州縣之捷也。」上又曰：「此又失之外重矣。」梁克家奏：「元立資格所以重郎選，及無履歷者，一旦得之，郎選卻輕矣。」上曰：「然。今後除授正不可令超躐，在外更有甚人才，卿等可選五六人召來。」癸卯，進呈三衙舊司禁軍人數。上曰：「祖宗時，上四軍分止是支數百料錢。」梁克家奏：「秘閣中有太祖御札，禁軍券錢至親筆裁減一二百者。」上曰：「雖一麻鞋之微，亦經區處，祖宗愛惜用度如此。」克家奏：「非泛賜予尤不可輕。韓昭侯非靳一敝袴也，不以予無功之人。」上曰：「予及無功，則人不知勸。」

克家奏：「豈惟無功者不勸，有功者且解體矣。」上曰：「然。」因顧虞允文曰：「昨遣內侍往江上，欲就令撫問，以卿言而止，正爲此也。」允文奏：「郭子儀所得上賜甘蔗幾條、柑子幾顆，人主以此示恩意耳。今諸將受陛下厚恩，未有以報。」上曰：「郭子儀有大功於唐。今諸將孰有子儀功，賜予誠是不可輕也。」是月，復置鑄錢司。

二月丙午朔，宣步軍司將弓箭手於初四日入內射鐵簾。弓箭手舊管合格一千七百四十九人，新招未合格四百四人。戊申，新知泰州李東朝辭進對。上曰：「卿到任須多買耕牛，勸課農桑。」

臣留正等曰：農桑，天下之大本也。一夫不耕或受之飢，一婦不織或受之寒。昔人垂訓，昭然明甚。漢之文、景，務在養民。當時詔旨之盼，爲農桑而下者不一而足，遂致海內盛富，興於禮義，其效驗蓋非淺淺者。近世爲吏者罕知此理。壽皇戒之，其將以警俗吏，使知朝廷養民之至意與。

丙辰，左司員外郎兼侍講張栻言：「本朝治體，以忠厚仁信爲本。」因及熙、豐、元符用事大臣。上曰：「祖宗法度乃是家法，熙、豐之後不合改變耳。」丁巳，上宣諭曰：「祖宗時數召近臣爲賞花釣魚宴，朕亦欲暇日命卿等射弓，飲一兩盃。」虞允文等奏：「陛下昭示恩意，得瞻近威顏，從容獻納，亦臣等幸也。」上曰：「君臣不相親則情不通。早朝奏事，止頃刻間，豈暇詳論治道。故思欲卿等從容耳。」〔六〕庚申，上宣諭：「近世廢弛之弊，宜且糾之以猛。他日風俗變易，卻用寬政。譬之立表，傾則扶之，過則正之，使之適中而後已。」虞允文奏：「古人得衆在寬，救寬以猛，天地之心，生生不窮，故陰極於剥則復。」上曰：「天地若無肅殺，何以能發生。」梁克家奏：「殺之乃所以生之，天地之心歸於仁而已。」上曰：「然。」壬戌，上曰：「晴色甚好，去秋水澇，朕甚以百姓之食爲憂。今卻無流移之人。」虞允文奏：「監司、守臣類能究心荒政，故米不翔貴。」上曰：「亦大段支了官中米斛。」梁克家奏：「陛下自數年來常平樁積極留聖意〔七〕，不然今日豈有米斛可以那撥。」上曰：「如此理會，尚且堇堇不足。」允文等因奏：「諸郡守臣若得人，遇歲水旱寧至上勤聖慮。」上曰：「當擇其有顯效者旌之，更有修圩一事，卿等記之，他日當行賞也。」己巳，上又曰：「今春雨暘甚調，二麥必好。」允文奏米價極平。上曰：「此豈州縣勸糶之效歟。」克家奏水旱惟先事措置則用力少而爲惠博。上曰：「今歲卻是措置得早，使赤子不至流離，卿等力也。」是月，立皇第三子恭王惇爲皇太子，大赦。尋以王十朋、陳良翰爲太子詹事，劉焞國子司業兼太子侍讀。先是，上謂輔臣曰：「古人以教子爲重，其事備見於文王世子。須當多置僚屬，博選忠良，使左右前後罔匪正人。不然，一薛居州亦無益也。」又曰：「舊來官屬幾人？」虞允文等奏：「詹事二人，庶子、諭德兼講讀者二人。」上曰：「宜增二員，誰可當此選者？」允文等奏：「恭邸講讀官有李彦穎、劉焞二人。」上曰：「焞有學問，彦穎有操履，兩人皆好。卿等更選取數人。」及進呈，上覽之曰：「王十朋、陳良翰此二人皆好。十朋舊爲小學教授，性極疏快，但臨事堅執耳。」允文奏：「賓僚無他事，惟以文學議論爲職，不嫌於堅執也。」上曰：「十朋、良翰誠是忠蹇，可並除詹事。」上又曰：「劉焞兼侍讀，李彦穎卻兼侍講，何也？」允文等奏：「李彦穎既兼左諭德，以侍講無人，並令兼之。」上曰：「侍講可別選人，乃命焞爲司業兼侍讀。」工部侍郎胡銓亦請飭太子賓僚，朝夕勸講。上曰：「三代長且久者，由輔導太子得人所致。末世國祚不永，皆由輔導不得其人。」銓自五年冬，因除知泉州，趣令入對，遂留侍經筵。尋有是除。或忌銓敢言，指細故雜他朝士並言之，冀不得獨留。銓以年逾七十，力求致仕，除待制與外祠。未數日，復留侍講筵。未幾，以舉官失當，貶秩二等。銓力求去，除直學士奉祠。淳熙六年致仕，明年卒。以皇子愷判寧國府，進封魏王，尚書左司郎中兼侍講張栻講詩葛覃，進説曰：「治生於敬畏，亂起於驕淫。使爲國者每念稼穡之勞，而其后妃不忘織紝之事，則心之不存者寡矣。周之先后勤儉如此，而其後世猶有休蠶織而爲厲階者，興亡之效如此可見。」因推廣其事，上陳祖宗自家刑國之懿，下斥今日興利擾民之害。上嘆曰：「此王安石所謂人言不足恤者所以誤國。」時知閤門事張説除簽書樞密院事。栻夜草手疏，極言其不可，且詣宰相質責之，語甚切。宰相慚憤不堪，而上獨不以爲忤，親札疏尾付宰相，使諭旨。栻復奏曰：「文武誠不可偏，然今欲右武，以均二柄，而所用乃得如此之人，非惟不足以服文吏之心，正恐反激武臣之怒。」上感悟，命得中寢。然宰相實陰主説，明年，乃出栻知袁州，而申説前命。説後竟謫死云。

三月乙亥朔，上出馮湛海道畫一以示宰臣。虞允文曰：「馮湛所陳，不可行者一，可行者二。其言淮中一帶置鋪舉烽火，此不須行。明州神前山差人船卓望，黄魚垛分官兵往來巡綽，此兩事可令馮湛與趙伯圭同共措置。」辛巳，上曰：「户部所借南庫四百萬緡，屢以諭曾懷，不知有甚指準撥還。」虞允文奏：「不過指準折帛耳。」梁克家奏：「今左帑無兩月之儲，大段急闕，不可枝梧。」上曰：「户部有擘畫否？」允文奏：「有兩事衆論未以爲然，其一給典帖，其二賣鈔紙。」上曰：「此兩事既病民，且傷國體，俱不可行。更令別議以聞。」丁酉，宣諭步軍司未經内教弩手，於二十五日絶早赴水門祗候，宣押内教射鐵簾弩手一千六百七人。戊戌，虞允文奏：「胡銓蚤歲一節甚高。今縱有小小過失，不宜令遽去朝廷。」上曰：「朕昨覽臺章，躊躇兩日，意甚念之。但以四人同時論列，不欲令銓獨留。」梁克家奏：「銓流落海上二十餘年，人所甚難。」上曰：「銓固非他人比，宜且除在京宮觀，留侍經筵。」庚子，進呈胡沂具到彭德等盜馬因依。虞允文奏：「曾昭誘山寨人盜馬，已而殺其人，人情甚不安，至有逃入山中不敢出者。」上曰：「昭欲自掩其過，乃乖謬至此，須重作行遣，可追三官放罷。」梁克家奏：「邀功生事邊臣，不可輕貸。且如知沅州孫叔傑以兵攻傜人，引惹王再彤等聚衆作過，驚擾邊民，幾成大患。前日得旨放罷，行遣太輕。」上曰：「可更降兩官。」是月，復將作監。申嚴閉糴禁。

夏四月乙巳朔，詔春季拍試事藝最高强人，各特與補轉兩資[八]。虞允文奏：「外尚有增加斗力四千餘人，須將本司兵官略與推恩。」上曰：「軍中既有激賞，人人肯學事藝，何患軍政不修。若更本官亦復推賞，尤見激厲。」庚戌，宰執進呈訖，上因及近日移戍點軍。虞允文又奏：「或以爲擾。」上曰：「近有兩三人亦如此說。昨日講筵又有及前日差除者。朕於聽言之際，是則從之，非則違之，初無容心其間。」梁克家奏：「天下事惟其是而已。是者當於理之謂也。」上曰：「然。太祖問趙普云：天下何者最大？普曰：惟道理最大。朕嘗三復斯言，以爲祖宗時，每事必問道理，夫焉得不治。」己未，宣押殿前司選鋒、策鋒兩軍弓箭手各七百人入内射。庚午，進呈有告統兵官掊尅不法者。上令付大理寺治之。虞允文奏：「恩威相須乃濟。」上曰：「威克厥愛允濟，愛克厥威允罔功。蘇軾乃謂堯、舜務以愛勝威，朕謂軾之言未然。」梁克家奏：「先儒立論，不可指爲一定之説。如崔寔著政論，務勸世主馭下以嚴。大抵救弊之言，各因其時耳。」上曰：「昔人以嚴致平，非謂深文峻法也。紀綱嚴整，使人不敢犯耳。譬如人家，父子兄弟森然法度之中，不必須用鞭扑，然後謂之嚴也。」辛未，宣押選鋒、策鋒兩軍弩手一千六百一十一人入內射。是月，詔：「今歲科場，其令尚書侍郎、兩省諫議大夫以上、御史中丞、學士、待制各舉賢良方正能直言極諫一人，守臣、監司亦許解送，仍具詞業，繳進以聞。」楚州饑，賜米五千石賑之。劉珙起復同知樞密院、宣撫荆襄。珙凡六疏辭之，引經據禮，詞甚切至，最後言曰：「三年通喪，先王因人情而節文之。至於漢儒，乃有金革無避之說。此固以爲先王之罪人矣〔九〕。然尚有可諉者，則曰魯公伯禽有爲爲之也。今以陛下威靈，邊陲幸無犬吠之警，臣乃欲冒金革之名以私利祿之實，不亦又爲漢儒之罪人乎。抑陛下之詔臣，則有曰義當體國者矣，其敢噤無一言以塞明詔哉。」乃手疏別奏，略曰：「天下之事有其實而不露其形者，無所爲而不成。無其實而先示其形者，無所爲而不敗。今德未加修，賢不得用，賦斂日重，民不聊生，將帥方割士卒以事苞苴〔一〇〕，士卒方飢寒窮苦而生怨謗。凡吾所以自治而爲恢復之實者，大抵闊略如此。而乃外招歸正之人，內務禁衛之卒，規筭未立，手足先露，其勢適足以速禍而致寇。臣不知其爲此議者，將何以待之也。且荆襄四支也，朝廷腹心元氣也。誠使朝廷施設得宜，元氣充實，則犂庭掃穴在反掌間耳。何荆襄之足慮。如其不然，則荆襄雖得臣輩百人悉心經理，顧亦何足恃哉。以今而慮，臣恐恢復之功未易可圖，而意外立至之憂將有不可勝言者。惟陛下圖之。」上納其言，爲寢前詔。以皇太子尹臨安府。尋以晁公武爲少尹，李彦穎、劉焞兼判官，陸之望、馬希言爲推官。

五月戊寅，宰執奏王朴荆鄂點軍事。梁克家奏：「近諸將御下太寬。今統制官有敢鞭統領官以下者否？太祖皇帝設爲階級之法，萬世不可易也。」上曰：「二百年來軍中不變亂，蓋出於此。」虞允文奏：「法固當守，主兵官亦要以律己爲先。」曰：「誠然。前日一二主兵官不能制其下，反爲下所告者，端以不能律己故耳。」壬辰，上曰：「近日雨暘尤好，麥已登場，稻田亦下種矣。」虞允文奏：「農人得雨種稻，得晴刈麥，兩不闕事。」上曰：「朕心惟望百姓富實，國計又其次也。」辛丑，上語及臨安事，因曰：「韓彦古在任時，盜賊屏迹，比其罷也〔一〕，群盜如相呼而來。以此知治盜亦不可不嚴。惜乎彦古所以治民者，亦用治盜之術。治盜當嚴，治民當寬，難以一律。」

六月壬子，右正言許克昌奏：「日者命臺諫、兩省以上以四條薦士，宜皆盡心公選。訪聞劉之柄頃爲京局，以侵盜官錢擒付棘寺，盡償所盜，鐫官放罷。李發頃爲靖州〔二〕，迫於七十，輒自申部，擅減十年，意欲撓冒關陞磨勘。吏部以其無廉恥、欺罔劾奏之，降兩官勒令致仕。二人皆污薦墨，聞者竊笑。又聞二人皆胡銓所薦，而之柄與之衡，又劉章子也。章身爲從官，奉詔薦士，而乃徇私罔上，烏得無罪。望下三省公議舉者之罪。」詔依。胡銓可降授左通直郎，劉章可降授左中奉大夫〔一三〕。乙卯，進呈張權劄子：淮西麥熟，米價平，秋成可望。上曰：「時和歲豐，卿等協贊之力。朕當與卿等講求其未至者，以答天休。」虞允文奏：「聖德無闕，動合天心。」上曰：「君臣之間，正要更相儆戒。朕有過，卿等悉言之。卿等有未至者，朕亦無隱。庶幾君臣交修，以答天貺。」丙辰，太常寺丞蕭燧論：「人君聽言必察其可用之實，所言與所行相副，然後可信。」上曰：「所論甚當。人誰不能言，但徒能言之而已，要當觀其所行。書所謂『敷奏以言，明試以功』是也。」乙丑，宗正寺丞戴幾先輪對，因論人才當以覈實爲先。上曰：「堯、舜用人，敷納以言，明試以功，此責實之政。」丁卯，上曰：「侍從或除人，卿監必有闕員，宜擇其可爲者。卿等可選數人將上。」

秋七月乙未，梁克家奏：「近時有兩事，皆前世不及。太上禪位、陛下建儲〔一四〕，皆出於獨斷。」上曰：「此事誠漢、唐所無。朕常恨功業不如唐太宗，富庶不及漢文、景耳。」虞允文奏：「陛下以儉爲寶，積以歲月，何患不及文、景。如太宗功業，則在陛下日夜勉之而已。」上曰：「朕於創業、守成、中興三者皆兼之〔一五〕，蚤夜孜孜，不敢怠遑。每日昃時已無一事，則自思曰：豈有未至者乎。則求三兩事反覆思慮，惟恐有失。」上曰：「朕近於几上書一將字，往來尋繹，未得擇將之道。卿等更思之。」虞允文奏：「人才臨事方見。」上曰：「極是。唐太宗安市之戰，始得薛仁貴。」是月，賑湖南、江西飢。中書舍人范成大言：「夫賑濟、賑糶，其要不過兩言：莫不便於聚人，莫良便於散給。」詔免兩淮民戶丁錢、兩浙丁鹽絹。上諭輔臣曰：「范成大言處州丁錢太重，遂有不舉子之風。有一家數丁者，當重與減免。卿等更詳議來。」尋又蠲旱傷路流移戶稅〔一六〕。

八月乙巳〔一七〕，上語黎州邊事，令宰執以書諭胡元質、吳總等：「如蠻人以市馬要我，則且住一兩年，使權常在我。彼無能爲，自然安帖畏服。」丙午，殿司左軍劫馬軍司使臣家被獲。上曰：「不當以治百姓之法治之。」〔一八〕虞允文奏：「强盜已不可貸，況軍人乎！」己未，進呈兩浙漕臣糴樁積米。上因宣諭曰：「洪範八政，以食爲先，而世儒乃不言財穀，邦之有儲蓄，如人之有家計，欲不預辦得乎。」戊辰，趙樽乞陞差孟俊、閻大亨。上曰：「孟俊可依。閻大亨係使酒犯階級，雖閱二年，事干軍政，此未可也。」庚午，上謂宰執曰：「朕近日宮中覺得無事，卿等想甚勤勞。」又曰：「卿等凡所謀猷，無不曲盡，每深嘉嘆。朕近日無事，又時過德壽宮，太上頤養愈勝，天顏悅好。朕退輒喜不自勝。」虞允文奏：「神器之重，得所付託，聖懷無事，自應如此。堯獨高五帝之壽者以此。」上曰：「誠然。」

九月壬申朔，上曰：「江西、湖南旱歉，恐可募兵，兩路各且募千人。」梁克家奏：「外路募兵多憚所費。」虞允文奏曰：「撥截上供亦可。」上曰：「然所募之人發赴三衙，切恐太遠，當與分撥。」允文奏：「江西去江、池爲近，湖南去鄂渚爲近。」上曰：「可便降指揮，仍與分撥行下。」戊寅，上曰：「漢高帝初年專意馬上之事，世祖增廣郊祀，亦在隴蜀既平之後，昔人規恢遠略，罔不在專，繁文末節，蓋未暇問。」梁克家奏：「高帝創業，世祖中興，今日之事，乃兼守成，祖宗二百年來，典禮畢備，當以時舉。」上曰：「典禮何可盡廢，抑其浮華而已。自今已往，卿等每事當先務實，稍涉浮文，必議蠲省。」壬午，湖北京西總領兼措置屯田呂游問言：「本所所管營田、屯田内，官兵闕人耕種之處，乞依舊頃畝出榜，召百姓依元額承佃。」從之。租課令本所拘管〔一九〕。丁亥，進呈呂游問得旨，令措置襄陽寨屋〔二〇〕。梁克家奏：「將徙荆南之屯否？」上曰：「欲令移去如何？」虞允文奏曰：「荆南之人，歲歲更戍，自此可免道塗往返之勞。然有二不便。」上曰：「襄陽極邊，驟添人馬，對境必致驚疑。」允文奏：「此正是一不便。又自荆南至襄陽，水運千餘里，河道淺狹，難於餽糧，此二不便。以臣愚見，不如先移軍馬，餘續議之。」上曰：「甚善。可諭此意，令呂游問同秦琪措置。」是月，進呈：「六部長貳歲舉改官人，皆是後來許依職司收使。今合依舊法。」上曰：「甚好。」梁克家奏：「在京選人無外路監司薦舉，若六部長貳又不許作職司，必不得改官。」上曰：「舊法既然，當使人從法，不可以法從人也。」虞允文奏：「舊法京局不以選人爲之，故六部長貳不作職司亦可。今皆用選人，後來磨勘不行，必重申請，卻須更改。」上曰：「此事續議施行。」

冬十月甲辰，虞允文奏：「兩司增加斗力事藝，升進者千餘人，費不過楮千餘貫〔三〕。昨有錫金椀者，軍中歡呼，無不歆艷。」上曰：「聞其戴椀乘馬而歸，道路聚觀，如此見者必勸矣。」是月，賑饒州飢。上因覽知州王秬賑濟畫一，曰：「饑歲民多遺棄小兒，已付諸路收養。如錢物不足，可具奏來，於內藏支降。」罷紹興府宗正行司，以其事歸大宗正司。本朝宗室皆聚於京師。熙、豐間，始許居於外。崇寧間，始即河南、應天置西南二敦宗院。靖康之禍，在京宗室無得免者，而睢、雒二都得全。建炎初，將南幸，於是大宗正司移江寧，而西南外初寓於揚州及鎮江，卒又移於泉、福二州。而居會稽者，乃紹興初以行在未有居第，權分宗室居之。及恩平郡王璩出居會稽，遂以爲判大宗正司，至是省之。

十有一月丁亥，進呈乞改和州西路花裝隊。上曰：「三衙舊亦結花裝隊，昨已更改。與其臨敵旋行抽摘，不若逐色團結之有素也。」甲午，虞允文奏：「舊法黃甲不曾到部人，在銓試下等人之上。」上曰：「可依舊法。」又曰：「改法不當，終有窒礙，不如加詳審於初，則免改更於後也。」是月，策制科眉山布衣李垕〔三〕，入第四等，賜制科出身。

十有二月戊午，進呈外路收捉八厢指揮。先是，軍人王俊自稱八厢，詐取軍中錢物，配廣南。上曰：「御前從來無八厢差出，可擬指揮行下諸路，如有自稱八厢之人，即行收捉根勘。」至是進呈。上顧虞允文曰：「卿昨所言若真八厢對人自稱亦所當罪。此言甚當。」丙寅，詔都統制歲舉所知二人，統制歲舉一人，以智勇俱全爲上，以善撫士卒爲次，以專有膽勇又爲次。將校士卒惟其所舉。從臣僚之請也。是月，令閤門官依文臣館職輪對。

是歲，移馬軍司屯於建康府。四川總領所奏：「昨緣本路措置備邊椿積，遂申朝廷，乞降空名度牒，仍拘收四川事故僧道度牒，繳納訖，欲乞將已賣過四千五百道作第一料，所有去年十二月内已降二千道，今更乞貼降二千五百道，湊作第二料，下本所出賣，拘收價錢搬赴宣撫司，專充備邊椿積，非遇緩急分文不敢支用。」從之。趙雄使虜〔三〕，附國書復請陵寢及受書之禮。及雄入辭，虜使其臣宣諭云：「傳語宋皇帝，向來初講和日，宋朝來祈請徽宗皇帝靈柩，已送還了。今再講和，宋國自當來祈請欽宗靈柩，父子同葬，以時奉祀。去年使來，卻妄請鞏雒山陵。上國止許奉遷，並許一就發還欽宗皇帝靈柩。上國已令搬取，在此俟來報聞。今宋國既不欲請，上國卻當就鞏雒山陵附葬。」無一語及受書事。雄歸奏：「虜酋庸人耳〔二四〕，於陛下無能爲役。中原遺黎日望王師，必有簞食之迎、倒戈之舉。」上甚悦。

壬辰乾道八年春正月辛未，禮部、大理寺狀：「臣僚言：乞置太醫局及醫生試補之法。得旨更不置局〔二五〕，依舊存留醫學科，逐舉許令赴試。」〔二六〕戊寅，太常博士楊萬里輪對，論及人材。上曰：「人材要辨實僞，要分邪正。」又曰：「最不可以言取人。孔子大聖，猶曰始吾於人也，聽其言而信其行。今吾於人也，聽其言而觀其行。故以言取人，失之宰予。」乙酉，太常少卿黄鈞奏：「切謂國莫重於禮，禮莫嚴於分。伏見四孟月景靈宫朝獻，皇帝與群臣俱拜於庭，心切疑之。退而求之禮經，考之儀注，有所不合。問之掌故，則渡江之後，群吏省記者失之也。曲禮曰：君踐阼臨祭祀。禮器曰：廟堂之上，罍樽在阼。又曰：君在阼。正義曰：阼，王人階也〔二七〕。天子祭祀，升階而行可也。神宗元豐間詳定郊廟禮文，明堂、太廟、景靈宫行禮，兼設皇帝版位於東階之上。今親郊之歲，朝獻景靈宫，朝饗太廟，皇帝拜上，群臣拜下矣〔二八〕。獨四孟朝獻設褥位於阼階之下，則是以天子之尊，而用之大夫、士臨祭之位，非所以正禮而明分也。欲遵元豐之制，每遇皇帝孟月朝獻，設褥於東階之上，西嚮，以禮則合，以分則正。」禮部、太常寺同共討論，欲依所乞，及乞於見今儀注内修定施行。詔從之。丙戌，宰執乞討論上丁釋奠、皇太子入學之儀。上曰：「禮記文王世子篇載太子入學事甚詳。」梁克家奏：「入學以齒，則知父子君臣長幼之道。古人所以教世子如此。」虞允文奏：「此事備於禮經，後世罕有舉行者。」上曰：「可令有司討論以聞。」

二月乙巳，詔曰：「朕惟帝王之世，輔弼之臣，其名雖殊，而相之實一也。厥後位號定於漢，而稱謂汩於唐〔二九〕，以僕臣而長百僚，朕所不取。且丞相者，道揆之任也。三省者，法守所自出也。今捨其大而舉其細，豈責實之議乎。肆朕稽古釐而正之，蓋名正則言順，言順則事成，爲政之先務也。其改尚書左右僕射、同中書門下平章事爲左右丞相。」虞允文爲左丞相，梁克家爲右丞相，曾懷參知政事，張說、王之奇並簽書樞密院事。懷、之奇仍賜出身。尋詔已正丞相之名，其侍中、中書令、尚書令，尚存虛名，雜壓可删去，以左右丞相充其位。張說者，父故省吏也。說以父任爲右職，妻憲聖皇后女弟，由是累遷知閤門事。隆興初，兼樞密副都承旨。乾道初，落副字。七年春，除簽書。左司員外郎張栻侍講席，因諫止之，遂以觀察使陞節度奉祠。至是，乃復申前命。起居郎莫濟不書録黃，直學士院周必大不草説答詔，於是二人皆與外祠，乃令姚憲權給事中書讀行下。趙汝愚時爲著作佐郎，不往見說，率同列並請祠。不報。會其祖母卒，不俟報即日歸省父，因自劾。上不加罪，就除知信州。己酉，詔：「隨龍、判太史局李繼宗兩該德壽宮應奉，轉三官，許回授。可將與男安國補太史局保章正，充曆算科。」臣僚言：「保章從八品，與宣義、成忠郎等耳。使其精於曆算，雖特命之可也，用其父之回授，則恐不可開此例耳。雖曰三官以易一命，若使異時群臣近習有不知事體、不顧廉恥，皆乞用此例，陛下何以拒之。更加聖慮，而寢其命。」詔從之。丙辰，御史臺狀：「得旨，令開具六察所隸覺察彈劾事件〔三〇〕、並見今監察御史職事以聞。本臺契勘，覺察彈劾，日前並係殿中與長貳通行風聞彈劾〔三一〕，即不屬六察。其六察管取索所隸百司簿書，分案點檢稽違差失，行遣不當等事，合依應指揮並分隸六察。」虞允文等奏：「祖宗時，監察御史卻許言事。」上曰：「今既分隸六察，可許隨事彈奏。」自此臺諫肅清矣〔三二〕。

三月己巳，馬軍司李顯忠乞兌換民田充都教場。有司申民間不願〔三三〕，欲每畝支錢五貫文收買。上曰：「馬司諸軍皆未有教場否？」虞允文奏：「雖有之但未有都教場以備合教。」上曰：「建康管軍馬自有大教場〔三四〕，每遇合教，可以時暫教閱。」允文奏：「豈非聖意不欲取民田否？」上曰：「然。」壬午，上泛論人材，顧謂虞允文等曰：「士大夫難得任事之人，蓋爲風俗未醇。今雖稍有，祇是未多。」允文奏：「承平時，前輩名臣如范仲淹、韓琦等在邊，尚猶難之。」上曰：「當時往往亦多失利，蓋由未甚知兵。」允文奏：「非不知兵，但不教之兵難以禦敵。」上曰：「西夏小夷，當時亦自枝梧不行，所以馴致丙午之耻。朕今孜孜不倦，期與卿等共雪之。今聞虜人上驕下惰〔三五〕，朕所以日夕磨厲，必欲令今日我之師徒〔三六〕，如昔日虜人之兵勢。蓋思反之也。」庚寅，殿前司奏：「乞令董世英等總轄軍兵於揚州牧馬。」上曰：「向來聞董世英及張唐臣使酒，朕嘗戒之，張唐臣已遵約束悛改，朕以二金椀賜之。董世英聞尚未悛，豈宜差去，可別差人，仍令本軍戒諭。」壬辰，宰執進呈乞點檢諸軍戰船。上曰：「舟檝正是我之所長，豈可置而不問。鄂州、荆南、江州可差姜詵前去，池州以下委葉衡具數奏聞。仍令逐軍日下修整。」丙申，詳定一司敕令所奏：「修正三公三少法，諸太師、太傅、太保爲三公，左右丞相爲宰相，少師少傅少保爲三少。」詔從之。是月，殿試舉人，賜黄定以下及第、出身有差，仍賜御書益稷篇。武舉正奏絶倫、特奏並依文舉例，唱名日給黄牒，賜及第、出身有差。

夏四月丙午，進呈宰臣制國用事。上曰：「官制已定，丞相事無不統，所有兼制國用更不入銜。」知化州黄克仁朝辭進對，上曰：「遠方小民政賴郡守撫摩勸課農桑。」甲寅，户侍楊倓奏：「義倉在法夏秋正税每一斗别納五合，即正税不及一斗免納。應豐熟一縣九分已上即納一升，惟充賑給，不許他用。今諸路州縣常平義倉米斛不少，年來雖間有灾傷去處，支給不多，訪聞皆是擅行侵用，從來未曾稽考。乞下諸路常平官，限半月委逐州主管官取索五年的實收支數目，仍開説逐年有無灾傷檢放，及取給過若干，並見在之數，實計若干，目今在甚處樁管，結罪保明文帳，申部稽考施行。」從之。己未，虞允文等奏〔三七〕：「蒙宣示賜新進士御書益稷篇，不勝榮幸。」梁克家奏：「益稷首載治水，播奏艱食，末載君臣更相訓敕之意，學者因宸翰以味經旨，必知古人用心矣。」上曰：「如所載『無若丹朱傲』等語，見古者君臣儆戒之深。」允文奏：「舜與皋陶賡歌之辭，舜則曰：『股肱喜，元首起。』皋陶則曰：『元首明，股肱良。』又繼以『元首叢脞，股肱惰』之語，君臣之間相稱譽、相儆戒，自有次序如此，所以能致無爲之治。」上曰：「然。此篇實以民之粒食，則知務農爲治之本。至於告臣鄰之言，則曰庶頑讒說，若不在時，侯以明之，撻以記之。又曰：格則承之庸之，否則威之，是古之聖人待天下之人，未嘗不先之以教。及其不格，則必以刑威之。今爲書生者多事威文〔三八〕，而忽兹二事，是未究古聖人之用心也。因欲使知之。」辛酉，上御射殿引諸班直呈射。上顧虞允文等曰：「排立行門東邊第三人於江，極能射弓，直射到三碩斗力，亦願從軍。」允文奏：「似此武藝之人難得，皆陛下戒約閱習以至於此。」上曰：「然。」癸亥，臣僚言：「役法之均，其法莫若限民田，自十頃以上，至於二十頃，則爲下農；自二十一頃以上，至於四十頃，則爲中農；自四十一頃以上，至於六十頃，則爲上農。然後可使上農三役，中農二役，下農一役。其嘗有萬頃者〔三九〕，則使其子孫分析之。時必以三農之數爲限。其或詭名挾户而在三農限田之外者，則許人首告而没田於官，磨以歲月，不惟天下無不均之役，亦且無不均之民矣。」詔户部看詳〔四〇〕。

五月己巳，新江東提點刑獄公事蕭之敏乞宫祠，上不允。虞允文奏：「前日之敏言臣，是其職事。臣雖不知其所論奏，竊自揣度其罪如章，無可疑者。既蒙聖恩復令暫留。如蕭之敏端方〔四一〕，願召歸舊班，以闢敢言之路。」上曰：「今以監司處之，亦自甚優。」顧曾懷曰：「丞相之言甚寬厚，可書之時政記。」乙未，上曰：「吏職武臣遷轉泛濫太甚，嘗令吏部侍郎張津條具以聞。」據奏到六部等處出職武臣，自來衮同軍人戰功，及奏補出身人並至武功大夫方不許磨勘。上曰：「止依左選立定止法〔四二〕。」又條具一項，如至止法，該遇恩賞，非係特旨不許轉行。上曰：「可除去特旨轉行一項，不欲更開此路，以啓僥倖之心〔四三〕，庶清流品，不至泛濫。」是月，福建鹽行鈔法，從轉運陳峴之請也。仍支借一十萬貫作本。陳俊卿時帥閩，移書宰執曰：「福建鹽法與淮浙不同，蓋淮浙之鹽行八九路、八十餘州，地廣數千里，故其利甚博〔四四〕。福建八州，惟汀、邵、劍、建四州可售，而地狹人貧，土無重貨，非可以他路比也。今欲改行鈔法，已奪州縣歲計，又欲嚴禁私販，必虧税務常額。而貧民無業，又將起而爲盗。夫州縣闕用則必横斂農民，税務既虧常額則必重征商旅，盗賊既起則未知所增三十萬緡之入，其足以償調兵之費否也。

將來官鈔或滯不行，則必科下州縣，州縣無策，必至抑配民户。本以利民而反擾之，此恐皆非變法之本意也。」當時諸公不能用，然鈔法果不行。立宗室銓試法。

六月辛丑，上曰：「連數日雨止天氣晴明，歲事有望。」虞允文奏曰：「麥已食新，米價日減。」上曰：「今歲再得一稔，想見粒米狼戾。更積得二年，經常米便有三年之蓄，前此未嘗如此，仍須嚴切戒約，只置場和糴聽〔四五〕，百姓情願入中，不得纖毫科擾。」壬寅，新江西運判劉焞朝辭進對，論今日州縣窮空無備及當今利害。上曰：「江西旱荒之餘，極有合理會事，故輟卿往。」又曰：「州縣直是無備，亦多由官吏非其人。」丙午，傅自强劄子：「父察遇害於燕山，乞賜謚。」得旨賜謚忠肅。己未，新知廣德軍富杞朝辭。上曰：「廣德小壘，地多水旱。卿到任，或有水旱奏來。」是月，江西水災，命賑之。葉衡乞落楊展統制權字。上曰：「展於職事之間留意〔四六〕，可作職事修舉，特與陞差。」

秋七月己巳，臣僚言：「祖宗馬政，茶馬司並專用茶錦絹博易，蕃漢皆便。近茶馬司專用銀幣，甚非立法之意。況茶爲外界必用之物，銀寶多出外界，甚非中國之利。」詔四川宣撫司參舊法措置。庚寅，知光州滕瑞奏：「遇天申聖節，臣自書『聖壽萬歲』四字約二丈餘，兼造山棚高三丈餘，凡用絹五十匹褾背投進。」上曰：「滕瑞不修郡政，以此獻諛，特降一官。」是月，知廬州趙善俊言：「朝廷頃者分兵屯田，其不可者有三。臣謂罷屯田有三利，習熟戰陣之兵得歸行伍，日從事於教閱，一利也。無張官置吏，坐以縻稍，無買牛散種以費官物，二利也。屯田之田悉皆膏腴，牛具、屋廬無一不具，以資歸正人，使之安居，三利也。」詔廬州見屯田官兵並行廢罷，其田畝牛具令趙善俊盡數拘收，給付歸正人請佃，及募人租種。

八月庚子，新度支朱儋言：「經總制錢，頃自諸州通判專一拘收，歲入至一千七百二十五萬緡。繼命知、通同掌，而歲虧二百三十萬緡。故曩者版曹奏陳專屬通判。其後，又因臣僚劄子，乞委守臣。於是有知、通同共拘催分授酬賞之制。夫州郡錢物，常患爲守者侵欺經制錢分隸之數〔四七〕，而多收係省，以供妄費。今使知、通同掌，則通判愈不得而誰何。乞仍舊委之通判，而守臣不預。」從之。既而户書楊倓言：「若令通判拘催，切恐守臣不能協力。乞照乾道二年指揮，令知、通同共任責分賞。」從之。辛丑，臣僚言：「州縣被差執役者率中下之户，産業微薄，一爲保正，鮮不破家壞産。昔之所管者，不過煙火盜賊而已。今乃至於承文引、督租賦焉。昔之所勞者，不過橋梁道路而已，今乃至於備修造、供役使焉。方其始參也，饋諸吏，則謂之參役錢，及其既滿也，又謝諸吏，則謂之辭役錢〔四八〕，知縣迎送僦夫脚則謂之地理錢，節朔參賀則謂之節料錢，官員下鄉則謂之過都錢，月認醋額則謂之醋息錢。復有所謂承差人專一承受差使，又有所謂傳帖人，各在諸廳白直〔四九〕，實不曾承傳文帖，亦令就例而占破〔五〇〕。伏望申嚴州縣，今後如敢令保正副出備上件名色錢物，官員坐以贓私，公吏重行決配。如充役之家不願親身祗應，止許僱承差人一名，餘所謂傳帖之類，並行住罷。」從之。壬子，浙東提舉鄭良嗣言：「收糴常平尚少錢五萬三千二十餘貫。」詔禮部紐計度牒給降。乙卯，上謂輔臣曰：「昨因檢唐書李吉甫傳見栖筠爲常州刺史，適值洊飢。浚渠厮江流境内〔五一〕，遂豐稔，不知江流遠近。可令浙漕及常州考求古迹以聞。」癸亥，兵部侍郎黄鈞論知人善任使，當察其人而取之，量其材而用之。上曰：「朕以無心處之，無心則明，無心則不偏，無心則不私。」〔五二〕甲子，著作佐郎丁時發奏：「人君須平時奉天，得天助然後可以立大事。」上曰：「朕曉夕念此，所謂丘之禱久矣。」時發奏：「近來多竭民力以事不急，陛下當恤民以固本。」上曰：「朕非特要建功業，如漢文、景蠲天下租賦事，亦將次第施行。」

是月，四川水灾，命賑之。

九月庚午，上曰：「自秋以來多陰雨，今已十日晴矣。正當收穫，歲事可保。朕蚤莫精心祈晴，天意可見。」壬申，上曰：「近時民俗多尚奢侈，纔遇豐年，稍遂從容，則華飾門户、鮮麗衣服，促婚嫁、厚裝奩，惟恐奢華之不至，甚非所宜。今年遠近豐登，趁此秋成，欲使民間各務儲積，以爲優久之計〔五三〕。將來宜降詔戒諭，仍趁時廣種二麥，以備水旱之用。」是月，定江西四監鐵錢額，每歲共鑄三十萬貫。江州廣寧監、興國軍富民監各一十萬貫，臨江軍豐餘監、撫州裕國監各五萬貫。命虞允文宣撫四川，授少保、武安軍節度使，仍降度牒三千道、及銀、會中半一百萬貫付本司。上用李綱故事，御正衙親酌卮酒賜之，俾即殿門乘馬持節而出，都人以爲榮。始期以某日會於河南，既而上密詔趣師期。允文奏軍須未備，上寖不樂。明年上遣二介持御札賜之，戒以面付。介至而允文薨數日矣。其子不敢啓，不知何言也。

冬十一月丙寅朔。是月，詔：「官田除兩淮、京西路不行出賣，應諸路没官田産、屋宇並營田並措置出賣。以户部左曹郎官主之，諸路委常平司。其錢赴左藏南庫，令置庫眼樁管。」臣僚言：「在法，光禄大夫、節度使已上，即合定謚議於太常，覆於考功。苟其人行應謚法，而下無異詞，則以上於朝廷而行焉。紹興間，以守臣捍禦臨難不屈〔五四〕、死節昭著，而其官品或未該定謚，於是有特許賜謚指揮。故以定謚者給敕，而以賜謚者給告。近來請謚之家卻有官品合該定謚，並緣紹興指揮，輒經朝廷陳乞賜謚，不議於太常，不覆於考功，獨舍人命詞行下。是太常、考功二職俱廢，而美謚乃可以幸得也。此則法、令之相戾者也。大凡命詞給告，皆三省官奉制宣行，列名於其後。今特恩賜謚，禮命優重，冠王言於其首，而宰相、參政、給舍並不入銜，獨吏部長貳、考功郎官於後押字，殊不類告，甚非所以尊王命、嚴國家也。況舍人，掌詞命之官，猶不入銜，而賜謚初不議於考功，乃亦押字，理有未安。此則制度之可疑者也。望今後定謚、賜謚，一遵舊典。至於告命之制，亦乞令禮官詞臣考尋舊章詳議。」續中書後省、禮部、太常寺議上：「今後若有官品合該定謚，即仰其家經朝廷陳乞，下有司遵依定謚條法議謚，給敕施行。如係守臣守禦臨難不屈，死節昭著，並應得蘊德丘園、聲聞顯著條法指揮陳乞賜謚之人，或奉特旨賜謚者，即依紹興三年指揮，命詞給告施行。」從之。

十有二月戊申，詔：「諸路職田已降指揮與免拘借，尚慮循習額外收斂。自今止理正色〔五五〕，仍不得過數多取，違戾令提刑按劾。」從臣僚之請也。

是冬，莫濛充賀正使。正月三日虜廷錫宴〔五六〕，前後循例無違者，濛獨毅然以本朝國忌不敢簪花聽樂爲辭，爭辨久之。伴使爲見濛堅執不回，遂爲白虜主，午後始從其請，就館賜食。

是歲，劉珙免喪復除湖南，過闕見上言曰：「人君能得天下之心，然後可以立天下之事；能循天下之理，然後可以得天下之心。然非至誠虛己、兼聽並觀，在我者空洞清明而無一毫物欲之蔽，亦未有能循天下之理者也。」因引其意以傅時事，言甚切至，上加勞再三。

癸巳乾道九年春正月壬午，詔曰：「夫部刺史之官，所以周行郡國，班宣風化，總方略而一統類者也。今則不然，守土之官出於其部，時爾監司之任，最爲近而易察者也，而求其凌厲風節、建立事功、疾惡如讎、奉公不撓者，蓋堇堇而有焉。甚則朋比苟且，訖無舉奏，民瘼不聞於上，上意不孚於下。朕何望焉。繼自今其悉乃心，毋冒於憲，凡在厥位，明體朕懷。」是月，以王之奇知揚州兼淮南安撫使。中書門下言：「福建鹽貨，自來止是州軍分立綱數，自行般運出賣，以辦歲計。近改爲鈔法，聽從客販。訪聞州郡緣住般賣，卻致支用不足。切慮敷擾以爲民害。」詔罷鈔法，諸州軍綱鹽並依舊分撥官般官賣，所有本司元借本錢一十萬貫，並已賣到鈔面錢一十九萬貫，並續賣鈔面錢，並拘收赴左藏庫交納。起居舍人留正言：「所修記注，自紹興十五年以後至目即，多有未修月分，久之，文字散失，所得疏略，愈見難以修纂。乞令二史將即日承受諸處關牒施行政事，並臣下所得聖語，隨月編纂。仍將紹興十五年以後未修月分併修一月，並於次月上旬送付史官，隨具已修月分奏聞。」從之。

閏正月丁酉，進呈鄂州都統制吴挺奏，前任人秦琪既改除〔五七〕，空印白紙五十幅以行。上曰：「恐異時妄有所用，可便追取。」挺又奏：「琪冒請合開落馬四百餘匹草料，及朝廷降錢修造軍器皆不堅利，所降錢琪輒營運自私。今已立式製造。」上曰：「軍器不葺，錢乃自私，秦琪不可不治。」並行下吴挺，勒合干人仔細開具着落聞奏，正名定罪，庶彼無詞。己亥，進呈馬軍司陞差統領官張遇爲統制。梁克家等奏：「比張遇赴都堂審察，見其人衰老庸謬。」上曰：「統制官不敢苟任，異時大帥皆於此乎選，使其有謀，老固無妨，老且謬則無所用。」庚子，進呈：「諸州軍揀發禁兵，分番赴忠鋭軍教閲，其至者雖有衣甲軍器，而歸者往往無有。乞行下州軍修葺增添。」梁克家奏：「非特諸州爲然，近吴挺所申，鄂州軍亦如此，恐三衙江上諸軍亦有軍器損壞不葺處，理合點檢。」上曰：「須不測差人諸軍閲視，則無得而隱。此事誠不細。」克家奏：「步司統制官王世雄交割之初，見甲皮多斷爛，弓弩箭脱壞，恐出入有誤使用，亦嘗與臣等言之。」上曰：「世雄乃能留意職事，亦可喜。」庚戌，宰執進呈：「先得旨，臨安府既有路分都監一員，而平江府又有一員，何也？可併路分鈐轄員數，契勘創始之由。」至是，梁克家奏：「初皆因特添差，後遂因仍作闕。」上曰：「可盡刷諸路所增數，見任人許終滿，後不再差。」丁巳，進呈敕令所條目，内一項：正月一日皇帝御大慶殿，受文武百僚朝賀，内奏祥瑞表並讀表一員差執政官。又一項，奏雲物祥瑞請付史館，太史令一員差本職官。上曰：「此等事皆文具，不須立法，可盡删去。」梁克家奏：「聖訓如此，使後世知聖時不言祥瑞，豈非盛德之事哉。」戊午，太子詹事李彦穎劄子奏：「竊以皇太子在東宫，唯講學一事，足以增益見聞，養成道德。臣自庚寅歲入侍王邸，以及升儲，既更四載，才講尚書終篇。今進講周易始三之一，大抵非三四年不能竟一經。恭聞真宗皇帝在東宮日，講尚書至七八遍，禮記等書亦皆數四。祖宗之聖，雖得於生知，亦講學不倦，是以聖而益聖，巍巍如此。今宮僚粗備，得遇上堂，除講讀官外，餘官不過陪侍坐席，須臾而退，故臣欲以庶子或諭德一員兼講官，於春秋二禮令添講一經。」詔令庶子、諭德輪講禮記。辛酉，幸玉津園宴射。

二月己巳，上曰：「前日内閲忠鋭軍射藝，甚可觀。此本諸州烏合士卒，訓練有方，遂成紀律，誠爲難事。主兵官當議推賞。」辛未，勘會已降指揮，令諸路監司各限十日，條具不便於民事件奏來。所有奏到文狀，詔令左右司看詳〔五八〕。戊寅，宰執内殿奏事，因論及古之朋黨。上曰：「朕嘗思之，朋黨不難破，不必問其人，但是是非非，惟理之所在而已。」梁克家奏：「實如聖訓。」

三月乙巳，侍御史蘇嶠奏：「伏睹關報，廣南提舉官廖顒劄子，廣州都鹽倉有積下支不盡鹽本銀計錢十一萬一千四百五十四貫文，又點檢得本路諸州府逐年拘催常平諸色窠名錢物，内有見在寬剩錢五萬貫，欲行起發，少助朝廷經費。奉旨依，並令赴南庫送納者。臣竊謂陛下即位以來，屢卻羨餘之獻，故近年監司、州縣稍知遵守。此盛德之事。而小人急於自進，時以一二嘗試朝廷。只緣乾道七年提舉官章潭獻錢二十萬貫，以此特轉一官，不及期年，擢爲廣西運判。廖顒實繼其後，故到官未幾便爲此舉。其爲愚弄朝廷，莫此爲甚。訪聞此錢並係鹽本錢，潭到任時尚有三四十萬緡，皆是前官累政儲積，不敢妄用，潭取其半以獻。今顒所獻止十一萬緡，已是竭澤。所餘無幾，後人何以爲繼。異時課額不登，誰將任其咎者。欲望特降睿旨，卻而不受，即以此錢付之本司，依舊充鹽本。內常平寬剩錢亦乞樁留本路，爲水旱賑貸之備。」詔從之。

臣留正等曰：羨餘之弊，上欺人主，下蠹生民，非難知者。而小人屢敢以是進，豈非謂利之可動人歟〔五九〕。記曰：與其有聚斂之臣，寧有盜臣。此謂國不以利爲利，以義爲利也。孟軻曰：亦有仁義而已矣，何必曰利。陸贄曰：理天下者，以義爲本，以利爲末。以人爲本，以財爲末。誠使義利之説明於上，則奸罔之徒何自乘間耶。壽皇諭臣僚捐利之請，卻樁積寬剩之獻而不受，所以正君德、清化原而警吏治者至矣〔六〇〕。

丙辰，給事中林機經筵講禹貢畢，奏云：「臣觀孔子謂『禹，吾無間然矣，菲飲食而致孝乎鬼神，惡衣服而致美乎黻冕，卑宮室而盡力乎溝洫。』言其克勤於邦，克儉於家者如此，觀禹貢立爲經常之制，亦其勤儉之德有以先之。故此篇之末言：咸則三壤，成賦中邦，而繼之以祗台德先，不距朕行，蓋有深意。後世之君窮奢極侈，若漢武帝常賦之外，至於筭及緡錢、舟車，所宜深戒。常以大禹勤儉之德爲懷，治效不難到也。」上曰：「人主苟有貪心，何所不至。」

是春，以王楫、李大正並爲提點坑冶鑄錢，饒、贛州置司。江東、淮南、兩浙、潼川、利州路分隸饒州司，江西、湖、廣、福建分隸贛州司。除潼川府、利路坑冶銅寶係逐路轉運司拘催發納鑄錢司外〔六一〕，依舊以江淮荆浙福建廣南路提點坑冶鑄錢司爲名，兩司行移連銜按察。

夏四月庚午，上宣諭曰：「忠武軍已內教，人材少壯，不減殿前司諸軍。武藝亦習熟。」梁克家曰：「人無南北，惟教習而用之如何耳。」上曰：「然。」乙亥，樞密院勘會：「已降指揮乞回兩浙路禁軍、土軍、弓手，竊慮州縣循習舊弊〔六二〕，差使諸般窠役，遂致武藝因而廢惰，理宜措置。已降指揮，禁軍令帥司，土軍弓手令提刑司行下諸州軍，將發回並見在人，禁軍責守臣並本路訓練兵官，土軍弓手令守臣，各籍定人數姓名〔六三〕，不得亂有差使窠名。禁軍仍許逐州諳曉軍務兵將官一員，土軍、弓手仍委巡尉，並專一訓練教閱，以備不測。差官前去按閱，如武藝精强，即與陞擢，弛慢不職，當職官並取旨，重作施行。」己丑，起居舍人趙粹中劄子奏：「竊見祖宗盛時，儲養邊帥之才，所以料敵制勝，罕有敗闕。欲望聖慈詔宰執、侍從，歲舉可充帥任者各一人。其被舉者，令赴都堂審察。如委可任，籍定姓名聞奏，差充邊方帥司及都統司屬官或倅貳，以儲其材，俟任滿日或陞之機幕謀議，入爲寺監郎曹，出爲監司、邊郡，俾之習熟邊圉利害，他時邊帥有闕，即於數內選擢，其資歷稍高，入爲卿監侍從〔六四〕。遇有邊事，以備詢訪，如祖宗時。仍乞嚴詔丁寧，詳擇其人，勿詢私請。如有顯效，亦當推薦賢之賞。如此十年之後，帥臣不勝用矣。」上曰：「帥才自是難得，卿此論甚好。若然，則不待十年得人多矣。」

五月壬辰朔，日有食之。癸巳，進呈龔茂良奏馬驛利害並及買象事。梁克家等奏：「樞密院見差使臣趙璧往邕州催買。」上曰：「郊祀大禮初不繫此，有亦可，無亦可。其差去使臣可令喚回。」己未，進呈左迪功郎朱熹辭免召命，乞差嶽廟一次。梁克家奏：「朱熹博學有守，而安於靜退，屢召不起，執政俱稱之。或曰熹學問淹該，但泥於所守，差少通耳。」上曰：「士夫雖該博，然亦須諳練疏通，如朕在潛邸，但知讀書爲文，及即位以來，今十餘年，諳歷物情世故，豈止讀書爲文所能該貫。雖博學，要須爲有用乃可。朱熹今以疾辭，然安貧樂道，廉退可嘉。可特與改合入官，主管台州崇道觀。」是月，皇太子免尹臨安。洪、吉、饒、信等五郡水災，命賑之。

六月己巳，臣僚上言：「近年州郡例皆窮匱，不能支吾。原其凋敝之因，有揀汰之軍士，有添差之冗員，有措價和糴米之備償〔六五〕，有綱運水脚錢之糜費，有打造歲計之鐵甲，有抛買非泛之軍器，有建造寨屋之陪貼，有收買竹木之科敷，有起發揀中厢禁土軍弓手之用度，有教閲民兵保甲之支費，郵傳交馳，使者旁午，是數十者皆州郡之蠹，所以致闕乏之繇也。陛下灼見其弊，十已除去七八。惟是揀汰軍人並離軍人及歸正添差不釐務，州郡甚以爲苦，日增月添，無有窮已。財賦所入有限〔六六〕，而增添之費無窮。欲望特降指揮，下吏兵部、三衙、在外諸軍都統、總領司，凡揀汰軍人并離軍使臣、諸色添差不釐務人，各相照應自來立定人數員闕，不得過數差注分撥，令共理之臣得以留意收養。」詔從之。詔令諸路監司、郡守不得非法聚斂，並緣申請，妄進羨餘〔六七〕，違者重置典憲。令御史臺覺察。是月，置蘄州蘄春鐵錢監，歲以十萬貫爲額，仍減舒州同安監歲額一十萬貫。

秋七月庚子，進呈江西轉運司申到：「一路州縣自六月十二日至十九日，連日大雨，早禾徑可成熟。」又奏淮南路申雨澤霑足。上曰：「朕與卿等尤當上下交修，以答天貺。」又進呈郭剛、元居實報，虜境旱久〔六八〕，大無麥禾，泗州、東平府、雄州蝗生，河以北飢饉流徙尤甚。是日，浙東、江西、兩淮等路申，雨澤霑洽，秋成可必。上曰：「淮水一葦可航，而南北之異如此。」梁克家奏：「修德、爲暴之應，昭昭不誣。」上曰：「朕與卿益當交修庶政，以答天意。」是月，護聖步軍統制王世雄改除。上曰：「此軍統制官乃儲大帥之地，不可不遴選其人。」

八月癸酉，内批龍雲、陳師亮添差。梁克家等奏：「於指揮有礙。」上曰：「卿等如此守法極好。」上又曰：「僥倖之門，蓋在上者多自啓之，故人生覬覦心。漢畫一之法，貴在能守。」是月，詔興水利。

九月辛卯朔。是月，進呈中興會要太上今上玉牒。台州饑，命賑之。

冬十月甲子，臣僚言：「伏見浙東諸郡今歲例有旱傷，如温、台二州自來每遇不稔，全藉轉海般運浙西米斛，粗能贍給。訪聞浙西平江、秀州管下邊海諸縣，自來凡有他郡客人般運米斛，例不放令出海前去，是以糴販者稀少，荒歉之處爲害甚大。欲望特降指揮，下兩浙轉運司并平江府、秀州，嚴行禁戢，仍令重立賞榜，許人陳告。如有違犯，將官員奏劾，公吏斷配施行。若其他有似此遏糴去處，亦乞令轉運司行下禁戢。」詔從之。乙酉，臣僚上言：「臣聞救菑者，聖王之所不免，責實者，荒政之所尤急。伏見今夏以來，浙東諸郡告旱者衆，至於江西間有荒歉，田野之間稍以艱食爲慮。陛下深軫淵衷，舉行荒政，仁惠之德，罔不是孚。然臣每見自來州郡或水旱，往往有所諱言，雖有奏陳，亦未必能盡其實，遂至下之疾苦壅於上聞，上之德意抑於下究，此大患也。蓋諱言水旱者，慮朝廷之罪其失政也。不盡其實者，慮州用之缺而不繼也。屬縣申請至於取問者有之，必欲其不問而後已。民間告訴，抑令伏熟者有之，必欲其無所陳而後已。欺天罔上，其罪可勝言哉。欲乞聖慈申嚴行下，凡有旱傷去處，必須從實檢放，不得亂有沮抑，致干和氣。仍乞令逐路常平提舉官躬親巡歷，同帥、漕之臣覺察按劾以聞。庶幾民被實惠。」詔從之。是月，梁克家罷相〔六九〕，出知建寧府，從所請也。以曾懷爲左丞相〔七〇〕，張説知樞密院事，鄭聞參知政事，沈夏卿同知樞密院事。尋以姚憲簽書樞密院事。

十有一月庚寅朔，日有食之。陳升卿賜出身，除監察御史。戊戌，郊，詔以明年正月朔爲淳熙元年。初詔改元純熙，尋以取法淳化、雍熙爲義，改元淳熙。辛亥，臣僚言：「訪聞今歲旱傷，非特浙東被害，如江西諸州例皆闕雨，禾稻不收，而贛、吉二州尤甚。江東之太平、廣德，淮西之無爲軍、和州，多是先被水患，繼之以旱，目今民已艱食〔七一〕。其間州郡或有諱言境内灾傷，不即申陳，致失檢放條限。或有雖曾申聞措置賑濟事件，朝廷未與行下。切緣救荒之政，譬如拯溺救焚，勢不可緩。今欲從朝廷專委逐路提舉官，自行巡歷灾傷去處〔七二〕，如委係失收不曾檢放，或減放不實者，仰將今年苗米依合減分數權行倚閣，令候來年秋熟帶納。其有和糴米斛、拋降馬料及諸色科買，並權與住罷一年。應合賑糶賑濟去處，許提舉官將一路見管常平義倉米通融撥借應副。其有諸州已條畫到措置賑濟事件，朝廷速降指揮。庶幾官吏便可奉行，百姓早被實惠。」詔從之。漢州什邡縣楊村進士陳敏政家特賜旌表門閭。自敏政高祖母王氏遺訓，至今五世同居，並以孝友信義著聞。本州以其事來上，故有是命。王氏年十八歸於陳，歲餘夫卒，守志不嫁，在家事舅姑盡孝，教子及孫皆篤學有聞，節操行義，著於宗族鄉閭，鄉人不敢以其氏呼之，皆呼之曰堂前，猶私家呼其母。張商英爲之傳云。

十有二月庚午，先是十一月庚子，曾懷等奏：「郊祀禮成，普天同慶。自原廟行禮，陰雲閣雨，既謁清廟，瑞雪應期，未明而霽。以至青城宿齋，圜丘蒇事，天氣澄爽。此皆聖德昭著，故高穹降格靈貺如此。」上曰：「如卿等所言。然君臣之間，正當修飭以答天貺可也。」是日，進呈次，上曰：「臘雪應期，二麥正仰此。」曾懷奏：「近得四方書問，皆云冬至郊祀禮成，瑞雪應期，以爲殊慶。可見四方氣候皆同。今又得雪，此乃陛下勤政願治，聖慮頃刻未嘗不在民，天地報貺，蓋有自也。」上曰：「丘之禱久矣。聖人之意以謂修己貴有常，固非臨時所能祈禱也。」乙亥，新知欽州鄭人傑欲乞於所在差兵級二十人，逐州交替，起發前去之任。上曰：「此雖小事，恐其他援例，不許。」

臣留正等曰：天下之事皆當謹其微也。況賜予者，人情爭趨之。始以爲小而輕予其一，牽援不已，僥倖必多。兵級二十人，事甚小也，壽皇恐其他援例，卻之。防微杜漸若是其嚴，則夫祿秩爵命有大於此，而法令所不許者，寧復啓之乎。此其爲後世訓也至矣。

是月，廣西鹽復官賣法。從帥臣范成大之請也。二廣鹽法，自靖康間行官般官賣法，至紹興八年後，因臣僚言其爲利甚博，遂改行鈔法。節次更廢不一，至乾道六年逐司互有申陳，遂自八年，詔令兩路通販官鈔九十萬貫，同認歲額。然實於西路歲計不便，遂詔廣西鹽住行鈔法，撥還運司，均與諸州官般官賣，以充歲計。是歲，減紹興府、嚴處州丁絹額。黎州蠻犯邊。

校證

〔一〕虜　原作「敵」，據再造本、文海本回改。

〔二〕樓　文海本同，再造本、中興聖政卷五〇作「橋」。

〔三〕焦勞　原作「焦誠」，據再造本、文海本、中興聖政卷五〇校改。

〔四〕是月　再造本、文海本同，中興聖政卷五〇作「是日」，因下文重出「是月」，似作「是日」是。

〔五〕並不支費官中例物　「費官」原作「廩庫」，中興聖政卷五〇作「費宮」，據再造本、文海本校改。

〔六〕欲　再造本、文海本同，中興聖政卷五〇作「與」。

〔七〕椿積　原作「摏積」，中興聖政卷五〇闕頁，據再造本、文海本校改。

〔八〕各特　原作「名待」，再造本、文海本同，然作「名待」不文，據中興聖政卷五〇校改。

〔九〕以　再造本、文海本同，中興聖政卷五〇作「已」。

〔一〇〕割士卒　再造本、文海本同，杜大珪名臣碑傳琬琰之集下卷二二劉玶劉珙行狀作「戛割士卒」。

〔一一〕比　原作「此」，據再造本、文海本、中興聖政卷五〇校改。

〔一二〕李發　李校：原作「李撥」，據中興聖政卷五〇、湖北通志卷一一一郡守題名改。汪按：再造本、文海本作「李撥」，楊萬里誠齋集卷一一八胡銓行狀作「李發」，後書可作校改依據。

〔一三〕降授　原作「授以」，文海本作「以授」，據再造本、中興聖政卷五〇校改。

〔一四〕建儲　原作「逮儲」，據再造本、文海本、中興聖政卷五〇校改。

〔一五〕三者　原作「二者」，再造本、文海本同，再造本紅筆改「二」爲「三」，據文義及中興聖政卷五〇校改。

〔一六〕流移　原作「流民」，據再造本、文海本、中興聖政卷五〇校改。

〔一七〕乙巳　原作「己巳」，文海本同，本月內不應有「己巳」日，據再造本、中興聖政卷五〇校改。

〔一八〕治百姓之法　「法」原作「治」，據再造本、文海本、中興聖政卷五〇校改。

〔一九〕拘管　再造本、文海本同，中興聖政卷五〇作「拘取」。

〔二〇〕令措置　再造本、文海本同，中興聖政卷五〇無「令」字。

〔二一〕費不過楮千餘貫　「楮」，再造本、文海本作「者」，中興聖政卷五〇作「七」。

〔二二〕李垕　原作「李燾」，李燾紹興八年登進士第，時非布衣。再造本、文海本、中興聖政卷五〇此字均空闕，據文獻通考卷三三選舉考、朝野雜記甲集卷一三乾道制科本末恩數、王應麟玉海卷一一六紹興復制科、陳騤南宋館閣録卷七官聯等校改。

〔二三〕虜　此「虜」與下文「虜使其臣」之「虜」，原均作「北」，據再造本、文海本回改。

〔二四〕虜酋　原作「金主」，據再造本、文海本回改。

〔二五〕置局　原作「致局」，再造本、文海本同，「致局」不文，據中興聖政卷五一校改。

〔二六〕遂舉　原作「遂擧」，據再造本、文海本、中興聖政卷五一校改。

〔二七〕王人階　「王」，原作「主」，據再造本，文海本、中興聖政卷五一校改。

〔二八〕群臣　再造本、文海本同，中興聖政卷五一作「從臣」。

〔二九〕汩　原作「洎」，據再造本、文海本、中興聖政卷五一、徐自明宋宰輔編年録卷一七、周必大文忠集卷一〇四改左右丞相詔校改。

〔三〇〕事件　原作「事伏」，文海本同，再造本闕文，紅筆補「事件」，據中興聖政卷五一校改。

〔三一〕與　中興聖政卷五一同，再造本闕文，文海本作「舉」。作「舉」誤，今不從。

〔三二〕臺諫　再造本、文海本同，中興聖政卷五一作「臺綱」。

〔三三〕民間　原作「明間」，再造本、文海本同，「明間」不文，據中興聖政卷五一校改。

〔三四〕建康管　再造本、文海本同，中興聖政卷五一作「建康營」。作「建康營」似是。

〔三五〕虜　此「虜」與下文「虜人之兵勢」之「虜」，原均作「敵」，並據再造本、文海本回改。

〔三六〕必欲令　「令」字原脱，據再造本、文海本、中興聖政卷五一補。

〔三七〕等奏　李校：原脱「奏」字，據文意補。汪按：再造本、文海本、中興聖政卷五一均無「奏」字。有「奏」較暢，姑從李補。

〔三八〕威文　再造本、文海本、中興聖政卷五一均同，然作「威文」不文，徐松宋會要輯稿選舉二之二〇作「虛文」，似是。

〔三九〕嘗有　再造本、文海本、中興聖政卷五一均同，宋會要輯稿食貨六之六又六一之八〇作「常有」。

〔四〇〕詔户部看詳　再造本、文海本、中興聖政卷五一均同，宋會要輯稿食貨六之六又六一之八〇作「詔給舍同户部看詳」。

〔四一〕蕭之敏　原作「蕭之望」，再造本、文海本同，中興聖政卷五一闕頁，據前文及宋史卷三八三虞允文傳校改。

〔四二〕止法　原作「正法」，中興聖政卷五一闕頁，據再造本、文海本校改。下一「止法」同此。

〔四三〕僥倖　「倖」原作「偉」，中興聖政闕文，作「僥偉」不文，據再造本、文海本校改。

〔四四〕博　再造本、文海本作「博（愽）」，中興聖政卷五一作「溥」。

〔四五〕聽　原作「使」，據再造本、文海本、中興聖政卷五一校改。

〔四六〕間　原作「官」，再造本、文海本同，據中興聖政卷五一校改。

〔四七〕侵欺　再造本、文海本同，中興聖政卷五一、宋會要輯稿食貨三五之二八至二九又六四之一〇二、職官五九之二七至二八均作「侵取」。

〔四八〕參役錢及其既滿也又謝諸吏則謂之　此十五字原脱，再造本、文海本、中興聖政卷五一均同，然「始參」所納錢稱「辭役錢」，顯不合情理，今據宋會要輯稿食貨一四之四一又六五之九五至九六又六六之八五補。

〔四九〕各　再造本、文海本同，中興聖政卷五一作「名」。

〔五〇〕就例　再造本、文海本、中興聖政卷五一均作「就崔」，「就例」、「就崔」均不文，宋會要輯稿食貨一四之四一又六五之九五至九六又六六之八五作「僦雇」，當是。

〔五一〕浚渠　原作「俊渠」，文海本同，據再造本、中興聖政卷五一、新唐書卷一四六李栖筠傳校改。

〔五二〕不私　再造本、文海本、中興聖政卷五一均作「無私」。

〔五三〕優久　再造本、文海本同，中興聖政卷五一作「悠久」。

〔五四〕捍禦　原作「悍禦」，再造本同，文海本字模糊難辨，據中興聖政卷五一校改。
〔五五〕止理　原作「正理」，文海本同，據再造本、中興聖政卷五一校改。
〔五六〕虜廷　原作「敵廷」，下文「虜主」，原作「金主」，並據再造本、文海本回改。
〔五七〕除　此字原脱，據再造本、文海本、中興聖政卷五二補。
〔五八〕司　此字原脱，據再造本、文海本、中興聖政卷五二補。
〔五九〕歟　原作「與」，據再造本、文海本、中興聖政卷五二校改。
〔六〇〕至矣　原作「全矣」，據再造本、文海本、中興聖政卷五二校改。
〔六一〕利路　原作「隸路」，再造本、文海本同，據中興聖政卷五二作校改。
〔六二〕舊弊　再造本、文海本同，中興聖政卷五二作「舊例」。
〔六三〕名籍　李校：原作「名籍」，據中興聖政卷五二校改。汪按：文海本字不規範，似「名籍」。再造本作「各籍」，可作校改依據。
〔六四〕侍從　原作「侍坐」，據再造本、文海本、中興聖政卷五二校改。
〔六五〕指價　原作「指價」，文海本闕文，據再造本、中興聖政卷五二校改。
〔六六〕財賦　原作「則賦」，再造本、文海本同，據中興聖政卷五二校改。
〔六七〕羨餘　「餘」字原脱，據再造本、文海本、中興聖政卷五二補。
〔六八〕虜　原作「敵」，據再造本、文海本回改。

〔六九〕梁克家　「克」原作「充」，據前後文及再造本、文海本、中興聖政卷五二、宋史卷三四孝宗紀校改。

〔七〇〕左丞相　再造本字殘不辨，文海本、中興聖政卷五二、宋史卷三四孝宗紀均作「右丞相」。

〔七一〕目今民已艱食　「目今」原作「自今」，據再造本、文海本、中興聖政卷五二校改。「已」原作「以」，再造本、文海本同，據前後文及中興聖政校改。

〔七二〕自行　文海本闕文，再造本、中興聖政卷五二作「疾速」。

宋史全文卷二十六上

宋孝宗五

甲午，淳熙元年春正月庚子，上宣示文字一紙云：蔡洸具到衢州守臣並本路監司措置會子申繳文歷比他州稽緩，守臣可恕。所專責者監司。其提刑趙彦端特降兩官〔一〕。曾懷奏：「賞信罰必，要當如此。」上曰：「有功不賞，有罪不誅，雖唐虞猶不能化天下也。」己酉，詔：「已降指揮，令殿前司主帥於二月内就茅灘合教諸軍，訪聞舊來每遇大閱，主帥例設酒食，如待客之禮。可專劄下王友直，毋得循習，務令軍容整肅。」庚戌，進呈安南事。上曰：「安南入貢，禮意可嘉，可令有司討論賜國名典故以聞。」

二月戊午朔，進呈江西安撫司申：「檢準紹興三十年七月九日指揮，將諸路禁軍以十分爲率，取五分專一教習弓弩手。帥司每歲春秋選差將官，前去諸州教閱。緣乾道新法按閱條内不曾修立。」詔令諸路帥司遵依元降指揮施行，仍令敕令所修立成法。上曰：「諸路揀中禁軍、土軍、弓手須常令教閲，責在守臣，如有違戾，當坐其罪。」辛酉，詔平江府將魏壽卿見存家産抄估，補塡所侵盜官錢。以臣僚言：「壽卿知無爲軍巢縣，移易大軍錢二萬二千餘貫入己。」故有是命。庚午，進呈差曹冠充沿海制置司幹官。時冠差遣屢經繳駁，上頗憐之，朝廷欲以沿海制置司幹當使臣闕一員，改作文臣幹辦公事處冠，上曰：「此卻不可。古者爲官擇人，未嘗爲人擇官。今乃因冠而改窠闕，近於爲人擇官也。可別尋闕次處之。」庚辰，詔：「州郡循習舊弊，巧作名色饋送，及虛破兵卒，以接送爲名，多借請受，並假官權攝支請供給之類。又聞諸司與列郡胥吏、牙校月有借請，蠹財困民，致令歸正、揀汰之人拖下請給。仰諸路監司、帥臣覺察。」是月，賜交趾國名安南，李天祚加封南平國王。

三月辛卯，召步軍司中軍弩手射，射鐵垛簾，赴內教。庚戌，臣僚言：「用人之弊，一曰上下之分未嚴，二曰義利之說未明。何謂上下之分未嚴？夫任賢使能，人主之柄，助人主進賢退不肖，大臣之職。近世一官或闕，自炫者紛至，始則悉力以求之，不則設計以取之。示以好惡而莫肯退聽，限以資格而取求不已，未聞朝廷有所懲戒也。何謂義利之說未明？居官司職義也，背公營私利也，今中外求官者惟計職務之繁簡、廩稍之厚薄，既得之則指日而望遷，援例而欲速，公家之事未嘗爲旬月計也。願明詔大臣，深思致弊之由，共圖革弊之術。使士風稍振，百官奉職。」從之。是月，進呈浙西帥、憲司保明：進士施浦等各出米五千石賑濟，欲遵格補官。上曰：「朕不鬻爵，以清入仕之源。今以賑濟補官，卻是爲百姓。」初，祖宗因唐舊，分别流品，不相混淆，故有出身、無出身及進士上三名、賢良方正曾任館閣省府之類，遷轉皆不同，犯贓及流外納粟，尤不使污士流，蓋不待分左右也。元豐官制行，始一之，然猶有一官而分左右者，徒以少優進士出身而已。至元祐中，遂自金紫光禄大夫至承務郎，皆以有出身、無出身分左右，至犯贓則並去左右字。論者尤以爲當。紹聖以後復去之。紹興初，方務行元祐故事，故左右之制亦復行。至是，有趙善俊者建言，以爲本范純仁偏蔽之論，請復省去。從之。

是春，言者論：「淮南安撫使王之奇好爲大言，備位無補，欲爲脱身之計，遂請分閫之行。淮上荒殘之餘，首建招誘耕鑿荒田，多請官錢、空名綾紙而去。所招之人，間以妄包已墾熟田計爲頃畝以補官者。」遂罷之。之奇既罷，淮南復分爲東西路。

夏四月，宗正寺請訓宗室名：翼祖下「廣」字子連「繼」字，太祖下「與」字子連「孟」字，太宗下「必」字子連「良」字〔三〕，親賢宅「多」字子連「自」字，棣華宅「茂」字子連「中」字，魏王下「時」字子連「若」字。詔舉制科，略曰：「昔我仁祖臨御，親選天下十有五人，崇論宏議，載在方册，慶曆、嘉祐之治，上參唐虞，下軼商、周，何其盛哉。」

五月丙申，進呈臣僚劄子陳請：「伏見六部及諸寺監官，同共計論〔三〕，勘當文字多是不曾聚議，取辦臨時，遂致考究未盡，供報稽緩。乞今後令所轄所隸官司會議供申。」上曰：「此用西漢故事，甚爲得體，便可施行。」己亥，簽書葉衡言：「兵權繫於將帥，民命宅於牧守，二者之患，每在數易。望自今精加選擇，使材稱其職，然後力行守久任之説，以破數易之害。」從之。甲寅，著作郎木待問奏：「士大夫氣節不立，惟在陛下涵養作成。如奔競之習最壞氣節，不可不革。」上曰：「當如卿言，必見之賞罰，使之懲戒。」

六月丙辰朔，詔：「王友直、吴挺持身甚廉，治軍有律。凡所統馭，宿弊頓除。可並與建節鉞。武功大夫、榮州刺史、提舉台州崇道觀秦琪，身任帥臣，蠹壞軍政，專事阿附，貪墨無厭，可責授舒州團練副使、漳州安置。」戊午，詔：「累降指揮，已有差遣人不得干求换易。比來約束寖弛，日益奔競。今後似此之人，可依已降指揮，三省具名聞奏，當議降黜。其已授差遣人，朝辭訖限半月出門。」己卯，詔知漢州王沂、主管崇道觀晁公退各降一官，新州編管張松移南恩州〔四〕。沂等薦舉夔路鈐轄陳彦充將帥任使，至是，密院審察彦别無可採故也。是月，詔議祫饗東嚮之位。初，吏部侍郎趙粹中言：「謹考前代七廟異宫祫饗，則太祖東嚮。乃者紹興五年，董弅建議，乞正藝祖東嚮之尊。謂太廟世數已備，而藝祖猶居第四室，乞遵典禮正廟制，遇祫饗則東嚮。得旨下侍從、臺諫集議。既而王普復有請，當時集議如孫近、李光、折彦質、劉大中、廖剛、晏敦復、王俣、劉寧止、胡交修、梁汝嘉、張致遠、朱震、任申先、何㲄、楊晨、莊必强、李弼直皆以其議悉合於禮。時臣叔父涣任將作監丞，因陛對奏陳甚力，據引詩禮正文，乞酌漢太公立廟萬年、南頓君立廟章陵故事，别建一廟，安奉僖、順、翼、宣四祖，禘祫烝嘗並行特祀，而太祖皇帝神主自宜正位東嚮，則受命之主不屈其尊，遠祖神靈永有常祀。光堯皇帝深以爲然，即擢董弅爲侍從，叔父涣爲御史。是時趙霈爲諫議大夫，以議不己出，倡邪説，以害正論，而欲祫饗虚東嚮。今若稽之六經典禮、三代之制度，定藝祖爲受命之祖，則三年一祫，當奉藝祖東嚮，始尊開基創業之祖。其太廟常饗則奉藝祖居第一室，永爲不祧之祖，若漢之高祖。其次奉太宗居第二室，永爲不祧之宗〔五〕，若周之武王。若僖、順、翼、宣親盡而祧，别議遷祔之所。則臣亦嘗考之，祔於德明興聖之廟，唐制也；立太公、南頓君别廟，漢制也。前日王普既用德明興聖之説，而欲祔於景靈宫天興殿。朱震亦乞藏於夾室。今若别建一廟爲四祖之廟，或祔天興殿，或祇藏太廟西夾室，每遇祫饗，則四祖就夾室之前别設一幄，而太祖東嚮，皆不相妨。庶得聖朝廟制盡合典禮。」詔禮部太常寺討論。右丞相曾懷罷。

秋七月，内降詔曰：「朕惟天下治亂，繫乎風俗之媺惡〔六〕，風俗媺惡，繫乎士夫之好尚。蓋士夫者，風俗之表，而天下所賴以治者也。故上有禮義廉恥之風，則下有忠厚純一之行〔七〕。上有險怪媮薄之習，則下有乖争陵犯之變。朕嘗戢奸貪，黜浮靡，躬節儉，以示天下，而歷紀逾久，治效未進。意在位者未能率德改行以厚風俗，故廉士失職，貪夫長利，將何以助朕興化致理，無愧於古虖。部使者、郡守，其爲朕察郡邑廉吏來上，朕將甄獎，待以不次。其或持禄養交〔八〕，崇飾虚譽，應詔不以實，使積行之君子壅於上聞，時汝之辜，必罰無貸。」甲午，進呈檢放過乾道九年災傷倚閣錢物。浙東路自淳熙元年爲始，作三年帶納。江東路候豐熟作兩年帶納。江西路即不曾據州軍報到災傷數。上曰：「既是災傷，若與倚閣税賦，亦無從出，可並與蠲放。如有已納數目，與理充一年合納之數。」丁酉，詔：「諸路州縣市令司日下並罷，官司及在任官收買物色，並依民間市價支錢，不得科抑減尅。如違，以違制論，許民户越訴。」癸卯，中書門下省奏：「關外四州〔九〕、沿邊諸處及金州上津皆有歸正等人。」〔一〇〕詔令四川安撫制置司行下都統司，將上件歸正等人常切存撫，毋令失所。甲辰，詔沿江被水之家，令守臣胡與可躬親巡門相視。既而相視到被水貧乏之家六百三十有八。詔令左藏南庫，每家支錢五貫文，仍許於沿江白地二百畝内，依元來丈尺指射蓋屋居止，量入白地租錢。戊申，江東提舉潘甸言：「被旨所部州縣措置修築濬治陂塘，今已畢工，計九州軍四十三縣，共修治陂塘溝堰凡二萬二千四百五十一所，可灌溉田四萬四千二百四十二頃有奇。」詔劄下諸路依此逐一開具以聞。是月，曾懷復相。先是，臺臣詹亢宗、李棠論李杓、王宗已，因中懷，懷遂求退，且乞辨明誣謗。續棘寺根究無實，乃貶責亢宗及棠，而復相懷。續言者又論參政姚憲與亢宗等通謀陷懷，以求傾奪其相位，乃罷憲，尋責南康軍居住。

八月庚辰，上曰：「密院差除，切須公當。如親舊有乞差遣者，須分明具出資格、合入差遣將上，待朕處置，庶免人言。」壬午，上論宰執曰：「朕進用人才，初不因其薦引之人而爲之去留，惟其當而已。若薦者偶以罪去，被薦者相與爲奸，則當併逐。若初不阿附，而有才能，當依舊用之。」楊倓奏：「陛下聖訓，誠爲至當。」上又曰：「鯀之爲人，初不害禹之成功。」倓又奏：「陛下聖訓及此，誠堯、舜之用心矣。」

臣留正等曰：聖主之用人也，猶工師之用木，長短大小各隨其才而器之，惟至於朽折敗腐者而後置之不可用之域。其人果賢也，吾用之，果非賢也，吾去之，是用人之道也。不觀其人之賢否，而視其薦者之去留，是教天下之士使爲黨也。驩兜之薦共工，皆斥之可也。四岳之薦鯀，四岳豈鯀之黨哉。君子以道相同，衆人以利相從，然則其有黨者必非君子也。然世之病君子者，必爲黨之一說，何者？不如是不足以惑人主，而盡逐天下之異己故也。聖訓及此，固已深燭君子、小人之情僞。天下之福，孰大於是。

九月戊子，宰執奏事畢，上顧謂曾懷等曰：「前日詣德壽宮，太上飲酒樂甚。太上年將七十，而步履飲食如壯年時。每侍太上行苑囿間，登降皆不假扶掖。朕見太上壽康如此，喜固不可言。及回顧皇太子在側〔一〕，時和歲豐，中外無事，人情熙熙，三世同此安榮，其樂有不可形容者。」懷等奏：「此皆陛下聖德、聖孝昭格天地，有以致之。」庚寅，詔行其職事釐務官〔二〕，自今任滿非擢用者，並依資格更迭補外。壬辰，詔：「江西、湖南路累經災傷，所有上供米斛逐年已行減放外，今年雖是豐熟，尚慮民力未甦，所有第四、第五等人户合納淳熙元年秋苗，特與蠲放一半。如州縣輒敢違戾拘催，許人户越訴。及不得容縱人吏作弊。將第三等以上、稱第四等以下人户減免。並令監司覺察按劾聞奏。」乙未，進呈淮東安撫司申：「商進等私攬戚三等銀過淮北，分與北榷場牙家，事發，有銀牌天使走馬到泗州，徑入獄審問陳二及攝同知趙德温並一管軍千户對問。上曰：「彼能如此，甚是？」楊倓奏：「虜主本無他〔三〕，但其臣下有安生事。」上曰：「然切不可以此爲喜，於理固當安静，然非我君臣之志也。可以此意宣諭三省。」

臣留正等曰：戰國之時，齊居山東，事秦最謹，不見兵革之禍，然而不免於亡者，恃秦之不我病也〔四〕。諸葛亮之在蜀，無一歲而不出師，所以保國之道其在於斯。故夫有急則坐薪嘗膽，以爲憂無事則玩細娱，而忘天下之大患。爲國遠慮者豈如是乎。昔者慶曆盛時，契丹既守和好，夏國亦受封册，韓琦建言，謂當此之時便謂太平無事，則後必有大憂。又況大統之未一，大恥之未雪，其可一日而少忘於此歟。然則不以夷狄之懷爲安，而常慮天下之危，聖謨洋洋，非天下之至明，其孰能與於此哉。

新知隨州蔡戡奏論唐太宗正(貞)觀諫録〔一五〕。上曰：「從諫正是太宗所長。此書置之座右，可爲規鑒。」丁未，詔：「張薦不合輒受賄賂，追三官勒停，郴州居住。右武大夫、果州團練使李川不合私通饋遺，降授武功大夫、吉州刺史。右武大夫、楚州團練使王公述輒以財請求軍職，降授武功大夫、貴州刺史放罷。左武大夫、貴州刺史宋受降授右武大夫、修武郎。閤門祗候劉士良降授保義郎，並放罷。內張薦係武經大夫、文州刺史，特於遥郡階官上追三官。」是月，曾覿開府儀同三司。幸玉津園宴射。

冬十月壬戌，詔：「自今違法賣易恩澤，及薦舉受賂之人因事敗露〔一六〕，有司定罪外，更取特旨，重作行遣。」戊辰，詔：「紹興府今年合起發上供苗米四萬三千五百石，特與蠲放。」以守臣張宗元言諸縣旱傷故也。

十一月甲申朔，日有食之。丙戌，簽書樞密院事楊倓劄子，奏：「近因奏事，論及時政，伏蒙宣諭：朕嘗訓戒士大夫曰：待敵當用詭道，在朝當用誠實。百餘年來，嘗患戎狄强而中國弱，正緣反是。待敵既無奇策，動則爲虜所窺，在朝以術數相傾，以躁競取進，風俗之弊，當救正之。仰惟聖謨嘉言，切中時宜。臣備位樞臣，躬受玉音，欲望宣付史館。」詔從之。甲辰，以龔茂良參知政事。因奏事畢，賜坐。上顧葉衡及茂良曰：「兩參政皆公議所與。」衡等起謝，上從容曰：「自今諸事不可徇私，若鄉曲親戚且未須援引。朕每存公道〔一七〕，設有未是處，卿等宜力爭，君臣之間不可事形迹。房、杜傳無可書之事，蓋輔贊彌縫不見於外，所以能然。」衡曰：「皋、夔、稷、契在唐虞之朝，其見於後世者，都俞吁咈數語而已。」茂良曰：「大臣以道事君，遇有不可，自當啓沃，豈容使迹見於外。」曾懷罷相除職奉祠。懷以疾自請也。以葉衡爲右丞相。己酉，著作佐郎鄭僑劄子論：「祖宗朝，每日召見講讀官。至仁宗朝，始有間日一講之制。」上曰：「自太宗、真宗始置侍讀講官，於聖學尤爲留意。」壬子，進呈江西漕臣錢佃等奏：興國軍以公使庫酸敗酒，散下通山等三縣，抑勒百姓高價收買。臣等雖已禁止，乞嚴行禁約事。上諭葉衡、龔茂良曰：「奉行法令，在下不可不嚴。事既上聞，卻當從寬，然後各得其宜。今屬郡違戾，監司已置不問，而乞朝廷嚴行禁約，事體不順。」遂詔令本路監司開具散酒當職官吏姓名，申尚書省。

十二月甲子，詔：臨安府鹽官縣三鄉旱傷，可減放苗租等六千三百八十石。先是，本鄉人告旱傷，本府差察推方傑，減放止一千六百一十石。漕司委準備差遣方伯達同本府糧料院錢閲、知縣李宗文再同檢視，合放上件。詔方傑展二年磨勘。丁卯，詔前軍與中軍各帶甲射射争賞。内弓箭手以六十步、每人射八箭，要及五分，親弩手以一百步、每人射六箭，前軍以十三日，中軍以十四日，並射射鐵垛簾赴内教。是月，修吏部七司法。參政龔茂良言：「官人之道，在朝廷則當量人才以擢用，在銓部則宜守成法以差注。蓋法者，一定不易，如規矩權衡不可私以方圓輕重也。夫法本無弊，而例實敗之。法者，公天下而爲之者也。例則因人而立，以壞天下之公者也。昔者之患，在於用例破法，而比者之患，在於因例立法。今吏部七司法者，自晏敦復裁定，有司守之以從事，可以無弊。緣臣僚申明衝改，前後不一，率多出私意、徇人情。向者陛下深知其弊，嘗加戒敕毋得用例破條，然有司巧於傅會，多作條目，於是率修立成法矣。臣謂用例破法者，其害淺，因例立法者，其害大。宜詔有司講求本末，將新舊法相與參考，舊法非大有所抵牾者，弗可輕去，新立條制，凡涉寬縱、於舊法有違者，一切刊正。庶幾國家成法簡易明白，可以遵守。」從之。

是歲，淮南復分爲東西路。皇子判寧國府魏王愷徙判明州，治二郡，咸有惠愛〔一八〕。

乙未淳熙二年春正月甲申朔。

二月癸亥，詔：「泉州左翼軍，去朝廷二千里，每事必申密院、殿司，恐致失機。自今遇有盜賊竊發一時，聽安撫節制。」

三月己丑，進呈何澹試館職策，有御筆勾處，奏審取旨。上出文字一紙，乃録其策中所言：「堂闕歸部亦有未便。舊法，吏部長貳得以銓量年老不堪釐務之人，今不復有所進退，近來引見選人改官，未聞有不許改官者。」上曰：「恐所言有可採者，不欲遺之。」後五日，檢照條例將上，申嚴舊法，令吏部從實銓量，並引見選人改官，於進卷内具出舉主所薦事狀，如係捕盜人，即詳具所得功賞之因。從之。是月，親試舉人，賜詹騤以下及第、出身有差。尋特御射殿，引正奏特奏名按射，推賞有差，後遂爲例。蜀人楊甲對策，言恢復之志不堅者二事：其一謂「妃嬪滿前，聖意幾於惑溺」；其一謂「策士之始，其及兵者不過一言而已，是以談兵革爲諱，論兵革爲迂也」。上覽對不悦，置之第五。

是春，降會子五十萬貫，付兩淮收换銅錢。

夏四月壬子朔，内殿進呈淮東西兩總領各乞以金銀兑换會子支遣。上曰：「綱運既以會子中半入納，何故乃爾闕少。」葉衡、龔茂良奏：「緣朝廷以金銀换收會子，樁管不用，金銀價低，軍人支請折閲，所以思用會子。」上曰：「何幸得會子重。但更思所以闕用之因。」三日，復宣問及此。衡奏：「户部歲入一千二百萬，其半爲會子，而南庫以金銀換收者四百餘萬，流行於外者纔二百萬，安得不少。」上曰：「此是户部之數，不知兩總領所分數入納如何。兩處且各以三十萬與之兑換金銀及錢。」良臣申到：「民間入納闕少會子，並兩淮取換銅錢已支絶會子，乞再給降。」上曰：「會子直如此少。」茂良奏：「聞得商旅往來貿易競用會子，一爲免商税，二爲省脚乘，三爲不復折閲。以此觀之，大段流通。」上令應副，因宣諭曰：「卿等子細講究本末，思所以爲善後之計。」乙卯，進呈：江西、湖南昨得旨，以頻年旱傷，第四、第五等人户合納秋苗，特蠲一半。切恐諸郡支遣不足，緣此數擾及民。上曰：「此是特恩。又所争止十七八九萬斛〔一九〕，可並於上供數内除豁。仍禁戢不得輒有數擾，許人户越訴，將違戾官吏重作施行。」戊辰，興州駐劄御前諸軍都統制吴挺劄子：「切見四川諸軍，近年以來，兵將官差除廢罷，雖名爲出自宣撫司，其實多自諸司官屬及州縣官造作毁譽推薦中害，往往罪賞不當。因此兵將官不以職事爲意，專務奔競交結。乞指揮嚴行戒飭。」詔令宣撫司常加覺察，如有違戾，具名申奏，重作施行。

五月己丑，詔知縣並以三年爲任。從知饒州王師愈之奏也。

臣留正等曰：古者吏與民相親，官吏布於六卿之中，又何嘗有遷徙更易之勞哉。故夫言焉而民聽之，令焉而民從之。後世既異於古，而又不使之久任，以千萬人之情僞而聽於一令之耳目，雖得賢者爲之，猶恐難乎其爲力也。三年爲任，則官修其業，民習其教，古之意爲近之矣。

辛卯，宴宰執於澄碧。上曰：「今歲雨暘時若，蠶事已畢，聞諸處麥已登場〔二〇〕，米價低平，百物俱廉，可喜。」遂泛問中外事。葉衡等各以所聞對。上曰：「自三代而下至於漢、唐，治日常少，亂日常多，何故？」衡奏：「正爲聖君不常有，如周之八百年，所稱極治者，成、康而已。」上曰：「然朕嘗觀無逸篇，見周公爲成王歷數商、周之君，享國久遠，真後世龜鑑，未嘗不以此爲戒。」衡等同奏：「陛下能以無逸爲龜鑑，誠宗廟社稷無窮之福也。」上又語及君臣相遇之難，曰：「如陸贄之於唐德宗，不爲不遇。朕嘗覽奏議，喜其忠直，次第見於施行。」龔茂良奏：「蘇軾在經筵，繳奏陸贄奏議，其表云：人臣獻言正如醫者用藥，藥雖進於醫手〔二一〕，方多傳於古人。陸贄不遇德宗，今陛下深喜其書，欲推行之，是亦遇也。」上又泛論用人不可分別黨與，須當盡公。又曰：「朝廷所用，止論其人賢否如何，不可有黨如唐之牛、李，其黨相攻四十餘年不解，皆緣主聽不明，所以至此。文宗乃言去河北賊易，去朝中朋黨難。朕嘗笑之。爲人主但公是公非，何緣爲黨。」衡等同奏：「文宗優柔不斷，故有此語。陛下聖明英武，誠非難事。」上曰：「此所謂坐而論道，豈不勝如絲竹管弦。」皆起謝。上又曰：「朝廷所行事，或是或非，自有公議。近來士大夫又好唱爲清議之説，此語一出，切恐相師成風，便以趨事赴功者爲猥俗，以矯激沽譽者爲清高，騷騷不已，如東漢激成黨錮之風殆皆由此。深害治體，豈可不痛爲之戒。卿等可書諸紳。」茂良奏曰：「唐末白馬之禍，害及縉紳，至有清流、濁流之説。然惟大中至正之道可以常行。」上曰：「朕常日所行，乃執其兩端，用其中於民。」衡等同奏：「舜之所以治天下者，其要在此。」

六月癸亥，進呈内降李顯忠奏陳乞女夫添差東南第四副將趙鼒差遣〔二〕，奉御筆：再與前任差遣，緣無添差恩例，有礙近降指揮。上曰：「卿等合如此理會。既礙指揮則已。大凡法度，須是上下堅守。」乙亥，臣寮言：「用人之道，未有不以久任爲説。諸路則監司、帥、守，諸軍則都統、統制，此尤不可不久。望詔大臣求材預備，待其或闕則取而用之，如此則用得其人，可久於其任。」從之。是月，定補外帶職格。從左司諫湯邦彦之請也〔三〕。邦彦言：「陛下憂勤萬務，規恢事功。然而國勢未强，兵威未振，民力未裕，財用未豐，其故何耶？由群臣不力故也。望自今而後，中外士夫無功不賞，而以侍從恩數待有功之侍從，以宰臣恩數待有功之宰相。任侍從、宰相無功而退者，並以舊官歸班。惟能强國治兵、裕民豐財者則賞隨之，而又視其輕重而爲差等。任侍從而功大與之宰執恩數可也，任宰相而功小與之侍從恩數可也。其在外者，雖不曾任侍從、宰執，而其所立之功可以得侍從或宰相恩數者，亦視其功而與之。則天下之士變求進之心爲立事之心，而陛下之志遂矣。」上深然之。遂詔自今宰臣、侍從除外任者，非有功績並不除職。在朝久者，特與轉官。其外任人，非有勞效亦不除授。於是曾逮以權工侍出知秀州，不帶職，用新制也。罷四川宣撫，復制置使。湯邦彦又論：「四蜀復置宣撫，而以應干舊屬場務悉還軍中。又除統制司赴宣司審察外，其餘皆俾都統自差，是與其名而奪其實。與其名則前日體貌如故，奪其實則前日事勢不存。以不存之事勢，爲如故之體貌，是必上下交惡，軍帥不睦，不惟無益而又害之矣。」上亦納其言。於是，召沈夏還朝，而宣撫司遂罷矣。竄蔣芾、王炎、張說。芾、炎落職，說降觀使，建昌、袁、撫州居住。以言者論：三臣其始皆言誓死效力以報君父，及得權位，懷奸失職，深負使令也。

秋七月乙未，宰臣進呈訖，上曰：「今中外無事，近日時時得雨，豐稔可待。會子通行，民間銅錢日多，甚可喜。」葉衡奏：「今諸處會子甚難得，謂宜量行支降行使。」上曰：「未可。向來正緣所出數多，致有前日之弊，今須少待，徐議施行。」丁未，上宣諭葉衡等：「賈和仲朕本欲行軍法〔二四〕，然其罪在輕率進兵。朕觀漢唐以來，將帥被誅皆以逗遛不進，或不肯用命，今和仲正緣輕敵冒進，誅之卻恐將士臨敵退縮，俟勘到情犯，別議施行。」先是，上宣諭衡等：「賈和仲與茶賊戰，失利當治，其罪此須商量，要歸於當。朕非固欲誅之，和仲當一小寇乃失律如此，設有大敵當如何。不誅，恐無以警諸將。然誅一人，須要是卿等更熟議。」是月，彗出西方。

八月甲戌，廣西經略張栻言：「諸郡賦入甚寡，用度不足。近年復行般賣鹽，此誠良法，然官般之法雖行，而諸郡之窘猶故。蓋以此路諸州全仰於漕司，漕司發鹽，使之自運，除本脚之外，其息固有限，而就其息之中以十分爲率，漕收其八，諸州僅得其二。逐州所得既微，是致無力盡行般運，而漕司據已撥之數，責八分之息以爲寄樁，則其窮匱何時而已。幸有僅能般到者，高價抑買，豈保其無欲。乞委本司及提刑鄭丙、漕臣趙善政，公共將一路財賦通融斟酌，爲久遠之計，既於漕計不乏，又使一路州郡有以支吾，見行鹽法不致弊壞。」從之。是月，湯邦彥使虜〔三五〕，請河南陵寢之地也。

九月辛卯，詔楊、廬〔三六〕、荆南、襄、興元、金、興州依舊分爲七路，每路文臣一人充安撫使，以治民，武臣一人充都總管，以治兵。丁酉，知荆門軍黃茂材言：「唐李靖六花陣法，出於武侯，嘗因陛對畫圖以進。比帥司奉詔，令州軍見管民兵以七十五人爲一隊，正合李靖兵法，遂將本軍義勇民兵分爲七軍，每軍旗幟各别色號，置造兵器，俟今冬躬自教習。大陣包小陣，大營包小營，隅落鈎連，曲折相對，可以成六花陣。今來荆南府差將官前來本軍教閱，恐只沿習軍中之法。乞將本軍民兵自教兩月，卻差荆南將官一員閱視。」從之。己亥，龔茂良、李彦穎奏：「省院各止獨員，臣等於擬除批旨等事皆不便。」上曰：「朕深入思慮，以未得其人，故爾遲遲。」因泛論中外臣僚。上曰：「爲宰臣須胸次大乃能容物。」茂良奏：「誠如聖諭。坤之六二乃大臣爻，其辭云：直方大不習，無不利，直方之德須大，乃能有容。」上曰：「居此位安可不大。」彥穎奏：「後之爲輔臣者，往往先有忌克之心，以故不能容。」上曰：「士大夫更歷外職任，未見其短，纔居政路，便覺有此等病。」茂良奏：「書之秦誓曰：如有一个臣[二七]，斷斷猗無他技[二八]，云云。蘇軾爲之訓傳，謂前一人似房元（玄）齡，後一人似李林甫。」上曰：「此説極當。」次日内殿奏事畢，茂良等謝昨日聖訓。上曰：「今士大夫能文者多，知道者少。故平時讀書不見於用。」庚子，詔：「階、成、西和、鳳州當職官以下，令本路帥、漕司於四路在部官同共選辟，並體量見任人委實癃老及不堪倚仗者，並申制置司躬親審量保明，申取朝廷指揮。其所辟官不許辭避，所有邊賞一節，令吏部看詳申尚書省。」以知成都府、權四川制置使范成大所奏也。甲辰，制置范成大言：「相度乞下興州都統司，如鳳州不測，緩急所有應援一節[二九]，一面應機將附近軍馬遣發前去，卻申制司照會。」從之。是月，葉衡罷相，初命以諫官湯邦彥論其「奮身寒微，致位通顯，未聞少有裨益，惟務險愎以爲身謀」也。知建寧府，言者不已，遂罷之。

閏九月庚戌，詔：「諸路常平司，每歲於秋成之際，取見所部郡縣豐歉各及幾分，如有合賑糶〔三〇〕、賑給去處，即仰約度所用及見管米斛若干〔三一〕，或有闕少，合如何措置移運，並預期審度施行。仍須管於九月初旬條具聞奏。」辛酉，浙憲徐本中言：「近者州郡率用私意更易官吏，不申省部，不報監司，移郡之邑，移邑之郡，或以他官而兼攝，或以卑官而任重，往往辭繁就簡，捨薄從厚，請求僥覬，惟利是趨，易置紛然，寖亂舊制，理宜戒飭。」從之。壬戌，詔浙東提舉鹽司，體訪浙西提舉薛元鼎措置印給亭户納鹽手歷式樣，將合支本錢盡數秤下支給，毋致積壓拖欠。先是，元鼎印給手歷，遍給亭户，令賚歷就秤下支錢。至是，復令浙東行之。丁卯，詔：「浙東今歲間有旱傷州軍，仰轉運提舉日下委官興修水利，召募本處闕食人支給錢米，因此存濟，趁時修築，不得因而科擾。」辛未，進呈淮南轉運司申：濠州鍾離、定遠縣巡檢耿成令再任〔三二〕。上曰：「祖宗成法，惟監司及沿邊郡守方許再任。耿成雖有勞效，已經再任，不欲以小官差遣壞祖宗成法。」因論及「國家承平二百年，法令明備，講若畫一，儻能守之，自足爲治。蓋天下本無事，庸人擾之耳。」是月，賑兩淮饑。

冬十月戊寅朔，詔浙東合納内藏庫坊場錢，可依自來立定祖額〔三三〕。庚辰，詔昨令諸路興修水利以備旱乾，今歲旱傷，江東、淮東爲甚，未委當來如何興修，元興修官具析以聞。從門下省請也。丁酉，進呈御筆，將上臣僚奏，吴益王府「多」字號宗子〔三四〕，係英宗四世孫，袒免親，乞陞等换官，並每月添支錢米及雇募人等。上曰：「此事須當討論，恩數即可與，如服屬豈容輒有陞降。」壬寅，上諭執政曰：「李川按劾統制官解彦詳等不能平賊，此甚可喜。風俗委靡，務爲姑息，以徇人情，此弊非一日。朕每見有能舉職者，須與激勵。李川昨曾降官，今可與復元官，更轉一官。」

十一月戊申朔，日南至。加太上帝、后尊號：光堯壽聖憲天體道性仁誠德經武緯文太上皇帝、壽聖齊明廣慈太上皇后。戊午，進呈提點坑冶王楫奏：「刷到本司寬剩錢十萬貫，欲乞進入，以裨慶賚之萬一。」〔三五〕上曰：「此不可受，亦不須卻，宜令就本處椿管，充製造軍器使用。」龔茂良奏：「是舉不惟可遏獻羡餘之原，亦使中外聳然莫測聖意所在。」癸亥，臣僚言：「祖宗時有會計録，備載天下財賦。出入有帳，一州以司法掌之，一路以漕屬掌之。紹興七年，臣僚有請倣本朝三司之制，專置提舉帳司總天下帳狀〔三六〕，以户部左曹郎官兼之。積習既久，視爲文具。乞詔户部條畫，申嚴措置，俾天下財賦有所稽考，不致失陷。」從之。戊辰，進呈知静江府張栻奏：「保伍之設，誠戢盜之良法。臣自到官以來，講究措置，施行於静江境内，頗得其效。近復以推於一路，乞下有司考訂，斟酌申嚴而行之。」上曰：「張栻頗留意職事，可委諸路州軍守臣詳廣西已行事理，措置施行。帥、憲司常切覺察，毋致稽慢。」栻尋又奏：「本路備邊之郡九，而邕管爲最重。邕之所管，幅員數千里，而左、右兩江爲最重。自邕之西北有牂牁、大理、羅甸，自杞而西南有白衣九道、安南，諸國皆其所當備者。然邕之戍兵不滿千人，所恃以爲籬落者，惟左、右兩江溪洞共八十餘處，民兵不下十萬，首領世襲，人自爲戰，如古諸侯民兵之制。其去邕管，近者餘三百里，遠者近千里，所恃以維持撫馭之者，惟提舉盜賊都巡檢使四人，各以戍兵百餘，爲溪洞綱領，其職任可謂不輕矣。可不遴選其人，謹護其土，以爲南方久遠之蔽。乞依大觀指揮，許本司奏辟。」從之。己巳，進呈提舉江東潘甸、提舉淮東葉翥、權發遣平江府陳峴具析到修治陂塘事。上曰：「昨委諸路興修水利以備旱乾，今歲災傷乃不見有灌溉之利。若非當來修築滅裂，即是元申失實。內江東已修去處最多，被傷分數尤甚。」〔三七〕於是潘甸特降一官、落職，葉翥特降兩官，陳峴特降一官。甲戌，詔：「大臣日見賓客有妨治事，累有指揮，如侍從、兩省官、三省樞密院屬官，有職事於聚堂取稟，私第除侍從外，其餘呼召、取覆等官每日各止許接見一次。出榜私第，可常切遵守施行。」

十二月丁亥，詔：「近來赴朝，臣僚於殿門內輒行私禮，朝儀不肅，有違條法。令閤門覺察彈劾。」甲午，行上皇慶壽禮。以太上皇帝來年聖壽七十，預於立春日詣德壽宮行慶壽禮。大赦。是月，更定强盜贓法〔三八〕。詔比舊法增一倍定罪。併左藏南庫、封樁庫。提領左藏封樁庫顔度言：「今相度欲將南上下庫及封樁上下四庫併爲二庫，以左藏南庫、左藏封樁庫爲名，將兩處錢物乞從朝廷各行就便對兑，並不用上下二字，不須添置官吏，就用各庫官吏合干人等。」從之。遂以左藏南上庫充左藏封樁庫對兑。時内旨取撥南庫緡錢色目寖廣，龔茂良奏：「朝廷所急者財用〔三九〕，數十年來講究措置，靡有遺餘，而有司乃以窘匱不給爲言。臣因取其籍，披尋本末源流，具見積年出入之概。大抵支費日廣，所入不足以當所出之數。至紹興十七年，所積盡絶，每歲告闕不過二百萬緡，至二十四年以後闕至三百萬緡。而乾道元年、二年闕六百餘萬緡爾。後卻有增收鹺錢色目，粗可支吾。有司失職，無以爲計，專指南庫兑貸給遣。臣復講求南庫起置之因，其間經常賦入蓋亦無幾，而屬者支費浩瀚，約計僅可備二三年之用。若繼自今撙節調度，可無倉卒不給之患。」因條具以聞。上感悟。是歲，江西轉運副使李燾上神、哲兩朝續資治通鑑長編自治平四年三月盡元符三年正月。以王楫爲都大提點坑冶〔四〇〕，其合差官令楫奏辟。尋移司饒州，歲鑄以十五萬爲額。

丙申淳熙三年春正月戊申朔。

二月辛巳，上御便殿，閲兩浙、福建士兵。上曰：「軍士皆好身手，教閲甫三數月，事藝已精熟，弓弩手自可比殿司之數。」因諭輔臣曰：「向來兀朮入寇〔四一〕，陳思恭邀截於平江，官軍乃用長槍，不能及虜，兀朮遂以輕舸遁。韓世忠江上之戰亦然。若用弓弩，兀朮必成擒矣。今次州郡起發禁軍、土軍極整肅，兹又及時遣歸，更加激犒，他時調發必易集也。」

三月丙午朔，日有食之，陰雲不見。進呈上皇日曆。

夏四月戊寅，進呈：四川總領所乞再借四路職田租課十年，歲爲錢十二萬貫，充揀汰人請給。上曰：「昨借諸路職田，尋已給還。四川自當一體，豈可再借。」龔茂良、李彦穎奏：「圭田所以養廉，誠不當借。」上曰：「卿等可契勘別撥錢作揀汰人請給，職田自今歲便與給還。」龔茂良等奏：「昨已繳進，令侍從、臺諫、兩省官薦舉監司、郡守，指揮未審曾經睿覽否。」上曰：「薦舉本欲得人，又恐干求請託，卻長奔競之風。」茂良等奏：「天下事未有無弊，雖三代良法久亦不免於弊。今陛下既欲精選監司、郡守，非薦舉何由知之。」上曰：「若令雜舉，則須衆論僉允，庶幾近公。況又經中書考察而後除授，亦足以見朕於人材博采遴選，如此非苟然也。」乃詔侍從、臺諫、兩省官，參照資格，不以内外，雜舉監司、郡守，歲各五人。中書省置籍，三省更加考察取旨。辛巳，進呈：兩浙運判吴淵奏，乞將諸路州郡輸納秋苗，加耗不得過三分。御筆將上。龔茂良、李彦穎奏：「近年州縣納苗加耗太重，甚者至兩石以上方可納一石。」上曰：「如此則民力安得不困。吴淵既爲漕臣，自當覺察。若有似此去處，可令奏劾，重作行遣。諸路依此施行。」是月，雨雹。葉衡責居郴州，以其昨任宰輔，不能正身竭誠，日惟沈湎於酒，徇私背公也。初，湯邦彦敢爲大言，虞允文深器之。允文出爲四川宣撫也，辟邦彦以行。允文没，邦彦還朝爲右司諫，奉詔充申議使，使虜求陵寢地〔四二〕。邦彦至燕，虜人拒不納，既旬餘乃命引見，夾道皆控弦露刃之士，邦彦大怖，不能措一詞而出。上大怒，詔流新州。上諭輔臣：「虜既不受本朝禮物，邦彦乃受虜中所賜，辭受之際，理亦易曉，乃不顧名節，辱命如此。」邦彦既一斥不復，自是河南之議始息，不復遣泛使矣。

大事記曰：恢復之機既失，雖虞允文始相，建議遣使以陵寢故地爲請，然識者以爲當争之於未講和之初，而不當争於和議已定數年之後。彼雖仁義不足而凶狡有餘〔四三〕，反以大義責我。故當時端人正士，如張栻、黄中、劉珙、朱熹、吕祖謙，最爲持大義者也。而乾道五年，張栻入對則謂：「欲復中原之地，必先收中原百姓之心。欲得中原百姓之心，必先固吾境内百姓之心。」六年，黄中入對，則謂：「言和者忘不共戴天之讎，固非久安之計。言戰者復爲無顧忌之大言，無必勝之術，内修政理，外觀時變而已。」張栻再入對，亦謂：「虜中之事臣雖不知，而境内之事知之詳矣。比年諸道歲饑民貧，國家兵弱財匱，正使彼實可圖，臣懼我之未足以圖彼也。」七年，劉珙手疏則謂：「我所以自治者大抵闊略，而乃外招歸正之人，内移禁衛之卒，手足先露，吾恐恢復之功未易可圖，而意外立至之憂將有不可勝言者。」〔四四〕吕祖謙輪對，則謂：「恢復，大事也。規模當定，方略當審，始終本末當具舉，緩急難易當預議。」〔四五〕而朱熹戊申封事亦曰：「此事之失，已在隆興之初，不合遽然罷兵講和，遂使宴安酖毒之害日滋月長，坐薪嘗膽之志日遠月忘。區區東南，事猶有不勝慮者，何恢復之可圖乎。」蓋炎、興之虜，奉辭以討之可也；隆興之虜，正名以絶之可也；乾道之虜，積實以圖之可也。惟隆興有恢復之志而無恢復之機，此孝宗之志所以未盡遂也。

五月丙午，龔茂良、李彦穎奏：「農事正是時，民間以久不得雨爲慮，適連夜雱霈，極可慶。」上喜甚，曰：「朕日夕以此爲憂。早上方宫中焚香拜謝天地，更乞終惠，成此豐年，以寬焦勞之念。不知江東、淮南何如？可令逐路漕臣具得雨日分及布種次第申尚書省。」戊申，進呈權知隆興府吕企中奏：「本路鈐轄錢卓初到官，權借印記，愠怒形於公移。」上問如何，龔茂良、李彦穎奏：「祖宗朝分道置帥，以任一面之寄，事權至重。平時分守嚴則緩急號令得行一路，兵官於帥臣自有階級，豈容如此。」上曰：「祖宗立法有深意。錢卓可降一官。」癸亥，王淮進呈步軍司相度牧馬去處。上曰：「前日牧馬官辭，朕戒以愛護馬當如愛護己身，飢飽勞佚各隨時調節。若己身所不能堪者，馬亦不能堪之。但馬不能言，告訴不得耳。」龔茂良等奏云：「陛下留神馬政，曲盡物情，聖言及此，其仁蓋不可勝用矣。」詔以張默爲國子監書庫官。先一日，中使傳旨：「有張默者，乃秀王夫人親堂姪，欲與一添差監當，於法不礙否？」龔茂良奏：「近制，惟宗室、戚里及歸正人方得添差。在法，稱戚里者，謂三后四妃之家。」至是奏審。上曰：「朕正不欲先自廢法，可勿行。」遂同奏，乞除正闕書庫官。詔從之。是月，以柴瑾爲殿中侍御史。瑾入對，上曰：「惟卿不求進，所以有此除。」

六月乙酉，四川制置范成大奏：「四川酒課折估虚額錢四十七萬餘緡，乞自淳熙三年爲始減放。」詔以湖廣總領所上供錢内撥還。丙戌，進呈：敕令所修到，寺監長貳雜壓在中散大夫之上，致仕恩澤外更與遺表蔭補條法。上問舊法如何。龔茂良等奏：「舊法已與致仕蔭補即無遺表恩澤。」上曰：「名器之濫，皆由如此放開。莫若只依舊法。」甲午，龔茂良奏：「近奉詔旨，欲奬用廉退之士。有朱熹者，操行耿介，屢召不起，宜蒙録用。」上問：「曾爲何官？」李彦穎奏：「聞曾歷州縣官一任，後以密院編修、武學博士召〔四六〕，皆不起。近歲陛下特與改官，見任宫觀。」上曰：「記得其人屢辭官，此亦人所共知，今可與除一官。」於是詔除祕書郎。

臣留正等曰：東漢之興，人謀咸贊，既不乏人矣。既定之後，建三雍，講六藝，東都諸人皆足以辨之。雖不待於側席幽人可也。光武獨拳拳於羊裘之故人，何哉？西都之俗，事利禄，乏節操，習俗既成，國隨之而不振。光武固有鑒於兹矣。自嚴陵之高尚，百世之下，聞者興起。清問所宣，獨有取於廉退之士，其以是夫。

熹以改官之命，正以嘉其廉退，顧乃冒進擢之寵，是左右望而罔市利，乃力辭。會有言虛名之士不可用者，以故再辭，即命主管沖祐觀。上謂執政曰：「有魏掞之，今安在？」龔茂良等奏：「已物故。」上曰：「其人直諒，方欲稍加擢用，不謂已死。朝廷不可無直諒之士，近有鄭鑑，議論亦甚切直，觀其所言，似出於肝膽，非矯僞爲之者。」因看鄭鑑劄子，頗思魏掞之。鑑時爲太學正，遂命召試館職。又曰：「掞之雖死，欲少加旌別，可贈宣教郎、直秘閣。」

秋七月乙巳，宣諭湖、秀兩州積欠最多，趙師夔雖已去官，可併將上取旨。龔茂良、李彦穎奏：「陛下之於群臣，了無親疏之間。」上曰：「此安可少偏。」茂良等同奏：「聖心如天地之公，本無分別。」是月，以鄭鑑爲校書郎。上語執政曰：「鄭鑑所試館職策，議論切直，甚可取。」因問：「今合除何官？」龔茂良等對曰：「前此學官召試，往往止除正字。」上曰：「可除校書郎，賞其盡言。」因曰：「策中所言，或是或非，大率剴切不易。」詔獎劉珙。珙時知建康府，以江東荒歉，珙賑濟有方也。

八月庚辰，兩浙西路提點刑獄陳舉善進對，論仁義、功利之辨。上曰：「仁義既行，功利自在其中。」先是，詔御史臺六察許隨事彈奏。至是，詔：「近日糾察各揚乃職，臺綱益振，可各特遷兩官。」

九月癸亥，侍讀周必大進讀三朝寶訓：真宗皇帝嘗擇廣南轉運使，因謂左右曰：「交廣之民去朝廷遠，當選操心平允、能安遠人者任之。自今凡命遠官，尤須謹擇。」上曰：「於所不聞知處尤當留意。」是月，參政龔茂良、李彦穎等謝外日宣示中宮褘衣〔四七〕。上云：「珠玉之屬，乃就用禁中舊物，所費不及五萬緡。」茂良等奏云：「若不因宣諭，無由得知支用如此不多。」上云：「朕安肯於此妄有所費。」上因宣諭：「近來風俗如何，莫大段奢侈否？」奏云：「輦轂之下，近似稍侈，皆由貴近之家倣效宫禁，以故流傳民間。彼若知聖意崇樸，亦必觀感而化。」上云：「若要革弊，當自宫禁始。」茂良等奏：「仁宗嘗以南海没入大珠賜温成皇后，后時爲貴妃，以充首飾，戚里靡然效之。京城珠價至數十倍。仁宗禁中内宴，望見貴妃首飾，不復回顧，曰：『滿頭白紛紛，豈無忌諱。』貴妃皇恐易去之。仁宗大喜。命剪牡丹遍賜妃嬪。不數日間，京城珠價頓減。」上喜云：「此事誠當始於宫禁。」茂良奏：「中宫又以儉德聞，何患不革。」上曰：「然。」初，錢良臣以太府少卿爲淮東總領，龔茂良秉政，聞户部歲撥淮東錢六百九十萬緡，而本所歲用六百十五萬緡而已，因奏遣户部員外郎馬大同、著作佐郎何萬、軍器少監耿延年分往昇、潤、鄂三總司點磨錢物。會良臣以歲用不足請於朝，茂良奏令所委官一就驅磨，而近習恐賕賂事覺，極力救之，茂良不顧。十二月，萬奏總所侵盜大軍錢糧累數十萬，茂良奏下其事於有司。次日，御批令具析。既又改爲契勘。俄中旨召良臣赴闕，駸駸柄用。其後茂良之貶，良臣與有力焉。延年亦言：「湖廣總所有別庫別歷，所收已行改正。」故二人並遷官，卒坐茂良黨罷去〔四八〕，大同獨無所舉覺，翺翔朝路累年，然後補外。蓋三總司苞苴賄賂根株盤結，其來已久，非但一日也。

是秋，彭州奏：「奉詔撥上供錢對減本州三縣酒課額〔四九〕，民間作佛老會以報上恩，乞以功德疏隨會慶節表疏同進。」上弗許，令守臣諭以國家裕民之意，並諭執政曰：「前日蠲減蜀中折估錢，人情懽感已如此，若異時兵革偃息，數十年來額外橫賦盡蠲除之，民間喜可知也。」龔茂良奏：「陛下躬行節儉，視民如傷，所不獲已者，養兵之費勢未能去爾。」上曰：「自渡江後所增稅賦，比舊如何？」茂良奏：「如茶、鹽、榷酤皆數倍元額〔五〇〕。其最可念者折帛、月樁等錢，爲江、浙數路之害。陛下念念不忘，若一旦恢復舊疆，則輕徭薄賦且有日矣。」上曰：「然。」台、婺等州水。

冬十月甲戌，初，上以雨過多，恐妨收刈。御筆欲行下諸路，決遣獄囚。於是擬進指揮。上曰：「朕以久陰祈求未應，獨未曾決獄。昨日欲批出，方下筆而風急起，雲陰頃刻吹散，至晚已開晴。一念之誠隨即感應。」龔茂良等奏：「天人之際，其應如響。陛下此心與天通，宜其報應之速如此。」翌日，付下張掄奏劄，乞宣付史館。上曰：「朕初不欲言，偶宣諭及此。如此則是朕自矜也。可寢其奏。」己卯，龔茂良、李彥穎奏：「昨日王淮、趙雄爲臣等言，玉音嘗及中宮辭受合得恩數，並及平居常服澣濯之衣等，宣諭臣等，切謂中宮天資恭儉，誠爲盛德。且有以見陛下齊家之效。」〔五一〕上曰：「家道如此，深以爲喜。本朝文物家法遠過漢、唐，獨用兵差爲不及。」茂良等奏：「國家自藝祖開基，首以文德化天下。列聖相承，深仁厚澤，有以固結天下之心。蓋治體似成周，雖似失之弱，然國祚綿遠，亦由於此。漢、唐之亂，或以母后專制，或以權臣擅命，或以諸侯强大藩鎮跋扈，本朝皆無此等，可以見祖宗家法足以維持萬世。」上曰：「然大抵治體不可有所偏，正如四時春生秋殺乃可以成歲功，若一於肅殺，則物有受其害者。亦猶治天下者，文武並用，則爲長久之術，不可專於一也。」乙酉，進呈禁止奢侈指揮。上曰：「今日習爲奢侈者，在民間絕少，多是戚里、中官之家，指揮內須添入有官者違犯取旨，重作施行。」進呈太史局官制。上曰：「古者日官居卿以底日，今太史局官制太輕，且如醫官有大夫數階，太史獨無之，可創大夫階如醫官保安、和安之類，庶幾稍重其事。醫官昨來多有轉行遙郡者，既名伎術官，卻帶遙郡，輕重不倫。自後宜罷之。」詔：「今後監司被受三省六曹委送民訟事件，並仰躬親依公予決〔五二〕，疾速回報。若事干人衆，或涉遠路，須合委官定奪，亦仰立限催促。仍令所屬曹部置籍稽考。如有違戾住滯〔五三〕，申尚書省，將所委監司取旨施行。」

臣留正等曰：民訟之淹，其爲民之害，蓋甚於水旱之變。以夫民之訟而至於有司也，貧者兼旬而屈，富者雖累歲而無傷。王符愛日之言，嘆農民之廢業，則盜賊何從而銷，太平何從而作者，蓋爲是也。聖詔丁寧，首及於此，不出户庭而周知天下之情，雖堯舜之用心，亦何以過於此哉。

庚寅，御筆曰：「鬻爵非古制也。夫理財有道，均節出入足矣，安用輕官爵以益貨財。朕甚不取。自今除歉歲民願入粟賑飢有裕於衆，聽取旨補官，其餘一切住罷。」丁酉，進呈漕臣吴淵具到秀州十年收支錢數，多寡不同。上曰：「此係累政守臣任内事，不欲深究。可令吕正己今後痛加撙節。大抵州郡用度不節，必至掊斂，惟先能節用，即年例違法妄取之數可以蠲減，少寬民力。」龔茂良、李彦穎奏：「聖訓及此，天下之幸也。」庚子，上曰：「出令不可不審。書云：屢省乃成欽哉。事至於屢省，何患不成。凡天下事，朕與卿等立談之間，豈能周盡事情，須是再三詳熟思慮，方爲盡善。前此正緣不審，故出令多反汗，無以取信於天下。比來甚誤此。〔五四〕」龔茂良、李彦穎奏：「臣等生長閭閻，更歷州縣，見聞不爲不多，然猶思慮有所不及。陛下深居九重，處事無不曲當，非聖智絶人不能及此。」上曰：「亦賴卿等佐祐，自今當勉之。」

十一月戊申，權四川制置使范成大奏：「陛下俯念四蜀酒課虛額之弊，乃六月十二日詔書各與次第蠲減，歲蠲上供緡錢四十七萬，爲蜀民代補贍軍折估之數。令下之日，百萬生靈鼓舞驩呼，如脱溝壑。寰區四路州縣節次申到，自今年七月十五日以後，各於寺觀啓建感恩祝聖道場。臣謹按，慶曆六年，三司使王拱辰建議榷河北滄、濱兩州鹽，仁宗皇帝曰：使人頓食貴鹽，豈朕意哉。下詔弗許。河朔父老相率拜迎於澶州，爲佛老會報上恩。今舉四蜀之廣〔五五〕，民心愛戴，不謀同辭，宜與河朔故事俱傳不朽。伏望宣付史館。」詔從之。癸丑，郊。是日，進呈建康都統制郭剛奏：「本司車船戰損已補填，依海船樣造多槳飛江船。」上曰：「車船，古之艨衝〔五六〕。辛巳用以取勝，豈用改造。可令郭剛具析，並約束沿流諸軍遇有損壞，隨即修葺，不得擅有更易。其多槳船止許逐軍自行創造，並不得充新管車船數。」御筆詔三省樞密院：「諸州軍守臣惟才是用，今後不拘遠近州軍，並聽於文武臣内選差。」

十二月乙酉，龔茂良等奏：「昨者恭睹中宫奏劄，檢照皇后親屬恩澤裁減外，尚餘一十八人，欲望聖慈更賜裁減。奉旨更裁減八人。臣等仰惟紹興三年指揮，皇后受册，親屬與恩澤三十名。十三年與二十五人。近制減作十八人，比舊例幾鐫其半。皇后猶且謙沖退託，力具辭免。陛下遂賜俞允。今以中宫之貴，而猶務節約，則爲臣下者，當如何！欲望陛下明詔有司，申嚴法禁，凡僥倖冒濫者，必務革去。又詔侍從近臣，各思所以清入仕之源。」詔從之。是月，以袁樞所編通鑑紀事賜東宮，令與陸贄奏議熟讀，曰：「治道盡於此矣。」禁監司交遺，及因行部輒受諸郡折送，計所受悉以贓論。

是冬，賜蘄州黃梅縣方甫旌表門閭。以三世同居，孝行顯著，本路漕臣以其事來上也。減徽州稅絹額〔五七〕。

是歲，詔：「今後法應得謚及特命謚者，並先經有司議定，申中書門下省具奏取旨，依舊制更不命詞，止備坐所議給敕，吏部牒本家照會。」罷鬻官田。詔知興元府、右軍統制兼知階州田世雄，前軍統制兼知鳳州傅鈞各與轉一官，任滿日並與再任。從制置司請也。安南李天祚死，子龍翰嗣。

丁酉淳熙四年春正月庚申，樞密院進呈：馬帥吴拱按正將馬彦恭輒役人船般載馬草〔五八〕，已降充副將。上曰：「吴拱初到，所按劾須與行遣。」王淮等奏：「其事雖輕，然違主帥約束，豈爲無罪。」上曰：「只依所申，降充副將。」丙寅，進呈紹興十四年幸學詔。上曰：「今所降詔大意，欲以崇尚風化勸厲諸生，使知所趨向。朕得詔中兩語：當爲君子之儒，毋慕人爵之得。」龔茂良等奏：「當以聖語諭學士，令載之詔書。」上曰：「可。」是月，行淳熙曆。祕書省申：「昨爲紀元、統元、乾道三曆交食不密，得旨令太史局别造新曆，已行進呈。今來測驗新曆稍密。」上曰：「自古以來曆未有不差者。況近世此學不傳，士大夫無習之者，訪求草澤又難得其人。新曆比舊所謂彼善於此，不須别命名，只以『淳熙』爲名。」户部侍郎韓彦古言：「今國家大政，如兩税之入，民間合輸一石不止兩石，納一匹不止兩匹，自正數之外，大率增倍。然則是欺而取之也。謂宜取州縣大都所入，稍倣唐制，分爲三等，視其用度多寡而爲之制。自上供爲始，上供所餘則均之留州，留州所餘則均之送使，送使所餘則派分遞減，悉蠲於民。朝廷不利其羸焉。然則自朝廷至於郡縣，取於民者皆有成數，不可得而容私於其間。然後整齊天下之帳目，外而責在轉運使，内而責在户部，量入以爲出，歲考能否而爲之殿最，州縣不得多取於民，朝廷亦不多取於州縣。上下相恤，有無相通，無廢事，無傷財，貢籍之成，太平之基立矣。」奉御筆：「韓彦古所陳周知民隱，可擇一才力通敏者先次施行一郡。俟已就緒，當頒降諸路倣而行之。」尋詔令吏部郎官薛元鼎前去秀州，依此將錢絹米斛等數具帳聞奏。其後元鼎奏：「驅磨本州財賦，惟憑赤歷難以稽考〔五九〕，望委户部行下本州，將州縣應干倉庫場務，每處止置都歷一道，應有收到錢物並條具上供，州用實數各立項目抄轉，仍從户部每歲委轉運司差官，遇半年一次索歷檢照，如有虚支妄用，許本司按劾取旨。其他州郡亦乞依此施行。」從之。雨雹。

二月[辛巳]，臣寮奏〔六〇〕：「祖宗朝，幸學皆命儒臣講經。」上曰：「易詩書累朝皆曾講，如禮記中庸篇『凡爲天下國家有九經』一段，最關治道，前來卻不曾講。」茂良等奏：「此於治道包括無遺，陛下聖學高明，深得其要。」[癸未]大宗正丞劉溥奏〔六一〕：「近年諸郡違法預催夏稅，民間苦之。」龔茂良、李彥穎奏：「往年諫官曾論此事，方施行間，户部長貳執奏不行。至去年春，言者又及此。版曹復申前說，拘回録黄。其說謂遞年四月、五月，合到行在折帛錢共六十一萬貫指擬支遣，若不預催，恐至期闕誤。」上曰：「既是違法病民，朝廷須別作措置，安可置而不問。」茂良等次日同奏：「户部每年八月於南庫借六十萬緡應副支遣，次年正月至三月撥還〔六二〕。今若移此六十萬緡於四月上旬支借〔六三〕，則户部自無闕用，可以禁止預催之弊。」上喜曰：「如此措置，不過移後就前，卻得民力少寬，於公私俱便。」於是詔令諸路轉運司行下所部州縣，今後須管依條限催理，如有違戾去處，仰監司覺察按劾。

臣留正等曰：自昔細民之困，二月而賣新絲，五月而糶新穀，夫前期而督之輸，其弊必至於此也。聖恩加惠斯民，以内帑之儲，假版曹之用，不過遲速先後之間，而民得免艱難迫促之苦。與其有積於公而未用之財，曷若以寬其民於不足之時。蓋聞損上以益下〔六四〕，未聞財散而人不聚也。申嚴是法而行之，則民之受賜，夫豈有紀極哉。

甲申，臣僚言：「今日之郡守爲民害者，掊克慘酷是也。賦稅有定制，而掊克之吏專意聚斂，下車之初，未問民事，先請屬邑知縣均認財賦。且多爲之數，督責峻急。國家法令之設，所以與天下公共者也。而慘酷之吏，非理用刑者，或殘人之肢體，或壞人之手足，或因其微罪而隕其性命，或罹非辜而破其家業。乞明詔守臣，丁寧戒飭，其取民有定制，毋得掊克以竭民之力。犯法者自有常刑，毋得慘酷以殘民之生。」從之。乙酉，幸太學釋菜於先聖，命國子祭酒林光朝講經，賜光朝三品服。幸武學，著作郎傅伯壽尋上言：「武成之廟所從祀者〔六五〕，出於唐開元間一時銓次，失於太雜。太祖皇帝嘗見白起之像，惡其詐殺已降，以杖畫而去之，神武不殺之仁垂訓深矣。太上紹興間，亦以議者之請，黜韓信而陞趙充國，黜李勣而陞李晟，去取之間，皆所以示臣子之大節也。然王翦佐秦騁狙詐之兵〔六六〕，蓋無異白起。而彭越之臣節不終，亦同韓信。至於王僧辨雖能平侯景，然反連和於齊。吴明徹雖能因北齊之亂以取淮南，然敗於吕梁，爲周所俘不能死節。韋孝寬拒尉遲之義兵，楊素開隋室之禍敗，慕容恪、長孫嵩、慕容紹宗、宇文憲、王猛、斛律光、于謹，或本生夷狄之裔，或屈節僭僞之邦，縱其有功，豈足多録。若夫尹吉甫之伐玁狁，召虎之平淮夷，皆爲有周中興之名將。陳湯之斬單于，傅介子之刺樓蘭，馮奉世之平莎車，班超之定西域，皆爲有漢之雋功。在晉則謝安宴衎以靖胡寇，祖逖擊楫誓清中原。在唐則王忠嗣之撫衆守邊，張巡之百戰死敵，忠義謀略，卓然冠於一時而垂於後代。闕而不録，似有所遺。臣竊謂宜並詔有司討論歷代諸將，爲之去取。然後與本朝名將繪於殿廡，皆曉然知朝廷激義勇而尚忠烈，且知夫貶夷狄之類者所以尊中國，黜不終之節者所以正君臣，去嗜殺之暴者所以尚仁義，其爲勸沮者大矣。」起居郎錢良臣亦請收建隆、建炎以來功烈顯著者，參陪廟祀（是年七月己酉施行）。幸祕書省，賜省官燕，上賦七言律詩，坐者皆屬和。丁亥，龔茂良等奏：「近日雨暘順序，物情熙熙，米價甚平，可以少寬聖念。」上曰：「朕終歲憂念百姓，自初布種以至收成，其間少有旱澇，未嘗不愓然念之。每歲常到十月以後，農事一切了畢，方始放心。」己丑，進呈知臨安府趙磻老具到兩學修造圖本〔六七〕。西北隅建閣，安頓太上皇帝御書石經。上云：「碑石可置之閣下，其上奉安墨本，以『光堯御書石經之閣』爲名。朕當親寫。」茂良等同奏：「自古帝王未有親書諸經及傳至數千萬言者。不惟宸章奎畫照耀萬世，其所以崇儒重道，可謂至矣。」上曰：「太上於字畫蓋出天縱。朕嘗謂鍾繇字最工，猶帶隸體，如太上宸翰，冠絶古今。」茂良等奏：「誠如聖訓。」進呈國子祭酒林光朝劄子：「今月十五日恭遇車駕臨幸太學，御崇化堂，賜諸生詔書，宜刻之琬琰，以風動四方。」上可其奏，宣諭云：「前日講義甚好，如訓釋凡爲天下國家有九經，所以行之者一也，一乃中庸，此説深得聖人之旨。蓋先儒未及。」壬辰，太常少卿顔度言：「藉田合得千畝，自紹興十五年給到五百七十餘畝以備親耕，續因玉津園等處占撥，目即祇二百餘畝，今又踏逐御路，將來或舉行典禮，委是窄狹。」上曰：「御路止是時暫經由，可將見管步畝專充藉田，他司不得侵占。」其後藉田令趙監言：「御路係在二百一十畝之内，乞依舊令人户管佃租種，拘收花利，應辦歲中祠祭禮料。」從之。癸巳，進呈知福州陳俊卿乞宮觀。上曰：「前宰執治郡，舊來往往不以職事爲念。如俊卿在福州，劉珙在建康，於職事間極留意，治狀著聞，未可換易，可令學士院降詔不允。」是月，進呈徽宗實録及仁宗今上玉牒。四川總領所乞降度牒二千五百道措置備邊。龔茂良奏：「四川逐料降换亡僧度牒，自乾道四年至淳熙元年，降過一萬一千道，不惟走失丁口爲異時患，官賣不行，必至抑配，與折估之害名異實同。乞不須更降度牒，重失丁口。」是歲八月，又給二千道。時多以度牒賜諸總所貼助經費，後不盡録。

三月丙午，進呈范成大奏：「關外麥熟，倍於常年。緣去歲朝廷免和糴一年，民力稍紓，得以從事於耕作，故其效如此。」上曰：「免和糴一年，民間便已如此，乃知民力不可以重困也。」王淮奏：「去歲止免關外，今從李蘩之請〔六八〕，盡免蜀中和糴一年，爲惠尤廣。」辛酉，進呈楚州捕賊推賞，内隨從捕獲人欲支錢三十貫。上曰：「與五十貫如何?」王淮等奏:「凡支折資錢,每一資折三十貫。今隨從獲未該一資,若支五十貫恐太多。」上曰:「是。」王淮等奏:「與五十貫亦不足惜,但懽喜者不過被賞數厚,而不平者千萬人也。」上曰:「此論甚善,亦如朝廷與人官爵,盡歸至公,人誰敢怨。若循私輕與,得者固喜,而怨者必多。惟至公可以無怨。朕與卿等交修,當謹守此法。密院事少,三省事多。卿等見三省,宜以此意宣諭。」戊辰,進呈户部歲用經常及用度之數。龔茂良奏:「其間有合節省者,欲倣寶元、慶曆故事,命臺諫司、户部詳定。」〔六九〕上曰:「今日用度多費於養兵,如禁中大段節省,外庭浮費絶少。朕嘗覽户部所具支費三二十項内,不過一二項可議裁節,然不過數千緡。若令臺諫論議,又卻難處。如果有合節省件目,卿等可自奏陳。」先是,諫官蕭燧論節浮費。詔户部條具,至是進呈。是月,以史浩爲醴泉觀使兼侍讀。幸玉津園宴射。

是春,閤門舍人應材言:「臺諫之官在於言天下之大利害,不在於捃摭細故,區區止於言人之短長也。大奸大惡固不可不爲天下國家誅鋤之,若大有用之才,豈可以細故而輕壞之。苟一陷譏議,遂爲廢人,急緩之際,欲人爲用,無復有矣。」程顥爲御史,神宗召對,顥曰:『使臣拾遺補闕裨贊朝廷則可,使臣掇臣下短長以沽直名則不能。』神宗嘆賞,以爲得御史體。劉安世作臺諫官,嘗言:『祖宗之時,於人才長養成就之甚勤也。』故其在臺諫，未嘗以細故而輕壞人材。乞降睿旨，刻之御史臺、諫院，永爲臺諫官之戒。」上深然之。

夏四月壬午〔七〇〕，進呈湖廣總領劉邦翰等審驗到：鄂州水軍統領謝貴雖是年及，委無殘疾，氣血未衰，若蒙依舊存留在軍，尚堪使令。王淮等奏：「謝貴出戍長沙，守臣王佐謂有目疾，職事不舉。主帥李川申其人無疾患。」得旨，委劉邦翰審驗，得尚堪使令。上曰：「謝貴依舊存留在軍管幹職事。」

五月癸卯，進呈利州提刑、權金州史俣奏：「金州都統司例私販茶鹽，月科與軍人，每名三斤，高立價直，於請粮處尅除。」上曰：「蜀中軍人貧甚，豈宜更有尅剥。可令李思齊契勘起置月日因依，申樞密院。」王淮等奏：「欲併約束諸軍。」上曰：「俟李思齊奏來，卻與約束。」己酉，宗正少卿程叔達進對，言：「臣昨蒙玉音，許賜宣示敬天圖，願得稽首拜觀。」上顧左右取圖，圖至，叔達整衿肅容進觀，上亦相與誦讀。每至前代王者或不能敬畏修省，則曰：「此圖美惡並著，亦欲以之儆戒。」又至無逸篇，則曰：「無逸一篇，言人君所以享國久長，皆由嚴恭畏敬所致，尤當以爲法。」叔達因言：「陛下於敬天之事既知所以爲戒，又知所以爲法，宜乎聖德日新。天之相之有隆而罔替也。」甲子，進呈盱眙軍報：「淮北岸多有蝗蟲，此間卻仍歲豐稔，修德與不德之驗昭著如此。」上曰：「今夏蠶、麥甚熟，絲價、米價極賤，此甚可喜。」上又曰：「近世士大夫多恥言農事，農事乃國之根本，士大夫好爲高論，而不務實，卻恥言之。」王淮等奏：「士大夫好高，豈能過孟子。孟子之論，必曰五畝之宅，植之以桑，百畝之田，勿奪其時。所見諸侯未嘗離此數語。」上曰：「今士大夫微有西晉風，作王衍阿堵等語，豈知周禮言理財，易言理財，周公、孔子未嘗不以理財爲務。」淮等奏：「曩時虛名之俗，誠是太勝。自陛下行總覈名實之政，身化臣下，頃年以來，士風爲之一變，此聖主責實之效。」上曰：「然近年亦稍變，然猶未盡。且不獨此耳，士大夫諱言恢復。不知其家有田百畝，内五六十畝爲人所强占，亦投牒理索否。士大夫於家事則人人甚理會得，至於國事則諱言之。卿等見士大夫，可與道朕此語。」淮等奏〔七〕：「敢不揄揚堯言。」丁卯，密院進呈：殿、步司今來分揀汰官兵三百八十餘人，宣命劄子及舊付身合十餘道，已於昨日令承旨司盡數當官給發。上曰：「舊付身如何？」王淮奏：「昨取舊付身批鑿離軍因依，令仍給還。」上曰：「頃歲逃亡事故，有家屬者將付身批鑿，革弊甚多。前此冒名承代者不勝衆，今用批鑿之法已十年，所革冒濫不知其幾矣。」是月，福州、建、劍水，命賑之。謝廓然賜出身，除殿中侍御史。廓然之命自中出，中書舍人林光朝不肯書黄，光朝尋改權工部侍郎，力求去，除知婺州。龔茂良罷相出知建康府。以謝廓然論列，而茂良亦自引疾乞罷，故也。詔自今三省樞密院進呈文字，所得之旨，朝退即具奏審，再承畫降，方可施行。自是每奏目復用黄紙貼云：得旨云云，朝退封入，或有改易，遂爲故事。時言者指龔茂良矯傳敕旨，斷遺曾覿之直省官故也。

六月辛未，王淮等奏：「比來積雨，陛下恐妨農稼。初二日禁屠宰，卻常膳不御，齋心祈禱。聖德動天，連日開霽，天人相與之理於此可占。雖然，陛下寅畏奉天，固非一日，一念慮之間，應答如響，夫豈偶然者。」上曰：「所謂『丘之禱久矣』。」己卯，殿侍謝廓然言：「陛下臨御以來，動鑒家法，而治效猶未進。豈朋比之習，容有未革。望敕臣下合謀輔治，毋黨同以伐異，毋阿比以害公。使忠良蹇諤之士，盡言而不疑，好險傾巧之徒，知退而有懼。如此，則治效可馴致矣。」從之。壬辰，進呈禮部、太常寺看詳到：太、武學神像合依五禮新儀制度，用金裝飾。上曰：「禁銷金指揮甚嚴，令用漆金可也。宜依禮部、太常寺看詳事理施行。」

是夏，東宫官請：「皇太子近因讀范祖禹唐鑑，見其學問醇正，議論精確，欲遇講日添讀此書。」從之。

秋七月庚子，右正言葛邲乞令「二廣帥臣、監司，將見任郡守每歲精加考察。守、倅見闕去處，元係堂除或部闕，亦乞早賜差注。或人所不願就，令廣南諸司公共辟差一次。其已差未到者，催促之任。」上曰：「郡守不得其人，則千里被害。可令二廣帥臣、監司，限兩月，體訪所部守臣臧否以聞。」壬寅，詔六院官依舊制，不入雜壓，已降指揮更不施行。林處封贈改正。丙午，進呈：「昨得旨，閤門舍人黄夷行可與郡。臣退而考之，則資歷尚淺，在外止數月，到閤門纔二年。陛下用人雖不當問資歷，然近方立閤門舍人格目。」上曰：「若不用資〔七〕，則他人皆有詞，須得用資歷也。閤門舍人幾年當得郡？」趙雄奏：「近降指揮，須關陞後更歷二年，補外者與郡。則有出身人六年，無出身人八年，方可。今夷行纔歷二年半。」上曰：「夷行又是閤門祗候，非舍人，自難爲行，不若且待。」己酉，詔：「文宣王從祀去王雱畫像，武成王廟升李晟於堂上，降李勣於李晟位次。仍以曹彬從祀。」辛亥，進呈：內批添差浙西準備將王守忠任滿日，特與再任。趙雄奏：「守忠係潛邸祗應，即非隨龍，依指揮不應添差。」上曰：「如此則難爲。」雄奏：「聖意欲與之，特令依隨龍人例可也。」上曰：「既礙指揮，不若且已。」雄奏：「聖德誠不可及。潛邸舊恩，不肯假以一添差，臣下何敢用私意也。」上曰：「不如此則法不行。」甲寅，進呈郭剛申權統領陳鏜乞落權字。趙雄奏：「在外諸軍統領，卻無密院審察法，須從統領揀選，則統制何憂不得人。」上曰：「如此則尤好。」雄奏：「昨見王友直説，須從訓練官處不輕授，則準備將至統制官方是一一得人。臣答之云，惟將帥體國者乃肯如此。

使人人似殿帥之言，則軍中何患無人。」上曰：「此方是澄其源，然非體國者不能也。」乙卯，進呈吏部申：內侍李裕文合轉歸吏部。上曰：「昨與在京宮觀，元不曾降轉歸吏部指揮。」趙雄奏：「從來內侍寄資官罷內侍差遣，須轉歸吏部。」上然之。戊午，進呈畢，趙雄奏：「蜀中五月得雨，遐邇皆足。今歲又有大有年之望。」上曰：「如此則甚好。江浙間已大熟，昨聞蜀中未得雨，今已報得雨耶。」雄奏：「豐年須溥遍乃佳〔七三〕。今吳、蜀皆稔，此誠可慶。」上曰：「世以鳳凰、芝草、甘露、醴泉爲佳瑞，是皆虛文，不若使年穀屢豐，公私給足，此真瑞也。」丙寅，禮部狀：「少保史浩奏：恭睹邸報，臣僚論科場之弊，得旨申嚴行之。臣守福州，嘗爲規畫數十事，宿弊既去，場屋整齊，試者二萬人，無一諠譁。臣當時措置曉示，編類成書，似與今來指揮符合，謹以上進。禮部、國子監看詳，乞下臨安府雕板印造成册，遍諸州。」〔七四〕詔從之。尚書省言：「信州常平義倉米元申帳狀管九萬三千餘石，今次提舉司申有六萬八千餘石〔七五〕，及至盤量，止得一萬二千九百餘石，其餘皆是虛數。提舉官李庚到任已及二年，並不檢察，是致闕米，有誤賑濟。知州趙師嚴、通判李桐係乾道三年在任之人，所申帳狀隱庇虛妄。」詔李庚特降兩官放罷，趙師嚴、李桐各降兩官，不得與堂除。是月，吏部郎閻蒼舒言：「馬政之弊，不可悉數。今欲大去其弊，獨有貴茶。蓋夷人不可一日無茶以生，祖宗時一馱茶易一上駟，陜西諸州歲市馬二萬匹，故於名山歲運二萬馱。今陝西未歸版圖，西和一郡歲市馬三千匹爾。而並用陝西諸郡二萬馱之茶，其價已十倍，又不足，而以銀、絹、紬及紙幣附益之。其茶既多，則夷人遂賤茶而貴銀、絹、紬，而茶司之權遂行於他司。今宕昌四尺四寸下駟一匹，其價率用十馱茶，若其上駟，則非銀、絹不可得。祖宗時，禁邊地賣茶極嚴，自張松大弛永康茶之禁，因此諸蕃盡食永康細茶，而宕昌之茶賤如泥土〔七六〕。且茶愈賤則得馬愈少，猶未足道，而因此利源，遂令洮、岷、疊、宕之土蕃深至吾腹心內郡〔七七〕。此路一開，其憂無窮。今後欲必支精好茶，而漸損其數。又嚴入蕃茶之禁，則馬政漸舉而邊境亦漸安矣。」詔令朱佺嚴行禁止。立待補太學試法。每正解一名，取待補五名。竄龔茂良。先是，茂良退朝，開府曾覿當道不避。茂良奏白上前曰：「臣固不足道，所惜者朝廷大體。」上遣中使諭覿詣政府謝。茂良取其直省官撻之。御筆宣問，施行太遽。會柴瑾論奏不行，得旨補外，或指瑾爲茂良同年。未幾，謝廓然除殿中侍御史，中書舍人林光朝繳還詞頭，忤上旨，改除工部侍郎。光朝乃茂良同里，茂良求去益力。六月，內批除職與郡，令內殿奏事，手疏六事，論恢復之具：曰天意，曰人事，曰財賦，曰將帥，而所以用之者曰謀，曰時。既退，臣僚論茂良擅權植黨。上親灑宸翰諭以體貌大臣之意。章再上，落職罷。臣僚復論茂良四罪，言：「茂良行丞相事首尾三年，臣僚奏對有及備邊利害，必遭譏罵。陛辭之日，方有所論，凡數百言，此可誅一也。陛下孝誠篤至，率群臣同上萬年之觴，與册正中宫，駕幸二學，亦皆斷自聖心，舉行巨典。茂良乃自謂皆出其建明，誕慢如此，可誅二也。以己所言，駕爲天語，以陛下聖訓掠爲己恩，其可誅三也。其薦察官則私以妻黨林慮爲首，擬除後省則特以鄉人林光朝爲首，其可誅四也。」尋責寧遠節副、英州安置。明年卒于貶所。

八月辛未，詔：「今後職事釐務官並見闕方許差除，其乾道九年十二月五日已降指揮，更不施行。」壬申，進呈：前來教閲民兵，兩淮、荆襄總費爲緡錢三十六萬有奇，米三萬石有奇。上曰：「此謂逐路追集教閲耶？　謂逐州教閲耶？」〔七八〕趙雄奏：「兩淮各就漕司，逐路教閲，江陵、襄陽、荆門各就逐州。」上曰：「如此則可與降指揮〔七九〕，候農隙日令守臣教閲一月。」樞密院奏：「已降指揮，令諸州軍有御前屯駐或分屯軍馬去處，將見教閲禁軍差官部轄，附大軍一就教閲。所有不係駐劄並分屯軍馬州軍，其禁軍自合逐州教閲。切慮因而廢弛，理宜申飭。」詔令諸路帥司行下所部州軍守臣，嚴行責委兵官，將見管禁軍精加教閲，不測差官前去拍試〔八〇〕，如有武藝退惰，具當職官姓名按劾施行。癸未，進呈程大昌奏：「士輵陳乞恩數，乞依執政轉廳減半。」上曰：「士輵自少保轉少傅〔八一〕，可依轉廳條格給之。」又宣諭：「舊法遷官，卻依初除試爲大濫。大昌所陳，自有見行條法，無可議者。」李彥穎奏：「大昌言宰執轉廳失於審勘，便同除授全給，減年合行釐正。」上曰：「可令有司遵守見行條法。」甲申，進呈大理寺獄案。上曰：「宋資成盜用過七千餘緡，雖士大夫猶不可恕，況小使臣乎。可依擬定特旨施行。」乃刺配、籍没其家資。進呈鎮江府副都統制岳建壽申：權統制杜俊乞落權字，給降宣命。都堂審察，杜俊筋力精神衰乏。乃詔特與罷從軍。岳建壽具析申〔八二〕，上曰：「身爲主帥，既是統制官非才，自合審驗申明，今乃因循津發，豈得無罪，可降一官。」

九月丁酉朔，日有食之。己酉，御講筵〔八三〕，侍讀史浩讀三朝寶訓：「真宗謂近臣曰：『諸路提點刑獄官，昨已令察官吏踰違不理，而廉幹之士未令稱舉。四海聞之，謂朝廷惟求人過，又慮不識治體之人，因而生事，當降詔，若有能吏聽其奏薦。』」浩曰：「本朝祖宗忠厚如此。」上曰：「本朝仁厚可比於周。」又讀：「秘書丞鄧餘慶坐祠祭不至，私罪，當劾所薦之主。上曰：『連坐舉官，誠亦不易，如此公坐，猶尚可矜，其有本不諳知，勉徇請託，及乎敗累，何以逃責。』王旦曰：『薦才誠難，亦有中道改節者。』上曰：『然拔十得五，縱使徇私，朝廷由此得人亦不少矣。』旦曰：『求人之際，但信其言而用之。有所曠敗，亦以所言而坐之。』」浩曰：「聖人之言遠如天，賢人之言近如地。觀真宗與王旦之言，可以見聖賢之遠近也。王旦爲相，欲坐繆舉者之罪。此賢人之言也。真宗以爲拔十得五，縱使徇私，然朝廷由此得人亦不少矣。此聖人之言也。其言包含廣大，豈不如天之遠耶。」上曰：「孟子之言最爲辯，其視孔子之言則氣象大不相侔。蓋孔子之言約而盡。且如莊、列之言，自不如老子之約。此乃聖、賢之分也。」是月，閱蹴毬於選德殿。紹興府水。

冬十月戊辰，執政進呈：金州副都統制李思齊申請，軍官擇有才略智勇人不次陞擢。上曰：「專用年限資歷，則才者無以自見。若許躐次陞差，則兵官得人矣。」詔許躐等陞差，發付樞密院審察取旨〔四〕，給付身。丙子，詔：「陰雨多日，大理寺、臨安府並屬縣及兩浙西路諸州縣見禁罪人，在內委臺官，在外委提刑，即時躬身前去檢察決遣。如路遠去處，分委通判，杖罪已下並干繫等人日下並行疏放。仍將已斷放過名件，逐一開具聞奏。」己卯，執政進呈江州置駐劄軍因依。趙雄奏：「昨準宣諭賣度牒非佳事。今湖廣總領所歲有給降度牒定數，不知紹興年間，不曾給降，亦自足用。豈紹興三十年創置以萬人爲額之前，度牒初未行也。」上曰：「待以示三省。朕甚不欲給降度牒，當漸革之。」

臣留正等曰：刺民爲兵，髡民爲僧，皆非古也。世變之極，兵、民分爲二致，兵固已病民矣，又因兵而財用不足，藉度牒以給之。一人爲兵，供之者十人，既未能革養兵之弊，又毆民以棄南畝，游手日衆，農民日削，可不念哉。聖語首及於此，其意深矣。

庚辰，詔幸灘上抽摘諸軍人馬按教，宰職〔八五〕、管軍、知閤、御帶、環衛官，自祥曦殿戎服起居從駕，餘免。

十一月己亥，樞密院進呈金州管內安撫司申：本州管保勝軍二千三百餘人，見闕衣甲千八百餘副。上曰：「衣甲亦不可不理會。舊來主帥見說，盡令義士赤肉當敵，此何理也。」趙雄奏：「陛下興言及此，義士何得不以死報。近利路安撫司乞再置作院，專一打造義士衣甲，今欲行下，逐旋均撥應副。並舊宣撫司亦未有衣甲，已令周嗣武點檢，俟申到定數，亦當分給義士也。」庚子，樞密院進呈內外諸軍申繳逃亡事故付身。上曰：「近來軍中之弊不知革去多少，只如逃亡事故付身，有家累者批鑿，無家累者焚毀，數年之間，免冒濫者多矣。」趙雄奏：「且如軍中陞差與揀汰離軍之人，令赴密院審察，皆有去取，此事亦奇。」上曰：「行之稍久，主帥自不敢用私喜怒有所陞黜也。」甲辰，樞密院進呈：魏王奏，武德郎鄭亘古乞改添差明州都監。趙雄奏：「亘古無添差恩例，若欲從之，須降特旨。」上曰：「既無添差恩例，自是難行。」雄奏：「如此，則令具正闕奏辟。」上曰：「甚好。」雄奏：「一使臣差遣小不應格，雖魏王奏請，陛下亦不從，群臣誰敢不遵守格法也。」丙午，樞密院進呈李川申：「近旨不許管軍官接見賓客，川自準聖訓不敢妄見一人，遂斂衆怨，動生謗議。」趙雄奏：「欲申嚴指揮行下。」上曰：「李川能如此遵守，誠不易得，可與再行約束，仍奬諭李川。將帥能如此執守，甚副朕意。宜益堅此意〔八六〕，勿恤衆怨，謗議雖起，不足慮也。」丁未，乃詔江上並四川諸軍：「遵依已降指揮，如有違戾，重作施行。干求乞貸若借舟船人馬之類，並以贓論。」戊申，樞密院進呈郭鈞申：「乞將右軍統制田世雄改充中軍統制。緣止係改移，即非創行陞差，乞免赴樞密院審察。」上曰：「初除統制時曾經審察乎？」趙雄奏：「舊來止是宣撫司陞差，未經審察。」上曰：「審察之法，豈可輒廢。若以爲正當防秋，可令至來年中春津發赴樞密院審察，給降付身。」

十二月甲戌，臣僚言：「農田之有務假，始於中春之初，終於季秋之晦，法所明載。州縣不知守法，農夫當耕耘之時，而罹追逮之擾。此其害農一也。公事之追鄰保，止及近鄰足矣。今每遇鄉村一事追呼，干連多至數十人，動經旬月。吏不得其所欲，則未肯釋放。此其害農二也。丁夫工伎止宜先及游手，古者所謂夫家之征是也。今則凡有科差，州下之縣，縣下之里胥，里胥所能令者，農夫而已。修橋道、造館舍，則驅農爲之工役。達官經由〔八七〕，監司巡歷，則驅農爲之丁夫。此其害農三也。有田者不耕，而耕者無田，農夫之所以甘心焉者，猶曰賦斂不及也。其如富民之無賴者不肯輸納，有司均其數於租户，胥吏喜於舍强就弱，又從而攘肌及骨。此其害農四也。巡尉捕盜，胥吏催科，所至村疃雞犬爲空，農夫坐視而不敢較。此其害農五也。」詔令州縣長吏常切加意，毋致有妨農務。乙亥，大閲殿步兩司諸軍於茅灘，皇帝登臺，殿帥王友直、步帥田世卿奏：人馬成列。舉黄旗，諸軍統制已下呼拜者迺奏發嚴。舉白旗，聲四鼓，變方陣，次變四頭八尾陣，爲禦敵之形。次變大方陣，次舉黄旗，聲五鼓，變圓陣。次舉皂旗，聲一鼓，變曲陣。次舉青旗，聲三鼓，變直陣。次舉緋旗，聲二鼓，變鋭陣。管軍奏：五陣教畢，放教。是日，天氣晴爽無纖雲，器甲精明，光耀原野，士氣鋭，天顔甚悦。上宣諭友直等曰：「器甲鮮明，紀律嚴整，皆卿等留心軍政，深可嘉尚。」犒賜將士有差。戊寅，前浙東提舉何偁言：「本路措置水利，創建河浦、塘埭、斗門二十處，增修開濬淺浹碶閘、溪浦、河堰、沸潭、湖埂六十三處〔八八〕，計灌溉民田二十四萬九千二百六十六畝。」詔浙東提舉姚宗之覈實〔八九〕，開具聞奏。

是歲，知遂寧府杜莘老舉布衣雍山行義，召不至，賜出身，添差本府教授。尋乞致仕。乾道初，定節度使至正任刺史除上將軍，横行遥郡除大將軍，正使除將軍，副使除中郎將，使臣以下除左右郎將。正任謂承宣使至刺史也。遥郡謂以階官領刺史至承宣使也。正使謂武翼大夫以上也。副使謂武翼郎以上也。使臣以下謂訓武郎以下也。

至是年，詔今後環衞官節度使除左右金吾衞上將軍、左右衞上將軍，承宣使、觀察使爲諸衞上將軍，防禦使至刺史、通侍大夫至右武大夫爲諸衞大將軍。武功大夫至武翼大夫爲諸衞將軍。正侍郎至右武郎、武功郎至武翼郎爲中郎將。宣贊舍人、敦武郎以下爲左右郎將。差度支郎周嗣武點磨四川總所。嗣武尋奏：「蜀爲今日根本之地，自屯兵蜀口，五十年間，竭全蜀之力僅足以供給軍費。目今歷尾雖管錢引八百萬道，乞存留在蜀，以備非常急闕之需。」從之。四川制置使胡元質奏云：「爲蜀民之病者，惟茶、鹽、酒三事爲最。酒課之弊近已損減，蜀茶祖宗時並許通商，熙寧以後始從官榷，當時課息歲不過四十萬。建炎軍興，改法賣引，比之熙寧已增五倍。紹興十七年，主管茶事官增立重額。逮至二十五年，臺諫論列，始蒙蠲減。當時鄭靄爲都大提舉，奉行不虔，略減都額，而實不與民間盡蠲前官所增逐户納數。又越二十餘年，其間有産去額存者，有實無茶園，止因賣零茶，官司抑令承額而不得脱者，似此之類不一。逐歲多是預俵茶引於合同官場，逐月督取。張松爲都大提舉日，又計興、洋諸場一歲茶額，直將茶引俵與園户，不問茶園盛衰，不計茶貨有無，止計所俵引數，按月追取息錢。以致茶園百姓愈更窮困。欲行下茶馬司，將無茶之家並行倚閣。茶少額多之家即與減額。」得旨令元質與茶馬司及總領司措置（六年九月丙子奏減虛額）〔九〇〕。元質又云：「鹽之爲害尤甚於酒。

蜀鹽取之於井，山谷之民，相地鑿井，深至六七十丈，幸而果得鹹泉，然後募工以石甃砌，以牛革爲囊，數十人牽大繩以汲取之。自子至午，則泉脉漸竭，乃縋人於繩令下，以手汲取，投之於囊，然後引繩而上，得水入竈，以柴茅煎煮，乃得成鹽。又有小井謂之卓筒，大不過數寸，深亦數十丈，以竹筒設機抽泉，盡日之力所得無幾。又有鑿地不得鹹泉，或得泉而水味淡薄，煎數斛之泉，不能得斤兩之鹽。其間或有開鑿既久，井老泉枯，舊額猶在，無由蠲減。或有大井損壞，無力修葺，數十年間，空抱重課。或井筒剥落，土石堙塞，彌旬累月，計不得取。或夏冬漲潦，淡水入井，不可燒煎。或貧乏無力，柴茅不繼，虛失泉利。或假貸資財，以爲鹽本，費多利少，官課未償，私債已重。如此之類，不可勝計。臣欲擇能吏前往逐州，考覈鹽井的實盈虧之數，先與推排等第，隨其盈虧多寡而增損之，必使上不至於重虧國計，下實可以少紓民力，方可施行。」詔令元質與李蘩同共相度，措置條具聞奏。元質續奏：「鹽井重額，沈痼百姓垂五六十年矣。號呼籲天而天不聞，陛下亟出所儲，略無愛嗇，俾不踰時，出窮民於水火之中，誠若有所不及。臣親聞歌頌之聲，目睹和平之象，實千載希闊難逢之嘉會。乞宣付史館。」從之。元質又言：「簡州最爲鹽額重大，近蒙蠲減折估錢五萬四千餘緡，但官司一時逐井除減，使實惠未及下户。富厚之家動煎數十井，有每歲減七千緡者。下等之家不過一二十井，貨則無人承當，額徒虛欠，官司督責不免。望委制置司，再將向來已減之數重行均減，其上户至多者每歲不得減過二千貫，其餘類推，均及下户。」

校證

〔一〕趙彦端　李校：會稽續志卷二浙東提刑題名同，中興聖政卷五三作「趙彦瑞」。汪按：再造本、文海本作「趙彦端」。「趙彦端」多見記載，陳振孫直齋書録解題卷一八别集類：「介庵集十卷，左司郎官趙彦端德莊撰，乾、淳間名士也……」則作「趙彦端」是。

〔二〕連良字　「良」原作「艮」，據再造本、中興聖政卷五三、文獻通考卷二五九帝系考、錦繡萬花谷前集卷九宗室校改。

〔三〕討論　再造本、文海本同，中興聖政卷五三作「討論」。

〔四〕新州　「新」字原爲空闕，再造本、文海本字難辨，據中興聖政卷五三補。

〔五〕永　原作「水」，據再造本、中興聖政卷五三、文獻通考卷一〇二宗廟考、樓鑰攻媿集卷九八趙粹中神道碑、羅濬寶慶四明志卷九郡志叙人先賢事迹趙粹中校改。

〔六〕孅惡　再造本、文海本同，中興聖政卷五三闕頁，明程敏政新安文獻志卷二宋程叔達察郡邑廉吏詔作「美惡」。

〔七〕純一 文海本同，中興聖政卷五三闕頁，再造本、新安文獻志卷二宋程叔達察郡邑廉吏詔作「醇一」。

〔八〕養交 再造本、文海本同，中興聖政卷五三闕頁，新安文獻志卷二宋程叔達察郡邑廉吏詔作「養高」。

〔九〕關外四州 「州」原作「川」，再造本、文海本、中興聖政卷五三均同，然宋代無「關外四川」之說法，今據劉時舉續宋編年資治通鑑卷九校改。

〔一〇〕諸處 原作「諸路」，再造本、文海本同，據中興聖政卷五三、續宋編年資治通鑑卷九校改。

〔一一〕在側 「在」原作「仕」，再造本、文海本同，據中興聖政卷五三校改。

〔一二〕行其職事鳌務官 「行其」，文海本同，再造本「其」字闕文，中興聖政卷五三作「行在」，作「行在」似是。

〔一三〕虜主 原作「金主」，據再造本、文海本回改。

〔一四〕恃 原作「侍」，文海本字難辨，據再造本、中興聖政卷五三校改。

〔一五〕正（貞）觀 再造本、文海本、中興聖政卷五三均作「正觀」，當是撰者避宋諱用字。

〔一六〕受 原作「授」，文海本同，據再造本、中興聖政卷五三校改。

〔一七〕每存公道 「每」原作「母」，據再造本、文海本、中興聖政卷五三、宋史卷三八五龔茂良傳校改。

〔一八〕治二郡咸有惠愛　原作「治二十歲有惠愛」，文不通，文海本同，再造本闕文，據中興聖政卷五三校改。

〔一九〕十七八九萬斛　再造本、文海本、中興聖政卷五四均無「九」字，然「九」字處有空白。

〔二〇〕聞　原作「問」，文海本字難辨，據再造本、中興聖政卷五四校改。

〔二一〕雖　原作「須」，再造本、文海本同，據中興聖政卷五四、趙汝愚宋朝諸臣奏議卷六蘇軾上哲宗乞進讀陸贄奏議、蘇軾東坡全集卷六四乞校正陸贄奏議上進劄子校改。

〔二二〕趙鼒　文海本同，再造本、中興聖政卷五四作「趙鼒」。

〔二三〕湯邦彥　原作「議簽書」，再造本闕文，文海本字迹不清，似作「議竹書」，據前後文及中興聖政卷五四校改。

〔二四〕賈和仲　「賈」原誤「買」，據前後文及再造本、中興聖政卷五四校改。

〔二五〕虜　原作「北」，據再造本、文海本回改。

〔二六〕盧　原誤「盧」，文海本同，據再造本、中興聖政卷五四校改。

〔二七〕一个臣　文海本同，再造本、中興聖政卷五四作「一介臣」。作「个」作「介」，自古就有歧傳，此不贅辯。

〔二八〕斷斷猗　再造本、文海本同，中興聖政卷五四作「斷斷兮」。作「猗」作「兮」，自古就有歧傳，此不贅辯。

〔二九〕應援 原作「應緩」，再造本、文海本同，據中興聖政卷五四校改。

〔三〇〕賑糶 原作「賑米」，文海本闕文，據再造本、中興聖政卷五四、徐松宋會要輯稿職官四三之四〇校改。

〔三一〕仰約度 原作「仰納度」。李校：「仰納」，中興聖政卷五四作「仰約」。汪按：再造本、文海本作「仰約度」。宋會要輯稿職官四三之四〇作「約度」而無「仰」字。今據校改。

〔三二〕定遠 李校：原脱「遠」字，據宋史地理志四補。汪按：再造本、文海本、中興聖政卷五四均作「定縣」，濠州確有定遠縣而無定縣，李校補似是，今從之。又清畢沅續資治通鑑卷一四四作「定遠」，惟不知所據，可參。

〔三三〕祖額 原作「租額」，據再造本、文海本、中興聖政卷五四校改。

〔三四〕吴益王府 「吴益」原作「具蓋」，文不通，據下文及再造本、文海本、中興聖政卷五四校改。

〔三五〕慶賚 原作「慶賞」，據再造本、文海本、中興聖政卷五四校改。

〔三六〕專置 原作「專舉」，再造本、文海本、中興聖政卷五四均同，然「專舉」不文。今據宋會要輯稿食貨五六之五七、宋史卷一六三職官志校改。

〔三七〕被 原作「彼」，再造本、文海本同，據中興聖政卷五四校改。

〔三八〕贓 原爲空闕，文海本字難辨，據再造本、中興聖政卷五四、宋史卷三四孝宗紀補。

〔三九〕朝廷　原作「朝奏」，再造本、文海本同，據中興聖政卷五四校改。

〔四〇〕王楫　「楫」原作「揖」，再造本、文海本同，據本書前文及中興聖政卷五四、宋會要輯稿職官四三之一七四、章如愚群書考索後集卷一三官制都大提點諸路坑冶、文獻通考卷六二職官考都大坑冶校改。下文「揖」順改「楫」。

〔四一〕兀朮入寇　「兀朮」原作「烏珠」，「入寇」原作「南侵」，並據再造本、文海本回改。本段下文二「兀朮」原均作「烏珠」，下文「虜」原作「敵」，同據回改。

〔四二〕虜　此「虜」與本月下文七「虜」字，原均作「敵」，並據再造本、文海本回改。

〔四三〕凶狡　再造本、文海本同，中興聖政卷五四作「凶暴」。

〔四四〕意外立至之憂　「立」原作「兵」，據再造本、文海本、本書卷二五下、朱熹晦庵集卷九七劉珙行狀、杜大珪名臣碑傳琬琰之集下卷二二劉玶劉珙行狀校改。

〔四五〕預議　文海本同，再造本、中興聖政卷五四均作「預謀」。

〔四六〕武學　原作「武舉」，據再造本、文海本、中興聖政卷五四、宋史卷四二九道學朱熹傳校改。

〔四七〕禕衣　原作「緯衣」，文海本字難辨，據再造本、中興聖政卷五四、宋史卷一五一輿服志校改。

〔四八〕罷去　原作「罷云」，再造本闕，文海本字難辨，據中興聖政卷五四、朝野雜記乙集卷一七龔實之點三總所錢物校改。

〔四九〕酒　原作「須」，據再造本、文海本、中興聖政卷五四校改。

〔五〇〕倍　原作「陪」，再造本、文海本同，據中興聖政卷五四校改。

〔五一〕齊家之效　再造本、文海本同，中興聖政卷五四作「齊家之要」。

〔五二〕予決　文海本同，中興聖政卷五四誤作「子決」，宋會要輯稿刑法三之三五引此詔作「與決」。

〔五三〕住滯　原作「注滯」，再造本、文海本同，中興聖政卷五四闕文。按「住滯」爲宋代公文常用術語，宋會要輯稿刑法三之三五引此詔作：「……仍令所屬曹部置籍稽考住滯，申尚書省，其所委監司取旨」，今據改。

〔五四〕誤　再造本、文海本同，中興聖政卷五四作「悟」。

〔五五〕四蜀　原作「四屬」，據文海本、中興聖政卷五四校改。

〔五六〕艨衝　原作「朦衝」，再造本、文海本、中興聖政卷五四同，群書考索後集卷四三兵制兵器、王應麟玉海卷一四七兵制水戰淳熙多槳飛江船均作「艨衝」。漢劉熙釋名卷七釋船：「狹而長曰艨衝。」北魏張楫廣雅卷九釋水：「艨艟（衝）……舟也。」「朦」當爲「艨」之形近誤，據校改。

〔五七〕稅絹額　再造本、文海本同，中興聖政卷五四作「歲稅額」。

〔五八〕般載　原作「船載」，據再造本、文海本、中興聖政卷五五校改。

〔五九〕歷　此「歷」及下二「歷」字，再造本均作「曆」，歷（曆）是唐宋時期類似表、簿的一種文件名稱，「歷」、「曆」互用，究竟二字孰爲本字，孰爲假借字，學界有不同看法。

〔六〇〕臣寮奏　再造本、文海本同，中興聖政卷五五此前有「辛巳」繫日，且作「龔茂良、李彥穎奏」。

〔六一〕大宗正丞劉溥奏　再造本、文海本同，中興聖政卷五五、宋會要輯稿食貨七〇之六八至六九此前均有「進呈」二字，且有繫時，前者作「癸未」（今據補），後者作「十三日」。

〔六二〕撥還　李校：按原本此下衍「今若移此六十應副支遺次年正月至三月撥還」十九字，據中興聖政卷五五刪。汪按：再造本、文海本無此十九字，應作刪除依據。所刪是，今從之。又宋會要輯稿食貨七〇之六八至六九、文獻通考卷五田賦考可爲佐證。

〔六三〕四月上旬　原作「四月五月」，據再造本、文海本、宋會要輯稿食貨七〇之六八至六九、文獻通考卷五田賦考校改。

〔六四〕聞　原作「間」，文海本同，據上下文及再造本、中興聖政卷五五校改。

〔六五〕武成　原作「武臣」，再造本、文海本同，據中興聖政卷五五、宋史卷三四孝宗紀校改。

〔六六〕騁　此字原爲空闕，據再造本、文海本、中興聖政卷五五補。

〔六七〕趙磻老　李校：原作「趙潘老」，據中興聖政卷五五、潛說友咸淳臨安志卷四七改。汪按：再造本作「趙磻老」，可作校改依據。文海本作「趙潘老」。

〔六八〕李蘩　原作「李繁」，再造本、文海本同，據本書前後文及宋史卷三九八李蘩傳、魏了翁鶴山集卷七八李蘩墓誌銘校改。

〔六九〕臺諫司户部　「司」，再造本、文海本、中興聖政卷五五均同，然「臺諫司户部」不文。續資治通鑑卷一四五作「臺諫同户部」，似是，然不詳所據。

〔七〇〕夏四月　李校：「夏」字前原衍「睿」字，據中興聖政卷五五删。汪按：再造本、文海本均無「睿」字，應作校改依據。

〔七一〕淮等奏　「奏」字原脱，再造本、文海本同，據中興聖政卷五五補。

〔七二〕用資　再造本、文海本同，中興聖政卷五五作「用資歷」，據前後文，似作「用資歷」是。

〔七三〕溥遍　原作「雨遍」，據再造本、文海本、中興聖政卷五五校改。

〔七四〕遍諸州　再造本、文海本、中興聖政卷五五均同，然「遍諸州」不文，宋會要輯稿選舉一六之二一作「遍牒諸州」，似是。

〔七五〕今次　原作「今以」，文海本後一字難辨，據再造本、中興聖政卷五五校改。

〔七六〕岩昌　再造本、文海本、中興聖政卷五五均同，然據前文，似應作「宕昌」。續資治通鑑卷一四五即作「宕昌」，又再造本兩「岩」字均有紅筆校改爲「宕」，並不詳所據。宕昌爲岷州（西和州）的寨名，是漢蕃茶馬貿易的重要地點。

〔七七〕疊岩　李校改爲「疊宕」，謂：「原作『疊岩』，據宋史地理志三改。」再造本、文海本、中興聖政卷五五均作「疊岩」，然李校似是。續資治通鑑卷一四五作「疊宕」，又此句作「而並令洮、岷、疊、宕之士蕃，逐利深入吾腹心內郡」，可參。

〔七八〕逐州　原作「遂州」，文海本字模糊難辨，據再造本、中興聖政卷五五校改。

〔七九〕指揮　原作「指歸」，文海本同，據再造本、中興聖政卷五五校改。

〔八〇〕拍試　原作「迫試」，文海本字不清晰，似「拍」。據再造本、中興聖政卷五五校改。

〔八一〕少保　「少」字原作「言」，文海本同，據再造本、中興聖政卷五五校改。宋史卷三四孝宗紀載乾道九年士輵進少保。玉海卷七五禮儀記淳熙二年二月後苑觀射時官銜爲少保。周必大文忠集卷一〇七淳熙三年賜新除少傅士輵辭免令所司擇日備禮册命宜允詔可爲佐證。

〔八二〕具析　原作「具折」，文海本字模糊難辨，據再造本、中興聖政卷五五校改。

〔八三〕講筵　原作「經筵」，文海本作「誰筵」，據再造本、中興聖政卷五五校改。

〔八四〕發付　再造本、文海本同，中興聖政卷五五作「發赴」。

〔八五〕宰職　再造本、文海本、中興聖政卷五五均同，疑當作「宰執」。續資治通鑑卷一四六作「宰執」，不詳所據。

〔八六〕宜益　原作「宗監」，文海本同，「宗監」不文，據再造本、中興聖政卷五五校改。

〔八七〕達官　再造本、文海本同，中興聖政卷五五闕頁，宋會要輯稿食貨六三之二一三作「遠官」。

〔八八〕開濬淺浹碶閘溪浦河堰沸潭湖埂六十三處　再造本、文海本、中興聖政卷五五「沸潭」均作「弗潭」，餘同。宋會要輯稿食貨六一之一二六作「開濬淺狹塘埭、斗門、碶閘、溪浦、河堰、硃潭、湖埂六十三處」。又「淺浹」當作「淺狹」，「碶閘」當作「碶閘」，「沸潭」當作「硃潭」，惜無他證。

〔八九〕覈實　再造本、文海本同，中興聖政卷五五作「覆實」。

〔九〇〕奏減　原作「奉減」，據再造本、文海本、中興聖政卷五五校改。

宋史全文卷二十六下

宋孝宗六

戊戌淳熙五年春二月戊辰，臣僚言：「郡縣之政，最害民者莫甚於預借。蓋一年税賦，支遣不足，而又預借於明年。是名曰借，而終無還期。前官既借，後官必不肯承。望嚴戒州縣，如有違戾，監司常切覺察。」從之。己巳，臣僚言丁税二弊：「一丁之税，人輸絹七尺，此唐租庸調之所自出也。二十歲以上則輸，六十則止，殘疾者以病丁而免，二十以下者以幼丁而免，此祖宗之法也。比年鄉司爲奸，託以三年一推排，方始除附，乃使久年繫籍與疾病之丁無時銷落。前添之丁，隱而不籍，皆私糾而竊取之。致令實納之人無幾，而官司所入大有侵弊。此除附之弊也。若其輸納，則六丁之税方湊成絹一匹。官司紐於久例，利其重價及頭子、勘合、市例、縻費之屬，必欲單名獨鈔。其已納者，又不即與銷簿，重疊追呼。此輸納之弊也。今欲縣委丞置丁税一司，遇歲終，許民庶之家長或次丁立罪賞，自陳其家實管丁若干，老病少壯悉開列於狀，將舊簿照，年實及六十與病廢者悉除之，壯而及令者重行收附。如隱年者許人告首。每歲納足即與銷簿給鈔，許錢、絹從便送納。」從之。是月，雨土。

三月辛酉，四川制置胡元質言：「蜀折科之額，視東南爲最重。如夏秋税絹，以田畝所定税錢爲率，凡税錢僅及三百則科絹一匹，不及三百者謂之畸零，其所輸納，乃理估錢，則準時直。當承平時，每縑不過二貫，兵興以來，每縑乃至十貫，是一縑而取三倍也。陛下軫念遠民重困，每縑裁定作七貫五百，蜀民驩呼鼓舞。然獨成都自淳熙五年爲額減放訖〔一〕，其它州縣尚有應昨來指揮去處。乞行下約束。」詔四川總領所同逐路轉運司，取見諸州軍未盡數減放因依，更相度與裁減。若以歲計卻有妨闕，仰公共措置，將諸州財賦通融相補，開具以聞。是月，以史浩爲右丞相。親試舉人，賜姚穎以下及第、出身有差。先是，侍御史謝廓然言：「近來掌文衡者，主王氏之説則專尚穿鑿，主程氏之説則務爲虛誕。夫虛誕之説行，則日入於險怪，穿鑿之説興，則日趨於破碎。今省闈引試，乞詔有司公心考校，毋得徇私專尚程、王之末習。」從之。

是春，詔會子以一千萬緡爲一界。尋又詔如川錢引例兩界相沓行。

夏四月辛未，知紹興府張津奏：「本府支用剩錢四十萬貫，起發應副御前激賞支用。」詔：「令紹興府將張津所獻錢，爲人户代納今年和買、身丁之半，仍令本府印給文榜，遍下諸縣鄉村曉諭通知。如人户今年已多納折帛錢，與理充來年應輸之數。即不得因而重疊催擾。如稍有違戾，許人户徑詣尚書省陳訴。」丁亥，詔令：「今後差給事中一員〔二〕，立一司，專一看詳天下言利病奏狀劄子，及經朝廷陳乞敷奏者。如有利國便民事，雖其言可採，並先參訂祖宗法，委無違戾，方許上籍。一供省覽，一留三省，以備舉行。如涉兵機，即關密院。」是月，雨土。

五月甲午朔，詔知静江府張栻除祕撰，令再任。以栻久任閫帥，績效有聞也。庚子，右丞相史浩奏：「臣蒙恩俾再輔政，唯盡公道，庶無朋黨之弊。」上曰：「宰相豈當有朋黨，人主亦不當以朋黨名臣下。既已名其爲黨，彼安得不結爲朋黨。朕但取賢者用之，否則去之。且如葉衡既去，人以王正己爲其黨，朕固留之。以王正己雖衡所引，其人自賢。則知朕不以朋黨待臣下也。」浩奏：「陛下此心如止水、如明鏡，賢否皆不得遁，故奸邪不敢名正人以朋黨。漢黨錮、唐白馬之禍，皆人君不明，爲群邪所惑，遂致如此。」甲辰，進呈庚子宣諭聖語論朋黨事。上曰：「唐文宗有言：去河北賊易，去朋黨難。朕常嗤其言，何至於此。朋黨本不難去，若人主灼知賢否，所在惟賢是進，不肖是退，弗問其他，則黨論自消。漢、唐末世，朋黨皆數十年不能解，以至禍亂。朕常嘆之，其患盡在人君之無學，所以聽納之不明也。若能公是公非，惟理適從，何朋黨之有哉。使胸中有詩書，有古今，則黨論何從而起。」浩奏：「用人惟論賢否，則自無朋黨。只如唐牛、李之事，後世之論者謂德裕之黨多君子，宗閔之黨多小人。然德裕之黨豈無白敏中之傾險，宗閔之黨豈無周墀之直諒。但於兩黨中用賢者，黜不肖者，則其黨自破。」范成大奏：「陛下學力高妙，鑑自聖心，漢、唐史策所載無此氣象，當於前日聖語中增入，以詔萬世。」上曰：「漢、唐朋黨之論，大抵皆由主聽不明，而其原始於時君不知學。」浩奏：「說命三篇，專論聖學，如『終始典於學』、如『學於古訓』之類，帝王要道，無先於此。」上曰：「善。」辛亥，進呈庚子、甲辰兩日聖語。上曰：「前世朋黨之興，盡由人主偏聽，及黨論既成，亦墮其中，混而爲一。朕故推究源流以立此論，卿等記録詳矣。朕觀漢、唐之末，時君心術不明，又偏聽是非，故奸臣得投其隙以立黨與，遂成禍亂，甚可憐也。每讀前代史書，至可喜處則欣慕之，至有不忍觀者，則爲之掩卷太息。」上又曰：「君子群而不黨，和而不同，賢者自然以類聚。雖曰群曰和，然自有不黨不同之處，豈皆可指以爲朋黨邪。」浩奏：「堯、舜在位，九官相遜，文武傳國，十亂同心，謂之朋黨可乎。」趙雄奏：「人主之聽儻有所偏，即所偏之處臣下必從而趨附之，則黨與遂成。今陛下謂朋黨盡由偏聽，可謂深切著明。」范成大奏：「陛下聖謨正大，可以頒示臣庶，使皆知天子不以朋黨待天下之士，則孰不精白一心以承休德。」上曰：「朋黨之論不立，則士大夫可以安心營職，無他顧慮。至於治亂禍福又有不可盡言者。蓋國之將興，則有所謂天誘其衷，否則有所謂天奪其魄。天人之際，甚可畏也。」是月，詔諸路州縣創立場務者皆罷之。

六月庚午，新知南劍州曾植言：「近日公正之道微，請託之風盛。省部之理訴、倉庫之出納、刑獄之決讞、州縣之爭訟，無一不用關節，欲望百司舉職難矣。乞戒飭百官，若內外皆行公道，毋循私情〔三〕。其有不悛，行法自近始，庶幾百官各揚乃職。」從之。甲申，詔可令翰林學士、諫議大夫、給事中、中書舍人各舉堪任監察御史二人，以備擢用。遵用祖宗故事施行。壬辰，詔侍御史亦令薦舉。

閏六月丁酉，湖廣總領周嗣武奏：「蜀爲今日根本之地，自屯兵蜀口五十年間，竭全蜀之力，僅足以供給軍費，目今歷尾雖管錢引八百萬道〔四〕，欲望軫念蜀民之力已疲，乞存留在蜀，以備經常急闕之須。是亦富藏天下、維持根本之義。」上曰：「甚善。」又奏：「蜀中錢引，自天聖間創始，每界初只一百二十五萬餘道。至建炎間，依元符之數，添印至三百七十餘萬道，尚未爲多。目今見行兩界，通共四千五百餘萬道，較之天聖之初何啻數十倍。今四川總領所又有別造錢銀會子〔五〕，接濟民間貿易，比折成貫錢引，自是六十三萬道。儻歲歲添印，一旦價例減落，則於四川錢引所繫非輕。」上曰：「蜀中錢引已多，豈可更有增添。」並從之。大理卿吳交如等劄子：「本寺公事勘會盡絶，並無收禁罪人，見今獄空，欲依故事上表稱賀。」詔免上表，令降詔獎諭。丙辰，淮東總領言：「高郵、寶應田歲被水潦，昔元祐間，發運張綸興築長隄二百餘里，爲涵管一百八所、石堰斗門三十六座，以時疏洩下注射陽湖，流入於海，故年穀屢登。自殘擾之後，盡皆廢壞，湖水漫流。今乞專委官同守令於農隙之際，官給米募夫，擇湖水衝要去處建石堰、斗門、函管，察隄岸之損缺，修築填補，庶幾公私利便。」從之。明年四月三日畢工。詔淮東總領葉翥覈實以聞。是月，興州都統吴挺言：「令階、成、西和、鳳州並長舉縣營田，以三年計之，所得纔四萬九千餘緡，而所費乃一十七萬緡。乞令州縣召民户請佃，將軍兵抽還教閲。」從之。强霓、强震並贈觀察使，仍於西和州立廟，賜額旌忠。以知興州吴挺言：霓守環州，震爲兵官，並死節不屈於虜也〔六〕。利州路復分東西，以吴挺帥西路兼知興州，知興元府程价充東路安撫。

秋八月甲午，内降御筆詔，略曰：「比年以來，五穀屢登，蠶絲盈箱，嘉與海内共享阜康之樂。尚念耕夫蠶婦，終歲勤動，賈賤不足以償其勞。而郡邑或弗加恤，使倍蓰以輸其直，甚亡謂也。其令諸路監司嚴戒所部，應民間兩税，除折帛、折變自有常制外，當輸本色者，毋以重賈强之折錢。若有故違，按劾以聞，重置於法。可令臨安府刻石，遍賜諸路監司、帥臣、郡守。」〔戊午〕〔七〕國子博士錢聞詩劄子論：「今日登用武臣，不過於武臣中選用有文采者。欲以此激勵武勇，恐反怠其習，將見將帥子弟必有事文墨、弄琴書，趨時好尚，以倖進用者。」上曰：「若如此時，朕安得人使。」

九月壬申，幸秘書省。御製詩一首，賜史浩以下，賜秘書監陳騤、少監鄭丙紫章服。

是月，陳俊卿入對。時曾覿以使相領京祠，王抃知閤門事，樞密都承旨甘昪爲入内押班，三人相與盤結，士大夫無恥者争附之。於是鄭鑑爲館職，袁樞爲宗正簿，因轉對，數爲上言之。俊卿判建康，因過闕入對，宣出賜茶，論：「覿、抃招權納賂，薦進人材，而皆以中批行之，此非宗社之福。」且曰：「陛下信任此曹，壞朝廷之綱紀，廢有司之法令，敗天下之風俗，累陛下之聖德。」上感其言，因是稍疏覿。於是覿亦覺爲上所疏，七年，疽發背死。八年，趙汝愚爲吏部侍郎，上章力抵王抃之罪，會抃擅許北使以起立問起居〔八〕。上悔悟。汝愚因請對論抃逐之。抃去，獨有昪在。朱熹嘗因過闕奏事，力爲上言之。上曰：「昪乃德壽所薦，謂有材行。」熹曰：「奸人若無材，何以動人主。」其後，上察其奸，竟抵昪罪。

大事記曰：曾覿、龍大淵、王抃、甘昪四人，憑恃恩寵，招權納賄。然四凶之寡，不能以勝元凱之衆。故曾覿、龍大淵之始用事，雖劉度、張震、胡沂、周必大、金安節諸公争之而未勝，而終以陳應求一言而去。曾覿再至，與王抃、甘昪爲奸，雖劉珙、張栻、龔茂良、鄭鑑、袁樞争之未勝，而曾覿復以俊卿一言而去，王抃以趙汝愚一言而去，甘昇以朱熹一言而去。於此見孝宗之英明，塵翳終不能以滓太清也。於此見乾、淳君子之多，稂莠終不能以害嘉禾也。

俊卿之在建康也，是時御前多行白劄子，率用左右私人賫送。俊卿因上奏曰：「號令出於人主，行於朝廷，布於中外，古今之所同也。間有軍國幾密文字〔九〕，或御前批降，則用寶行下，此所以示信防僞也。今乃直以白劄傳旨，處分事宜於數百里之外，其間亦有初非甚密之事，自可付之省部。今白劄既信於天下，則他時緩急或有支降錢物，調發軍馬，處置邊防，於國家大利害事，其間豈能保其無僞。若嚴重知體之人，必須奏審，則往來之間，或失事機。若庸懦無識之人即便施行，則真僞不分，豈不誤事。況祗稟文字只付差來人，或令回申元承受處，到之與否，不可得知，此於事體尤爲非便。」上降手札獎諭愧謝之言。

是秋，進呈三祖下第六世仙源類譜、仁宗皇帝玉牒。

冬十月，先是，曆官推九月庚寅晦。既頒曆矣，而北使來賀生辰者乃以爲己丑晦，蓋小盡也。於是會慶節差一日。接伴檢詳丘崈調護久之〔一〇〕，虜人乃肯用正節日上壽〔一一〕。蓋曆官荆大聲妄改甲午年十二月爲大盡，故後天一日也。

十一月庚申，右丞相史浩奏：「陛下事親之懿，二典所載，誠有所不能及者。如朔望駕朝德壽宮，與夫聖節、冬至、正、旦上壽，或留侍終日，或恭請宴游，凡所以盡子之道，以天下養者，皆極其至，自宜大書於策，以爲萬世父子之法。然自陛下登位以來，至是凡十有七年，其間豈無親聞太上皇帝聖訓，與夫陛下問對玉音，外庭不得而知，史官不得而書，誠今日之闕典也。欲望陛下以前所聞，及自今以後所得太上皇帝聖訓、陛下問對玉音，許令輔臣隨時奏請，俾之登載日曆，或宣付史館，别爲一書，則聖子神孫得以遵承家法，而天下後世知聖朝慈孝之德之盛。」詔從之。庚午，祕書監鄭丙等奏：「所書太上皇帝聖訓，皇帝問對玉旨及尊號詔册儀注之類〔三〕，乞先載日曆外，仍别爲一書，自朝廷立爲書名頒降。」尋詔其書以「光堯慈訓」爲名。丁丑，進呈王希吕繳奏：「浙間州縣推排物力，至於牛畜亦或不遺。舊法即無將舍屋、耕牛紐充作家業等第之文。送敕令所看詳，人户租賃牛畜，雖係營運取利，緣亦便於貧民，欲依所奏，將應民户耕牛、租牛依紹興三年五月六日指揮，並與免充家力。行下諸路州縣遵守施行。」上曰：「國以農爲本，農以牛爲命。牛多則耕墾者廣，豈可指爲家力因而科擾。可令檢坐紹興指揮，申嚴行下，監司常切覺察，如有違戾，按劾聞奏。」戊寅，上宣諭宰臣曰：「卿等皆朕親擢，凡事盡心，當官而行，勿有所畏。朕既深知卿等，則讒毁之言無自而入。朕觀魏（徵）、王珪之事，唐太宗凡有所言，亦未嘗每事皆從，彼皆終其身事太宗。卿等當以魏證（徵）、王珪爲法，不得輕爲去就。」詔：「成都一路十六州，除成都自有飛山軍及威茂黎雅嘉州、石泉軍係沿邊去處，兵備不可抽摘外，自餘諸州各選兵官，前去逐州按試勇壯有武藝人，抽摘團結，共取一千人，作二隊，如李德裕雄邊子弟，以雄邊軍爲名。」從知成都胡元質請也。是月，史浩罷相，授少傅、保寧節度、醴泉觀使兼侍讀。以趙雄爲右丞相，王淮爲樞密使，錢良臣參知政事。

十二月辛卯，進呈監司郡守除目。上曰：「郡守得人，則千里蒙福，監司得人，則一路蒙福。卿等遴選其人，不可輕授。」壬辰，進呈趙彥逾劄子，乞將南康軍諸處魚池爲放生池，不許租與民户。上曰：「聞沿江之民以魚爲生，今而禁之，恐妨細民。」乙卯，進呈知臨安府吴淵劄子，乞復置西溪等兩處發引欄税。上曰：「關市譏而不征。去城五十里之外〔三〕，豈可復置欄税。」臣僚言：「昔大觀中，嘗患内外官司奏辟員闕差遣，多是權要子弟及易舉親戚，陞養資任，非任能責成之意，嘗下詔：凡奏辟官，於奏狀前用貼黄具所辟官在朝親屬職位、姓名以聞。欲望檢舉大觀已行之詔，應自今有合奏辟官屬，必於貼黄前説不繫權要子弟親戚，庶幾公道稍伸，私情盡革，以仰副清朝綜核名實之意。」詔從之。

是歲，前知雷州李茆奏：「廣西鹽法見於已行者，曰鈔商興販也，曰官自搬賣也。

然二者利害不可不究。且官自搬賣，舊係本路轉運司主其事，行之既便，歲課自充，諸州亦無闕乏之患。爰自紹興八年改行鈔法，轉運司所得僅二分，不能給諸州歲計，至於高折秋苗，民被其害。逐年賣鈔所虧之數甚多，陛下灼見其弊，仍舊撥還轉運司，均與諸州官搬官賣，盡罷折米招糴之爲民害者，止令轉運司歲認息錢三十一萬貫。其爲計甚善，自當確守此法，必爲永久之利。臣恭聞光堯太上皇帝在御之日，嘗詔諸路提舉鹽事司不得妄有申請，變更鹽法。乞申嚴行下，勿使朝廷良法爲妄議者紛更，實一路幸甚。」詔令户部將廣西官搬官賣鹽法申嚴行下，常切遵守。劉珙以屬疾請奉祠，未報，請致仕。上以珙病亟，遣中使挾侍醫以來，珙知疾不可爲，亟上遺表，首引恭顯伾文以爲近習用事之戒，且言：「今以腹心耳目寄此曹，故士夫倚之以媒其身，將帥倚之以饑其軍，牧守倚之以賊其民，朝綱以紊，士氣以索，民心以離，咎皆在是。願亟加擯退，以幸天下。」後謚忠肅。珙，韐之孫，子羽之子也。知廬州舒城縣余永錫坐贓〔一四〕，特貸命，編管封州，仍籍没家財。

己亥淳熙六年春正月庚午，進呈門下後省看詳司狀，太社令葉大廉劄子，奏：「乞詔内侍省，遇有取索庫務物，依舊法給合同憑由二本，一本付傳宣使臣取索，一本令本省晝時實封差人置歷，付所取庫務官勘驗支供，仍將合同繳奏，降下户部除破。如南庫、封樁庫，各下提領所，其他倉庫理合一同。所貴杜絶姦弊。本司看詳，欲依所陳，自合遵依祖宗舊制，應在内官司，遇有宣索之物，並先次經由合同憑由司。」上曰：「此良法也，可依。」癸未，趙雄等奏：「光州復置中渡榷場官，御前恐有曾經在榷場幹事之人，可以差充監官，庶可檢察禁物，不令過界。」上曰：「御前自來不曾差人在淮上買物，如淮白、北果之屬，毫髮不曾買，宫中並無，唯遇太上皇帝賜來則有之。向來劉度守盱眙，嘗獻淮白，卻而不受。近蒙太上皇帝賜得數尾，每進膳，即食一小段，可食半月。記得元居實知盱眙軍，初之任日，朕慮其在任輒獻北物，再三戒敕，令供責文狀，不得買物以獻。其狀留尚書省，卿等可取以觀之。」雄等奏：「陛下豈獨奉養儉素，只如珠玉圖畫之珍，皆不得其門而入。」上曰：「太上皇帝留得圖畫一百餘軸，皆名筆也，亦未嘗掛，蓋天性不好。」雄等奏：「此暗消磨多少事，人主一有所好，則衆弊生焉。陛下一意於天下事，無他嗜好，真堯、舜主也。」

臣留正等曰：人主惟有一心，而人人皆欲伺其所好以投之。所好一形於外，則來者紛然，皆得以乘間而入矣。武王聖人也，受一獒之獻，而召公有憂之，作書累數百言，其防弊之意深矣。漢文帝即位之初，有以千里馬試帝意者，帝曰：吉行日五十里，師行日三十里，朕乘千里馬，獨先安之？自是守恭儉清静之治者二十餘年，實由此其基也。切惟壽皇聖帝於北物無所取，於滋味無所嗜，於圖畫無所好，豈特天性恬淡不爲外慕，亦由聖見高明，誠足以知其爲有損而無益耳。移其玩物之志於萬幾兢業之間，此所以勤政務學，獨出於百王之上，而小人終無所投其隙也歟〔一五〕。

甲申，内批：「登仕郎張聞禮，係太上皇后姪女夫，特添差浙東安撫司幹辦公事。」趙雄等奏：「在法，雖戚里，文臣未經銓試，武臣未經呈試，並不許陳乞添差。」上曰：「豈可以戚里而廢公法。卿等理會得，是可留下文字，今後有似此等事，切須執奏。」四川制置胡元質、夔路運判韓㬇奏〔一六〕：「夔路之民爲最窮，而諸州科買上供金、銀、絹三色，民力重困。所有大寧監鹽課委有增羨。臣今與總領所及本路轉運司公共措置，已將鹽課攢剌之錢買金銀發納總領所及茶馬司〔一七〕，盡蠲免九州民間歲買之弊，外有餘剩錢若干，可以盡免今年夔路諸州一年金科民間買絹之數〔一八〕，餘錢又可與民間每歲貼助之費，民力可以少蘇。」上曰：「監司郡守興利除害，實惠及民，要當如此。」並從之。趙雄奏：「夔路之民最貧。韓㬇爲漕臣，措置此錢以免科擾，宣力甚多。」上曰：「不可不旌賞。」尋加㬇直秘閣。雨雹。

二月己丑朔，幸祐聖觀，即上儲宫也。皇太子從。召史浩、曾覿入侍。上御講宫，顧瞻棟宇初無改造，儼然如新，喜而念舊。輿至明遠樓下，上顧謂皇太子曰：「近日資治通鑑已熟，别讀何書？」對曰：「經史並讀。」上曰：「先以經爲主，史亦不可廢。」庚寅，參政錢良臣以失舉茹驤改官，自劾。詔：「良臣所奏，乃欲以身行法，國有常憲，朕不敢私，可鐫三官。」癸巳，詔户部侍郎陳峴、待制張宗元、新知秀州徐本中饒州居住，趙磻老各降三官。以保舉茹驤，坐失舉也。先是，驤知湖州長興縣，侵盜官錢入己，事發，免真決，台州編管，籍没家財，故有是命。甲午，太學博士高文虎論前宰執、侍從帶觀文殿大學士至待制在外者，皆有論思獻納之責。上曰：「卿此奏尤爲得體。朕亦有聽納之益，且知州郡間民情。」丙申，詔：「前宰執、侍從帶觀文殿大學士至待制，及太中大夫以上守郡奉祠之人，今後如有己見利便，聽非時聞達，即不得輒陳乞恩澤，自述勞績之類。其責降官不在此限。」丁酉，殿前副都指揮使郭棣奏：「每遇宣押打毬或蒙賜酒，其諸軍正額、額外統制官内有於馬上率爾奏事者，及賜酒之際，無指揮宣唤輒詣榻前〔一九〕，紊煩奏事，甚失臣子事君之禮。乞自今後，遇有宣押，從本司約束。」詔從之。

臣留正等曰：朝不失禮，燕不失恭，然後法度正，而堂陛之分嚴。若燕私之際，武夫兵將輒恃恩昵，干求奏請，輕瀆主威，則亦幾於褻矣。壽皇聖帝所以亟從郭棣之請，蓋肅威嚴、謹名分、防狎慢之意於是乎在此，萬世子孫所當遵守也。

癸卯，進呈淳熙海行新法。上曰：「朕欲將見行條法，令敕令所分門編類，如律與刑統、敕令格式及續降指揮，每事皆聚載於一處，開卷則盡見之，庶使胥吏不得舞文。」趙雄等奏：「士大夫少有精於法者，臨時檢閱，多爲吏輩所欺。今若分門編類，則遇事悉見，吏不能欺。陛下智周萬物，俯念及此，創爲一書，所補非小。」乃詔敕令所將見行敕令格式申明體倣吏部七司條法總類，隨事分門修纂，別爲一書。若數事共條，即隨門釐入，仍冠以「淳熙條法事類」爲名。

三月庚午，進呈知鎮江司馬伋言，用石修砌湖閘門，浚海鮮河，使舟船有艤泊之所。上曰：「司馬伋浚河修閘，惠利甚廣，可除寶文閣待制。」丁丑，宰執奏事，上曰：「諸路漕臣職當計度，欲其計一道盈虛而經度之也。今則不然，於所部州郡有餘者取之，不足者聽之，逮其乏事，從而劾之，吾民已被其擾矣。朕今以手詔戒諭之，俾深思古誼，視所部爲一家，周知其經費而通融其有無，廉察其能否而裁抑其耗蠹。庶乎郡邑寬而民力裕也。」趙雄等奏：「責任漕臣，盡於此矣。陛下厲精圖治，加惠元元，軫念及此，天下之幸也。」於是出御筆手詔以戒諸道轉運，詔略曰：「分道置臺，寄耳目於爾。漕臣職在計度，欲其計一道盈虛而經度之也。職在按察，欲其蚤正素治，毋使至於病民。厥或異此，朕何賴焉。汝等得不視所部爲一家，周知其經費而通融其有無，廉察其能否而裁抑其耗蠹。」令兩浙轉運司刻石遍賜諸路漕臣。乙酉，進呈除目：李嶧欲除太府寺丞，去年七月三日注籍〔二〇〕。上曰：「前錢良臣奏：『李嶧乃李如岡之子，臣李如岡之壻，今臣備數政路，恐外人疑臣私於親戚，欲乞與外補。』」上曰：「李嶧以論薦陞擢〔二一〕，不因卿進。然卿既以親嫌爲辭，可與近見闕知軍州差遣。」是月，高郵軍、通泰等州去年以田鼠爲災，田穀絶收，命賑之。雨雹。

夏四月丙申，上曰：「伯昌近自太府寺丞，除提舉淮東常平茶鹽，其家卻懇請德壽宮欲改除少監。朕思朝廷卿監，又非閤門、御帶之比，尤不可輕授。」趙雄等奏：「陛下至公無私，愛惜名器。雖宗室近屬、戚里近親，除授之際一毫不以妄與，此可爲萬世之法。」丁酉，上曰：「州郡間近日添差員數頗多，今後宗室、戚里、歸正官等添差通判、職官等，每州各不得過一員，帥司參議官、諸司屬官準此。」

五月甲子，進呈提領封樁庫閻蒼舒狀：「封樁庫共管見錢五百三十萬餘貫，年深有斷爛之數，乞拘收西庫綱運見錢對兑支遣，其斷爛錢貫給工索之費。」上曰：「錢積之久必致貫朽。」趙雄等奏：「陛下儉德冠古帝王，未嘗一毫妄取於民，而府庫充足。」上曰：「朕不敢毫髮妄用，所以有此，以待緩急之用，實前此所無。」戊辰，進呈秘書省狀，以太史局申，明堂大禮，合差禮畢奏祥瑞官一員。上曰：「朕以豐年爲上瑞，不必差官奏祥瑞也。」丙戌，上曰：「王佐以帥臣親入賊峒擒捕誅剿，與向來捕賊不同，書生亦不易得。」趙雄等奏乞旌賞，因曰：「今日成功皆出宸筭，蓋王佐初時奏事，已云束手無策，止日夜俟荆鄂大軍三千人至。陛下亟降宸翰，令將本路將兵、禁軍、義丁、土豪無慮四五千人，自足破賊。宸翰又云：諸路養兵皆出民力，小寇不用，蓄兵何爲？卿爲帥臣，焉不知此。王佐得此訓戒，方知驚懼，遂專用本路鄉兵等，不復指準大軍。今日擒陳峒等皆鄉丁，非大軍也。宸翰所料明矣。非陛下明見萬里，則王佐成功必不如此之速。陛下必欲旌賞之，宜俟王佐保明立功之人來，先自下推賞，然後及王佐也。」是月，臣僚言：「諸路州郡截用上供錢物，初令度支點對驅磨，既而復令關帳司驅磨，然而關防滲漏之弊終不能革者，緣其間窠目不一，失於參照。且有以某事許截經總制折帛錢，又有不以有無拘礙，盡許拘截者〔三〕，緣所截窠名不一，州郡得以容姦，重疊申部。而逐部只是照應大案合催名色，徑行銷豁。各部各案既不關會，何以稽考。今欲令度支每歲專置截使簿一面，如遇承降指揮截使名色錢物之數，即時抄其所隸部分，候諸州申到帳狀，即關會度支回報，方許關帳司驅磨銷豁。」從之。

六月戊戌，進呈臨安府勘到，李顯忠諸子師說等無禮於繼母王氏，令其子師古行財傾陷異母兄弟等事。上曰：「師說兄弟呼母爲侍婢，可謂悖禮。其母多出貨財以傾之，豈爲母之道耶。母子皆當抵重罪。朕念顯忠昔日歸朝，頗著勞效，今歿未久，不忍見其家門零落。朕欲來日批出，悉赦其罪，聽其自新，庶幾仍有母子之情。自今專務協和，如或不悛，即置典憲未晚。」趙雄等奏：「陛下聖慮及此，不唯有補風教，抑可以感激諸將忠義之心。」己亥，詔：「有司一無所問，仰臨安府追集師説等奉宣恩旨，副朕保全顯忠門户之意。」既而王氏母子感泣謝恩，旁人見者亦以手加額。上曰：「如此施行，非獨可以保顯忠門户，亦有補於風教。」是月，求四川遺書，以其不經兵火，所藏官書最多也。

秋七月癸亥，進呈荆鄂副都統郭杲奏：「唐、鄧諸處自來積穀不多，襄陽自漢江以北，四向美田，民間多有蓄積。欲密行措置，於秋收之際收儲以備緩急。」上曰：「令周嗣武同劉邦翰詳所奏事理，於秋成之際廣行收糴。其合用倉敖及收貯去處，仰公共相度措置申。」〔二三〕甲子，趙雄等謝昨日蒙恩賜新荔子、流香酒。上曰：「朕卻獻方物，所以四方珍味嘉果俱不曾有。昨日新荔子蒙太上皇帝賜到，所以分賜卿等。朕昨日食素，亦未曾嘗。朕聞舊日京師謂之獻時新，遠方新珍之物奔走争先，勞人動衆，害物甚多。朕欲痛革此事，最不喜時新之物。蓋世俗既競時新，則不待物性成就而争先採摘，甚可惜也。」癸酉，進呈知臨安府吴淵狀，修造後殿畢工。上曰：「朕本不欲修，群臣皆言此殿朽損，不得已修之。」趙雄等奏〔二四〕：「此殿乃昕朝聽政之所，及將來大禮，陛下於此宿齋而朽蠹不葺，臣子之心安乎。此臣等所以再三懇請必欲修葺，然制度亦不至壯麗，殊無勞費也。」中書舍人鄭丙言：「近來卿監丞簿悉除史官館職，學官書局員數頗多，監司、郡守差至三政，參議、通判添差相踵，歸正使臣、養老將校填滿諸郡。東宮徹章，祕書省進書，講官官僚及預修官吏賞之可也〔二五〕，下至雜流厮役、監門邏卒，亦皆霑賞。曰就龍日久，曰應奉有勞。開一河道，修一閘堰，横被醲賞。欲行裁抑。」詔曰：「賞功遷職，不以濫予，丙之言是也。而掌行書讀，每有除授，可否不即以聞，積累既多，徒有所論，不能濟於未然之前，豈所望於忠益耶。可劄付給、舍。」給事中王希吕、兼權中書舍人李木等皆以失職待罪。上曰：「謂之無罪可待則不可，謂之放罪則丙等不自安，只令依舊供職。」甲申，臣僚奏：「切見舊制，章奏凡内外官登對者許用劄子，其餘則前宰執、大兩省官以上許用劄子，以下並用奏狀。近年因臣僚奏請，凡沿邊守臣與帥漕臣並主兵官許用劄子，自後他司内郡應用奏狀者，或以劄子上塵乙覽。並其間往往抵訐前政，陳説己能，不知大體，紊煩天聽。欲望申嚴有司，應帥、漕、郡守、主兵官，如事涉兵機許用劄子，其餘若不如式，則令所屬退還。並乞令朝廷稽考臣僚章奏，如於公事之外輒以私事上瀆天聽者，略賜施行，則人知警畏，各安其分。」詔從之。是月，進呈今上會要一百五十卷，沿海制置司參議官王日休進九丘總要三百四十卷，送祕書省看詳，言其間郡邑之廢置、地理之遠近、人物所聚、古迹所在、物産所宜，莫不該載詳備，實有可采。詔特遷一官。

八月戊子，進呈敕令所重修淳熙法册，御筆圈記户令内驢、駝、馬、舟船契書收税〔二六〕。上曰：「凡有此條，並令删去，恐後世有筭及舟車之言。」壬辰，上宣諭：「近建康行宫主管匙鑰内侍將到江東諸州稻禾色樣，皆十分結實，今歲遠近皆豐熟，可謂屢豐年也。朕殊以爲喜。」趙雄等奏：「陛下聖德日新，故天報以屢豐年之祥。」上曰：「易曰：自天祐之吉，無不利。朕當益務修德，仰承天祐。」上宣諭宰執批答辛棄疾文字，可劄下諸路監司、帥臣遵守施行。先是，湖南漕臣辛棄疾奏：「官吏貪求，民去爲盗，乞先申飭，續具按奏。」御筆付辛棄疾：「卿所言在已病之後，而不能防於未然之前。其原蓋有三焉：官吏貪求而帥臣、監司不能按察，一也。方盜賊竊發，其初甚微，而帥臣、監司漫不知之，坐待猖獗，二也。當無事時，武備不修，務爲因循，將兵不練，例皆占破，纔聞嘯聚，而帥臣、監司倉皇失措，三也。夫國家張官置吏當如是乎。且官吏貪求，自有常憲，無無賢不肖皆共知之，亦豈待喋喋申諭之耶。今已除卿帥湖南，宜體此意，行其所知，無憚豪强之吏，當具以聞，朕言不再，第有誅賞而已。」上又曰：「亦欲少警諸路監司、郡守也。」辛丑，進呈户令内有户絶之家繼絶者，以其家財物許給三千貫，如及二萬貫奏裁。上曰：「國家財賦取於民有制，今若立法，於繼絶之家其財産及二萬貫者奏裁，則是有心利其財物也。」趙雄等奏：「有似此欲悉删去。」上曰：「可悉令删去。」壬寅，詔浙東提舉樊仁遠於盜賊將發之際，輒薦雷濠自代，外託遜能，内實避事，又所薦雷濠顯屬謬舉，可罷新任。

九月戊午，趙雄奏，前日已降指揮免奏祥瑞。上曰：「朕自有真祥瑞，豐年是也。百姓家給人足，瑞莫大焉。」庚申，進呈徐存劄子陳乞宫觀。上曰：「徐存胸中狹猾，不耐官職，向因輪對，嘗識其人，可與宫觀。」趙雄等奏曰：「陛下知人之明過於堯、舜，臣下凡一經奏對者，輒知其爲人，以一字褒貶，無不曲盡。」上曰：「立功業、耐官職，須有才德。福厚者能之。荀卿曰：相形不如論心，論心不如擇術。朕每於臣下觀其形以知其命，聽其言以察其心，相形論心，蓋兼用之。」丙寅，進呈捕亡令：諸捕盜公人不獲盜，應決而願罰錢者聽。上曰：「公人捕盜不獲，許令罰錢而不加之罪，是使之縱盜受財也。此等條令可令删去。」丁卯，進呈賞格内有監司及知、通納無額上供錢賞格。上曰：「祖宗時取於民止二税而已，今有和買及經總制等錢，又有無額上供錢，既無名額，則是白取於民也。又立賞以誘之，使之多取於民，朕誠不忍也，可悉删去。」上又曰：「朕不忘恢復者，欲混一四海，效唐太宗爲府兵之制，國用既省，則科斂民間諸色錢物可悉蠲免〔二七〕，止收二税以寬民力耳。」雄等奏：「陛下聖念及此，天地鬼神實臨之，必有陰相以濟大業。」辛未，大饗明堂，復合祭，奉太祖、太宗配，自乾道以後，議者以德壽宮爲嫌，止行郊禮，至是，用李燾等議，復行明堂之祭，遂合祭並侑焉。從祀百神，並依南郊禮例。先是，禮部奏：「前禮部侍郎李燾奏：乞行明堂，並録連典故：一、神宗聖語：熙寧五年，神宗問王安石曰：『宗祀明堂如何？』安石曰：『以古言之，太宗當宗祀，今太祖、太宗共一世，若迭配明堂，亦於事體爲當。』神宗曰：『今明堂乃配英宗如何？』安石曰：『此乃誤引嚴父之道故也。若言宗祀則自前代已有此理。』神宗曰：『周公宗祀乃在成王之世。成王以文王爲祖，則明堂非以考配，明矣。』一、治平元年，知制誥錢公輔、知諫院司馬光、吕誨之議曰：『孝經曰：嚴父，莫大於配天，則周公其人也。孔子以周公有聖人之德，成太平之業，制禮作樂而文王適其父也，故引以證聖人之德莫大於孝，答曾子之問而已，非謂夫凡爲大子，皆當以其父配天然後爲孝也。近世祀明堂者，皆以其父配五帝，此乃誤認孝經之意，而違先王之禮，不可爲法也。』一、天章閣待制兼侍讀李受、天章閣侍講傅卞言〔二八〕：『臣等竊以爲，嚴父者，非專謂考也，故孝經曰：嚴父莫大於配天，則周公其人也。下乃曰：郊祀后稷以配天，宗祀文王於明堂以配上帝。夫所謂天者，謂郊祀配天也。夫所謂帝者，謂五帝之神也。故上云嚴父配天，下乃云郊祀后稷以配天，則父者專謂后稷也。且先儒謂祖爲王父，則知父天者，不專謂乎考也。』一、乾道六年，李燾爲秘書少監兼權侍立官，奏：『昊天四祭，在春曰祈穀，在夏曰大雩，在秋曰明堂，在冬曰圜丘，名雖不同，其實一也。太祖嘗行大雩之禮於開寶，太宗再行祈穀之禮於淳化、至道，其禮並如圜丘。獨明堂之禮，皇祐二年仁宗始創行之，嘉祐、熙寧、元豐、元祐、紹聖、大觀、政和又繼行之。太上皇帝建炎二年既祀圜丘，紹興元年即祀明堂，以太祖、太宗並配，天地神祇饗答，福祚綿永。陛下臨御之三年既親祈穀，七年又祀圜丘，竊謂明堂之禮合宜復行。遠稽祖宗故事，近遵太上皇帝慈訓，實爲當務之急。』淳熙三年三月，燾因轉對，又申前請。」是歲，遂詔令禮官、太常寺詳議而舉行之。丙子，四川安撫制置使、知成都府胡元質奏：「川蜀産茶自熙寧以後，一從官榷〔二九〕，軍興以來，聚斂之臣增立重額，産日益去，額日益增，民日益困。於是條其狀以聞。乞同茶馬司公共措置，旋被隆旨，俾之措畫。臣遂與提舉茶馬官置局，委官推核增虧之數，所合減放虛額凡一百四萬三百斤有奇，其引息及土産税錢共計十五萬二千九百九十四貫有奇，係每歲合納之數，遂具以聞，奉旨除放，遠民交慶，欲望聖慈宣付史館，以傳無窮。」詔從之。

冬十月，安南李龍翰加食邑封功臣號（初封制詞實録不載）〔三〇〕。

十一月乙卯朔，宰臣趙雄等乞宣示御製用人論。上曰：「此論欲戒飭臣下趨事赴功而已，豈爲卿等設邪。邇來年穀屢豐，雨暘時若，中外晏然，皆卿等贊襄之力。」癸卯，上曰：「義倉米專備水旱以濟民。今連歲豐稔，常平米正當趁時收糴，可嚴行以先降旨揮催諸路以常平錢盡數糴米。」時諸路未有申到處故也。癸酉，上宣諭曰：「近蒙太上皇帝賜到倭松，真如象齒，已於選德殿側蓋成一堂。」趙雄等奏：「陛下不因太上皇帝賜到良材，亦未必建此堂也。」上曰：「朕豈能辨此木植，乃太上之賜，近嘗謝太上皇帝，因奏來春和暖，欲邀請過此堂，奉萬年之觴。太上皇帝已許臨幸。」雄等奏：「陛下平時一椽一瓦未嘗興作，可謂儉德矣。及蒙太上皇帝賜到木植即建此堂，可謂孝德矣。孝、儉之德，堯、舜事也。」上曰：「此堂並無所費，不施丹雘，數日間當與卿等觀之。」戊寅，進呈右正言黄洽劄子奏：「賞罰必欲當。」上曰：「賞罰自是欲當。然朕有一言，昨亦嘗宣諭黄洽：夫矯枉而過直，則復歸於枉矣。故矯枉至於直可也，過於直不可也。猛本所以濟寬，然過於猛則尤不可，蓋過於猛則人無所措手足。濟寬而過於猛，猶矯枉而過其直也。惟立表亦然，所立正則其影直，所立過中則影亦隨之。朕守此甚久，一賞一罰決不使之至於過。」趙雄等奏：「執其兩端用其中於民，此舜事也。」上曰：「中者，朕朝夕所常行，至官使人才，譬之置器須置得適當，乃合於中，若置之失宜，則非中矣。朕之於臣下，初無喜怒好惡，嘗於禁中宣諭左右曰：朕本自無賞罰，當隨事而應，不得不賞罰耳。

初無毫髮之私也。又常守兩語：愛而知其惡，憎而知其善。故雖平日所甚親信，苟有過失，必面戒之。而疏遠小臣，或有小善寸長，則稱獎不一。」雄等奏：「大哉王言，此之謂無心。孔子論古帝王獨以堯爲大者，以其無心故也。故曰：惟天爲大，惟堯則之。夫雨露之所生成，雪霜之所肅殺，天豈有心於其間哉。今陛下如天之無心，得堯之大，得舜之中，所以聖德日新，治效日著，蓋本諸此。」是月，雨土。

十二月戊子，進呈柴瑾具析到薦舉王璞因依。上曰：「曰今歲免發海船，而瑾乃以發海船薦舉王璞，可謂欺誕矣。特落職，以爲薦舉者之戒。」甲午，進呈士輵乞將異姓恩澤與姪女夫張元質。趙雄等奏：「在法，異姓恩澤合奏有服親。太常寺供到姪女夫無服。」上曰：「既於法有礙，今一放行，遂爲無窮之例，攀援不已，斷不可開。」己亥，刑部尚書謝廓然奏：「切見二廣緣去朝廷既遠，舊多煙瘴去處。又見攝官定差之文，縣或有闕，監司、守臣輒差校副尉攝、參軍助教權攝。」上曰：「遠方用此曹權縣，細民何負，可令二廣帥、漕、憲司，將似此名色並日下解罷。今後州郡違戾，仰按劾施行。如諸司違戾，許互察以聞。」辛亥，進呈知舒州趙子濛奏：「本州支使鄒如愚、司理趙善劭荒廢職事。」上曰：「官無高卑，皆當勤於職事。」又曰：「朕於機務之外猶有暇時，只好讀書。唯讀書則開發智慮，物來能名〔三二〕，事至不惑。觀前古之興衰，考當時之得失。善者從之，不善者以爲戒。每見叔世之君，所爲不善〔三二〕，使人汗下，幾代其羞。且如唐季諸君以破朋黨、去宦官爲難，以朕思之，殊不難也。凡事只舉偏補弊，防微杜漸，銷患於冥冥，若必待顯著而後治之則費力矣。朕又每守兩句：恭者不侮人，儉者不奪人。朕每於臣下未嘗有一毫輕侮之心，皆待以禮。至於玩好之物有來獻者，未嘗受之，即諭以此物是卿所玩好者，一切不留。此皆讀書有得。」雄等奏：「恭儉豈可以聲音笑貌爲哉。陛下躬行如此，聖學高矣。」是月，臣僚請會計財用之數爲會計録。上曰：「向者欲爲此録，緣户部取於州縣，爲經總制錢者色目太多，取民太重。若遽蠲則妨經費，須他日恢復之後，使民間只輸二税，其餘名色乃可盡除之。」潼川府路言馬偁行義文學〔三三〕。召不至，賜出身，補本府教授。旌表潼川府中江縣孝廉里進士楊榆家門閭。以本府上其嫡母賈氏，夫死不嫁，事舅姑以孝聞，舅姑皆年九十餘，無疾而終，賈氏追悼喪葬盡禮，至有芝草生於墓側。楊榆事其母，復能盡孝道。時賈氏年八十四，而康健不衰，皆由楊榆孝感所致也〔三四〕。

庚子淳熙七年春正月甲寅朔，進呈臨安府城内外及諸縣放免收税一年，爲緡錢百二萬有奇，及用内帑等錢對補之數。上曰：「朕於内帑無毫髮妄用，苟利百姓則不惜也。」趙雄等奏：「昨黄榜既揭，都城懽呼，蓋古今絶無而僅有。」又奏：「太史局申，前月二十八日，日有戴氣，言人君德至於天，爲萬民所愛戴則有是瑞。」上曰：「二十八日恰是議放税時，朕之本心，只欲連歲豐稔，物價低平，百姓家給人足，茲爲上瑞。」

臣留正等曰：漢文帝詔天下三十而税一。又詔免田租之半。又詔天下田租盡除之。此蓋史冊未有之事，而文帝何獨能行之？揆厥所繇，蓋恭儉之積也。壽皇聖帝愛惜財賦，不肯一毫妄費，而蠲減之令，史不絶書。至是，乃放免臨安府城内外及諸縣一年之征，又盡出内帑以補之。捐利予民，雖出聖神之本心，然儉德之效，實見於此。孔子曰：節用而愛人。自古及今，未有用之不節而能愛人者也。臣於文帝之事有感焉，故並取以爲儉德之證云。

二月癸未朔，知鎮江府曾逮言：「本府開闊海鮮河及新河等以便舟船。」上曰：「揚子江天下至險，不可艤舟。」趙雄奏：「鎮江舟船輻湊，前此綱運客船漂溺不少。」上曰：「若多開河道，以便舟船，甚好。」壬辰，趙雄等奏：「魏王薨，皆乞寬慈抱。」上抆淚曰：「朕向來躐次建儲者，正見此子福氣頗薄耳。然亦不料其如此之夭也。」趙雄對：「於昔建儲之初，天下猶未能盡識聖意，乃今方是曉然。」上曰：「朕以宗廟社稷之重斷然行之。」己酉，進呈提舉江州太平興國宫陳岩肖上表進淳熙中興聖德頌。上曰：「可令宣付史館。」因曰：「陳岩肖筆力不衰。嘗爲侍從，惜其老矣。欲與進職，又别無名，不欲因進頌也。」丙午，上曰：「朕令察官察事，甚好，邇來所察，甚有補於事。」趙雄奏：「事之大者言者論之，小者察官察之，則吏治畢舉，官邪悉去矣。」是月，進仁宗玉牒慶曆三年至皇祐三年凡十年，及哲宗玉牒，頒釋奠儀。張栻卒。初，栻在朝未期歲，而召對六七。栻所言大抵皆修身、務學、畏天、恤民、抑僥倖、屏讒諛，故不悦者衆，坐是而出。居三年，上復念栻，除知静江府，增秩再任凡五年。廣西諸州運鹽，漕司取其八分之息，公私兩病。栻奏以鹽息什三予諸郡，又因兼攝漕事，出其所積緡錢四十萬而中分之，一爲諸倉煮鹽之本，一爲諸州運鹽之費。所統州二十有五，荒殘多盜。栻乃簡閲州兵，汰冗補闕，籍諸州黥卒伉健者爲效用，斥漕司鹽本羨錢，以佐諸州兵食之不足者。申嚴保伍之令，而信其賞罰。知流人沙世堅才勇，喻以討賊自效，所捕斬前後以十百數〔三五〕。傳令溪洞酋豪，喻以弭怨睦鄰，毋相殺掠，示之恩信，謹其禁防，由是内寧外服。革横山買馬之宿弊，諸蠻感悦，争以其善馬至。改知江陵府。湖北尤多盜，栻入境，首劾罷大吏之縱賊者，捕斬姦民之舍賊者，群盜遁去。又益爲教條，喻其黨與，得相捕告以除罪。郡瀕邊，屯軍主將每與帥守不相下。栻既以禮遇諸將，得其懽心，又加恤士伍，每按親兵，必使與大軍雜試，均犒以相激厲。修義勇法，使從縣道階級，農隙講武，大閲於府。有言於朝，請盡籍客户爲義勇者。栻慮其擾，亟閲民籍，家三人者乃籍其一爲義勇副軍，别置總首，人給一弩，俾家習之，三歲一遣官就按。辰、沅諸州，自政和間奪民田以募游惰，號萬弩手〔三六〕。栻爲奏去其病民罔上者數條〔三七〕。並准奸民出塞爲盜法〔三八〕，皆抵死。異時置而弗治〔三九〕。至是，捕到數人，仍有胡奴在黨中〔四〇〕。栻曰：「朝廷未能正名討賊〔四一〕，疆埸之事，毋曲在我。」命斬之以徇於境，而縛其亡奴歸之，北人歎其理直，且曰：「南朝有人。」信陽守劉大辨怙勢希賞，廣招流民而奪見戶熟田以與之。請於朝，以熟爲荒，乞授流民。事下本道，施行如章。栻劾大辨詐諼凶虐，所招不滿百數而虛奏十倍，請論其罪。不報。章累上，大辨易他郡，蓋宰相忌栻者沮之云。栻自以不得其職，數求去。尋以病請祠。病且死，自作遺表來上，略曰：「再世蒙恩，一心報國。大命至此，厥路無由。猶有微誠，不能自已。伏願陛下，親君子遠小人，信任防一己之偏，好惡公天下之理。永清四海，克鞏丕圖。」邸吏以庶僚不得上遺表卻之，上迄不見也。栻初以父任右承奉郎，平生未嘗乞磨勘。上知之，其在静江，特進二秩爲承事郎。栻之言曰：「學莫先於義利之辨。義者，本心之所當爲，非有爲而爲也。有爲而爲，則皆人欲，非天理。此栻講學所得之要也〔四二〕。」栻嘗從胡宏講學。宏告以孔門論仁之旨，栻默然若有得者。宏稱之曰：「聖門有人矣。」

三月丙辰，兵部措置武官舉補官差注格法。上曰：「武舉本欲取將帥之才，今前名皆令從軍，以七年爲限，則久在軍中，諳練軍政，將來因軍功擢爲將帥，庶幾得人。」壬戌，詔舉賢良，内降制略曰：「永惟通儒，明於古今王事之體，朕所嘉尚。乃即位以來，詔書三歲一下，而應是選者未能盡當朕意。豈詢求之路未廣，而考擇之法或嚴耶？將朕誠意未孚，而真賢實能莫爲時出也？中外侍臣若部使者、郡守，其各悉心搜選俊異，以名來上〔四三〕。名儒茂才，有能稱吾詔者，當崇顯焉。今歲科場，其令尚書侍郎、兩省諫議大夫以上、御史中丞、學士、待制各舉賢良方正、能直言極諫一人，守臣、監司亦許解送。」庚午，車駕詣德壽宮起居，恭請太上皇帝、壽聖皇后至大内，開宴於凌虚閣下。上巾裹赭袍，赴太上、壽聖榻前各再拜起，捧觴上千萬歲壽酒，三行，太上、壽聖聯步輦以行，上亦步輦從。至翠寒堂，棟宇顯敞，不加丹雘。上曰：「凡此鉅材，一椽已上，皆太上皇帝所賜。且瑩潔無節目，所以更不采飾。」酒復數行，至堂中路石橋少憩，上捧觴勸太上、次勸壽聖皆釂飲。上亦滿引，更相勸酬者再三。上奏太上曰：「苑囿池沼久已成趣，皆太上皇帝積累之勤。臣蒙成坐享，何德以堪之。」太上皇帝曰：「吾兒聖孝，感通神明，海内無事垂二十年，安得爲無功。」於是曾覿退而紀實以進，詔宣付史館。

臣留正等曰：漢高祖置酒前殿，奉玉巵爲太上皇壽，有「臣業所就，孰與仲多」之語。唐太宗從上皇置酒未央宮，上皇謂：「胡越一家，自古未有」，而太宗有「皆陛下教誨，非臣智力所及」之語。此皆一時宫中燕樂之語，而史筆大書，以爲漢、唐盛事。然自後世視之，卻行之恭、内禪之議，亦不容無譏焉。今觀壽皇聖帝所以悦其親者，二十八年之間，父慈子孝，始終無間，夫豈漢、唐所可幾及。覼之所紀，特其一事耳。嗚呼盛哉。

龜鑑曰〔四四〕：孝宗之嗣承大寶也，史臣以孝謚之，信非溢美，冒雨扶駕，其禮勤也。入宮降輦，其情真也。五日一朝，其見數也。或留侍終日，或恭請燕遊，其所以盡孝子之道〔四五〕，又極其至也。見天顔悦好而喜不自勝，步履壽康而喜不可言。淳熙三年，行七秩禮，議所御之服，曰：此古人斑衣意也。非常之慶，與天下共之，而聖孝達乎天下矣。淳熙之十三年，行八秩禮，御所賜之服，曰：此正昔人斑衣也。罕有之典，虜使起服〔四六〕，而聖孝達乎夷狄矣。冷泉之遊，杯酒相屬，太上欣然曰：挹山光而聽泉流，濯喧埃而發清興，其至和真樂可勝既哉。翠寒之遊，步輦以從，天子悚然曰：一椽以上皆太上所賜。又曰苑囿成趣，皆太上積累之功。其克念厥紹，又何如哉。

癸酉，臣僚言：「今京西路均、房州水陸入川，商旅、軍兵附帶銅錢入金州、利州甚多。金州爲川口，與商州接境，舊止用交子、鐵錢，今乃兼用銅錢。深恐泄入它界，及四川毁錢爲器之弊，乞下四川總所，委利路漕臣置場於金州，給以交子，兑换官私銅錢，發赴湖廣總所樁管。」從之。己卯，上曰：「進讀三朝寶訓幾時終篇？」史浩、周必大等奏：「陛下日御前後殿，大率日旰方罷朝，隻日又御講筵，過是恐勞聖躬。」上曰：「朕樂聞祖宗謨訓，日盡一卷亦未爲多。雖雙日及休假亦當特坐。」自是每講讀，上必注目傾耳，或隨事咨詢，率漏下十刻而無倦。

夏四月癸卯，知南康軍朱熹上疏言：「天下之大務莫大於恤民，恤民之本又在人君正心術以立紀綱。今民貧賦重，若不討理軍實，去其浮冗，則民力決不可寬。惟有選將吏，覈兵籍，可以節軍費。開廣屯田，可以實軍儲。練習民兵，可以益邊備。今日將率之選，率皆膏粱子弟〔四七〕、厮役凡流〔四八〕，所得差遣，爲費已是不貲。到軍之日，惟望裒斂刻剥以償債負。總餽餉之任者，亦皆倚負幽陰，交通貨賂，其所驅催，東南數十州之脂膏骨髓，名爲供軍，而輦載以輸權倖之門者不可以數計。然則欲討軍實以紓民力，必盡反前之所爲，然後可革也。軍籍既覈，屯田既成，民兵既練，州縣事力既紓，然後可以禁其苛斂，責其寬恤，庶幾窮困之民得保生業，無復流移漂蕩之患矣。所謂其本在於正心術以立紀綱者，蓋天下之紀綱不能以自立，必人主之心術公平正大，無偏黨反側之私，然後紀綱有所繫而立。君心不能以自正，必親賢臣，遠小人，講明義理之歸，閉塞私邪之路，然後乃可得而正。今宰相、臺省、師傅、賓友、諫諍之臣，皆失其職，而陛下所與親密謀議者，不過一二近習之臣。此一二小臣者，上則蠱惑陛下之心志，使陛下不信先王之大道，而説於功利之卑説，不樂莊士之讜言，而安於私褻之鄙態。下則招集天下士大夫之嗜利無恥者，文武彙分，各入其門，所喜則陰爲引援，擢置清顯；所惡則密行訾毁，公肆擠排。交通貨賂，則所盜者皆陛下之財，命卿置將，則所竊者皆陛下之柄。陛下所謂宰相、師傅、賓友、諫諍之臣，或反出入其門墻，承望其風旨。其幸能自立者，亦不過齪齪自守，而未嘗敢一言以斥之。其甚畏公議者，乃略能驚逐其徒黨之一二，既不能深有所傷，而終亦不敢明言以擣其囊橐窟穴之所在。勢成威立，中外靡然向之，使陛下之號令黜陟不復出於朝廷，而出於此一二人之門。名爲陛下之獨斷，而實此一二人者陰執其柄。蓋其所壞，非獨壞陛下之紀綱，乃併與陛下所以立紀綱者而壞之，則民又安可得而恤，財又安可得而理，軍政何自而復，宗廟之讎又何時而可雪邪。」己酉，進呈芮煇奏〔四九〕：「竊見吏部選法，小使臣遭喪不解官，給式假百日。欲除緣邊職任，及見從軍與歸正、歸朝、揀汰指使等官，並軍功補授、雜流出身人，依舊以百日爲限，此外小使臣，如陰補子弟，宜守家法，取應宗室、武舉出身之類，皆自科舉中來，自合悉遵三年之制。」上曰：「小使臣多是從軍，或雜流出身，及沿邊職任，所以不以禮法責之。其蔭補子弟、取應宗室、武舉人，豈可不遵三年之制。可依奏。」

五月壬子朔，趙雄等奏，謝昨日觀堂奏事蒙恩錫燕，又蒙頒賜宸翰〔五〇〕，且終日獲聞道德仁義之言，古今治亂之要，躬行恭儉之懿，可謂醉酒飽德。上曰：「昨日少款，終日論道，絕與聽絲竹不同。又不設果桌，不具珍饌，而醉飽自有餘，居常燕設亦不過如此。

醉飽之外，雖八珍羅列亦何用，徒暴殄妄費耳。」雄等奏：「陛下儉德，中外所共知，無不欽仰贊嘆。」上曰：「近頗乏雨，昨晚方欲祈禱，半夜遂得雨。可喜。」趙雄等奏：「陛下修德修政，格于皇天，故欲雨即雨。」上曰：「霶霈如此，皆是黍稷稻粱，過如雨珠玉矣。真大祥瑞也。」上又曰：「連歲豐稔，米雖至賤，雨既愆期，朕不敢忽。」是時雨正霶霈，上觀雨笑曰：「此雨從何處來？」雄等奏：「從陛下方寸中來。人主一念克誠，天實臨之。陛下誠心愛民，宜其感格如此。」乙卯，史浩等奏：「進讀三朝寶訓終篇，臣等竊惟學於古訓，監於成憲，傳說所以告高宗也。日就月將，學有緝熙於光明，群臣所以戒成王也。二君當即位之初，故其臣以是入告。今陛下久臨大寶，歷年方永，不待進言，益勤典學。湯之盤銘曰：『苟日新，日日新』，陛下其得之矣。欲望宣付史館。」詔從之。進呈廣南路經略、轉運、提刑司狀：「準指揮，以本路奏請，乞將湖南宜章、臨武兩縣割屬廣東連州，再委官詢訪審究，二縣委不可割。」上曰：「不若仍舊，豈可輕更易。朕向來見有陳獻利害，聽其一時之言似乎可行，輕欲更改，邇年以來，惟務詳審，未嘗輕變一法，蓋天下之言來之欲廣，而聽之在審。」甲子，上曰：「昨日日間雖小雨，至夜霶霈。朕每日修省，惟恐不逮，孳孳爲民，未嘗敢忽。庶幾天心昭格，雨暘以時。」趙雄奏：「聖德之修，固有素矣。非若周宣王因懼而修也。」上曰：「成湯禱旱之辭，每疑好事者增益之。且湯之不邇聲色，自無女謁，何至於盛。今曰女謁盛邪，則是嘗果有此事矣。」己卯，進呈畢，上宣諭曰：「歷觀自古人臣功業之成否，全係其當時人君如何耳。且如裴度遇憲宗，則能成功。其後在敬宗、文宗時，則無聞。」趙雄等奏：「有堯、舜之君，然後有皋、夔之臣，有湯、武之君，然後有伊、吕之臣。皋、夔、伊、吕若遇敬宗、文宗，亦無能爲，而況裴度乎。史臣贊裴度，以爲非前智後愚，用不用勢當然。蓋知言也。」上曰：「然。」是月，頒淳熙新書。

六月丙戌，上問周必大曰：「頃以虜中叢桂集示卿〔五一〕，曾細看否？」必大奏：「已曾細看，語多粗率。」上曰：「北方之文豪放，其弊也粗；南方之文縝密，其弊也弱。」甲午，詔：「監司、郡守所屬官，或身有顯過而政害於民者，即依公按刺。或才不勝任而民受其弊者，亦詳其不能之狀，俾改祠禄。不得務從姑息，致有民訟，方行按刺。若廉察素明，而的知其興訟不當者，則當爲別白其是否，以明正其妄訴之罪，不得一例文具舉覺。」從太府丞錢象祖請也。乙未，趙雄等奏：「近雨頗霑足，皆聖德所致。」上曰：「朕何德，惟賴二三大臣扶持公道，上承天心，蓋皇天無親，惟德是輔，彼小民暑雨祁寒皆未免於怨咨，上之人苟能思其艱、圖其易，斯盡善矣。」雄等奏：「居常以盡公相告戒，若曲循親舊之情〔五二〕，不過得其面譽，安能勝衆人之毁也。」上曰：「曲意狥人〔五三〕，所悦者寡，不悦者衆，及招人言，親舊誰能致力，不惟無益於國，亦殊不利於身。豈若一意奉公，保無後患，較其利害，孰得孰失耶。」壬寅，進呈秘書郎李𡼖奏：「竊觀國朝太平興國元年，詔學究兼習律令，而廢明法科。至雍熙二年復設明法科，以三小經附。則知祖宗之意，未嘗不使經生明法，亦未嘗不使法吏通經也。謂宜略倣祖宗舊制，使試大法者，兼習一經及小經義共三道爲一場。」上曰：「古之儒者以經術決疑獄，若以俗吏必流於深刻，宜如所奏。然刑與禮實相爲用，且事涉科舉，可專令禮部條具來上。」既而禮部條具，欲從臣僚所請，第四場經義大經一、小經二。詔從之。丁未，三省奏：「去歲豐稔，今歲米賤，所在和糴告辦，倉廩盈溢。其江東路諸郡上供米，初令就近赴金陵、鎮江倉，今兩處守臣皆云無可盛貯，乞依舊發赴行在豐儲西倉。」上曰：「朕常思何以堪上穹之祐，惟當增修德政耳。」是月，秘書郎趙彦中疏略云：「士風之盛衰，風俗之樞機繫焉。且以科舉之文言之，儒宗文師成式具在，今乃祖性理之説，以浮言游詞相高，士之信道自守，以六經聖賢爲師可矣，今乃别爲洛學，飾怪驚愚，外假誠敬之名，内濟虚僞之實，士風日弊，人材日偷，望詔執事使明知聖朝好惡所在，以變士風。」從之。

秋七月甲戌，進呈杜民表劄子，乞住罷總領、漕司營運。上曰：「朕欲罷此久矣。内外諸軍添給累重之人，每歲共不過三十餘萬緡，别作措置支給。」於是降詔：「兩淮、湖廣、四川總領所，兩浙、四川轉運司營運，並日下住罷。仰逐司將截日終見管本息錢物實數，逐一開具，申尚書省。」乙亥，進呈伯圭劄子，將門客不理選限登仕郎恩澤再奏乞理選限。上曰：「於法如何？」趙雄等奏：「在法不許。」上曰：「朕每自守法，不敢放開，若違常法以開倖門，則援例干請不已，將何以阻之。」丁丑，進呈：「檢會六年詔，應諸軍有家累因差出身故，請過券食錢米並特與除破。其無家累並在寨身故人〔五四〕，即未該載，理合一體。」上曰：「合與銷破，近來優恤諸軍事件無不悉備，平居無事，須精加訓練，不可使之太驕，太驕則臨敵遇戰誰肯效命。」

八月〔乙酉〕〔五五〕，進呈梁季珩乞宮觀。上曰：「此人不正，近嘗貽書内侍，啗之以利，内侍以其書繳進。」趙雄等奏：「陛下化行中外，雖暬御之臣皆知精白〔五六〕，不敢私，真盛德事也。」己丑，臣僚言：「沿邊人盜販解鹽私入川界，侵射鹽利。」詔興州、興元府都統司開具已措置禁止事件以聞。既而吴挺言：「本司已立賞錢五百貫，出榜行下沿邊屯戍統兵官，廣布耳目，嚴行緝捕。」從之。辛卯，臣僚奏：「執政、臺諫之臣，身居要地，而子孫從宦遠方，監司、郡守趨承，從風而靡，於四方觀瞻，所損甚大。欲乞今後見任執政、臺諫子孫，並與祠廟差遣，特許理爲考任。」詔從之。己亥，上謂輔臣曰：「漕河猶未通舟，聞平江府月供闕米，皆雇夫陸運。當此秋旱，深恐勞民。可權於百官米内支供，雖糙無害，它時水生卻令併輸。」辛丑，進呈：台州自淳熙元年至三年，欠內庫錢萬餘緡，本州引赦乞除放，內庫執以無例。上曰：「赦書所放，內外一體，其除之。」是月，置湖南飛虎軍，帥臣辛棄疾所創也。尋詔撥隸步軍司，遇盜賊竊發，專聽帥司節制，仍以一千五百人爲額。旱。

九月癸亥，上宣諭曰：「每日常朝，可同後殿之儀，不必稱丞相名。」趙雄奏：「君前臣名，禮也。臣豈敢當此。」上曰：「記得蘇洵亦嘗論此，謂名呼而進退之，非體貌大臣。丞相不須多辭。」於是詔：「今後垂拱殿日參，宰臣特免宣名。」續又詔：「除朝賀、六參並大使在庭依儀，其餘並免宣名。內樞密使日參如遇押班，亦免宣名。」詔印會子百萬緡，均給江浙代納旱傷州縣月樁錢。

是歲，二浙、江東西、湖北、淮西傷旱，檢放並賑濟計之合二百萬緡斛。先是，上諭宰執曰：「近來會子與見錢等。」趙雄等奏：「曩時會子輕矣。聖慮深遠，不復增印，民間艱得之，自然貴重。又緣金銀有稅，錢費擔擎，民間尤以會子爲便，卻重於見錢也。」上曰：「朕若不愛惜，會子散出過多，豈能如今日之重邪。」

冬十月丙戌，姚述堯進對因論：今歲旱傷，賑恤之政，當務寬大。上曰：「國家儲蓄，本備凶歲捐以予民，朕所不惜。」是日〔五七〕，進呈降授明州觀察使張說遺表，擬贈承宣使，與恩澤。上曰：「前日給事陳峴駁其致仕轉官，今得毋再致人言乎？」趙雄奏：「朝廷行事，與臺諫不同，朝廷須稍從寬，臺諫當截然守法，不可放過，乃爲稱職。」上以爲然。乙未，趙雄等奏：「胡元質申，黎州五部落蠻納降，昨降旨諭以彼如未屈伏，毋汲汲市馬，使權常在我，自無能爲。所謂明見萬里。」上曰：「蠻人欲進馬三百匹，並獻珊瑚等乞盟，朕已令密院發金字牌卻其獻，止許其互市。」趙雄等皆贊美聖德。

十一月己未，知隆興府張子顏言：「曩乾道之旱，江西安撫龔茂良有請，欲明諭州縣，於賑濟畢日按籍比較，稽其登耗而爲守、令賞罰。以此流移者少。今歲旱傷，欲乞許臣依茂良所請，以議守、令賞罰。」從之。壬申，進呈：知南康軍朱熹乞「將今年苗米除檢放外，有合納苗米九千九百石，乞撥充軍糧。」上曰：「南康旱傷，已支撥米與賑糶、賑濟矣，可更依所乞。」雄等奏：「陛下聖德簡儉，苟不當用，一錢不與，儻利百姓，則雖百萬不惜。」上曰：「朕於内帑未嘗毫髮妄用。上以奉二親，下則犒軍而已。至於奉養口體，每戒後苑毋妄殺，如鵪鶉並不令供。」又曰：「御馬院所養胡羊，每遇斷屠，則以一口奉太上，一口奉壽聖，朕未嘗殺。」雄等奏：「史稱唐太宗天姿仁恕，陛下蓋無愧矣。」

十二月，黎州五部蠻寇邊。

是冬，進呈四朝國史志。户部郎趙師䍐言〔五八〕：「紹興以來，賦入綱目寖多，中間雖將頭子等窠名五十二項併入經總制起發，造帳供申，其後復添坊場寬剩、增添净利等窠名錢一十三項，又皆隨事分隸户部五司，其爲財賦則一，而所隸者五，莫相參照。乞於本部置總計司，以五司所隸錢物併歸一處。」趙雄等尋奏：「户部見有催轄司。」上曰：「五司分治而長貳總之，既有催轄司，若更立總計之名，徒重複無益也。」

校證

〔一〕成都　原作「成郡」，據再造本、文海本、中興聖政卷五六校改。

〔二〕詔令今後　再造本、文海本同，中興聖政卷五六無「今」字。

〔三〕循私情　再造本、文海本同，中興聖政卷五六作「徇私情」。

〔四〕錢引　原作「錢月」，再造本、文海本、中興聖政卷五六均同，據本書卷二六上校改。清畢沅續資治通鑑卷一四六作「錢引」，不詳所據。

〔五〕錢銀會子　再造本、文海本同，中興聖政卷五六作「錢糧會子」。

〔六〕虜　原作「敵」，據再造本、文海本回改。

〔七〕戊午　二字原脱，再造本、文海本同，據中興聖政卷五六補。

〔八〕北使　「北」原誤「比」，據再造本、文海本、中興聖政卷五六校改。

〔九〕幾密　再造本、文海本、中興聖政卷五六均同，朱熹晦庵集卷九六陳俊卿行狀作「機密」。

〔一〇〕丘窑　原作「丘密」，據再造本、文海本、中興聖政卷五六校改。

〔一一〕虜人　原作「北使」，據再造本、文海本回改。

〔一二〕玉旨　再造本、文海本同，中興聖政卷五六作「玉音」。

〔一三〕五十里　再造本、文海本同，中興聖政卷五六作「五里」。按徐松宋會要輯稿食貨一七之四七紹興三十二年三月二十五日：「……應州縣離城五里外巧作發關引所創立攔稅去處並行住罷……詔依。」慶元條法事類卷三六商稅：「諸商稅……若巡攔人離城五里外巡察者，各杖八十。」故作「五里」似是。

〔一四〕廬州　原作「盧州」，再造本、文海本、中興聖政卷五六均同，據宋史卷八八地理志、樂史太平寰宇記卷一二六淮南道廬州校改。

〔一五〕歟　原作「與」，據再造本、文海本、中興聖政卷五七校改。

〔一六〕韓㬇　李校：會要職官六二之二淳熙五年十一月十五日、淳熙六年正月十九日凡二處，均作「韓映」。汪按：今查宋會要輯稿職官六二之二未見「韓映」，六二之二二淳熙五年十一月十五日條作「韓㬇」，淳熙六年正月十九日二處均作「韓暎」。再造本、文海本均作「韓㬇」。

〔一七〕攢剌　再造本、文海本、中興聖政卷五七均同，然不文，疑當作「攢剩」，「攢剩」爲宋代公文慣用語。續資治通鑑卷一四六作「攢剩」，不詳所據。

〔一八〕金科民間　文海本同，中興聖政卷五七作「合科民間」。再造本闕文，紅筆補「合」字。

〔一九〕無指揮宣喚　「指揮」原脱，據再造本、文海本、中興聖政卷五七補。

〔二〇〕注籍　原作「在籍」，據再造本、文海本、中興聖政卷五七校改。

〔二一〕陞擢　原作「陛擢」，文海本同，據再造本、中興聖政卷五七校改。

〔二二〕盡許　原作「蓋許」，據再造本、文海本、中興聖政卷五七校改。

〔二三〕申　李校：中興聖政卷五七亦脱一字，疑當作「申省」。汪按：再造本、文海本「申」後無字，中興聖政卷五七也不似闕字。

〔二四〕趙雄　李校：原脱「雄」字，據文意補。汪按：再造本、文海本、中興聖政卷五七均無「雄」字。所補似是，惜無文獻依據。今姑從李校，待考。

〔二五〕官僚　再造本、文海本同，中興聖政卷五七作「宫僚」。作「宫僚」似是。

〔二六〕圈記　再造本、文海本同，中興聖政卷五七作「圜記」。

〔二七〕科斂　再造本、文海本、中興聖政卷五七均作「科斂」。

〔二八〕天章閣侍講傅卞　原作「天章閣待講傳下」。「待講」，再造本、文海本均同；「傳下」，再造本、文海本均作「傅卞」。據中興聖政卷五七、長編卷二〇三、王珪華陽集卷五四趙允初墓誌銘並參上引文海本校改。

〔二九〕權　原作「權」，據再造本、文海本、中興聖政卷五七校改。

〔三〇〕寶録不載　再造本、文海本作「寶録不載」，中興聖政卷五七作「失録不載」。疑「寶録」、「失録」均爲「實録」之訛。

〔三一〕物來能名　「名」原作「明」，據再造本、文海本、中興聖政卷五七校改。

〔三二〕所爲不善　四字原脱，據再造本、文海本、中興聖政卷五七補。

〔三三〕馬備　原作「馬補」，據再造本、文海本、中興聖政卷五七校改。

〔三四〕孝感　原作「孝惑」，據再造本、文海本、中興聖政卷五七校改。

〔三五〕十百　再造本、文海本同，中興聖政卷五八作「千百」。晦庵集卷八九張栻神道碑、楊萬里誠齋集卷一一六張浚傳均作「十百」，中興聖政似誤。

〔三六〕萬弩手　再造本、文海本、中興聖政卷五八均同，晦庵集卷八九張栻神道碑、誠齋集卷一一六張浚傳均作「刀弩手」。

〔三七〕汪按：此句與前句不聯，晦庵集卷八九張栻神道碑相應文字爲：「會有獻言於朝，請盡籍客户爲義勇者。公慮惑民聽，且致流亡。亟取丁籍閲之……三歲一遣官就按，它悉無有所與。且爲奏言所以不可盡取之故，闔境賴焉。辰、沅諸州，自政和間奪民田募游惰，號刀弩手，蓋欲以控制諸蠻。而實不可用，中廢復修。議者多不以爲便。詔與諸司平處列上。公爲奏去其病民罔上者數條。詔皆施行，人亦便之。」本書撰者似據此文删減而成此處文字，然改寫不當，遂使前後不聯。

〔三八〕並淮奸民　再造本、文海本、中興聖政卷五八均作「並淮民」，晦庵集卷八九張栻神道碑作「並淮奸民」，誠齋集卷一一六張浚傳作「並準奸民」。難定孰是。然若作「並淮(準)奸民」，則下文「法」字從上讀，若作「並淮民」或「並淮奸民」，則「法」字從下讀，標點、文義均有異。

〔三九〕異時　「異」原作「罪」，據再造本、文海本、中興聖政卷五八、晦庵集卷八九張栻神道碑校改。

〔四〇〕胡奴　原作「金人」，據再造本、文海本回改。

〔四一〕討賊　原作「討敵」，據再造本、文海本回改。

〔四二〕爲非有爲而爲也有爲而爲則皆人欲非天理此栻講學所得之要也　此二十七字原脫，據再造本、文海本、中興聖政卷五八補。

〔四三〕以名來上　「以」原作「有」，據再造本、文海本、中興聖政卷五八校改。

〔四四〕龜鑑　原作「龜監」，文海本同，據本書前後文及再造本、中興聖政卷五八校改。

〔四五〕孝子　再造本、文海本同，中興聖政卷五八作「子職」。

〔四六〕虜　原作「敵」，據再造本、文海本回改。

〔四七〕膏粱　「粱」原誤「梁」，再造本、文海本同，據中興聖政卷五八、劉時舉續宋編年資治通鑑卷九、黄榦勉齋集卷三六朱熹行狀校改。

〔四八〕凡流　原作「九流」，據再造本、文海本、中興聖政卷五八、勉齋集卷三六朱熹行狀校改。

〔四九〕芮煇　原作「芮輝」，再造本、文海本同，宋元文獻中代指同一人的「芮煇」、「芮輝」互見，但作「芮煇」者較多，且同時人文集中均作「芮煇」，故從本書下卷校改爲「芮煇」，以求前後一致。

〔五〇〕頒賜　「頒」原作「頌」，據再造本、文海本、中興聖政卷五八校改。

〔五一〕虜中　原作「金人」，據再造本、文海本回改。

〔五二〕曲循　再造本、文海本同，中興聖政卷五八作「曲徇」。

〔五三〕狥人　再造本、文海本、中興聖政卷五八均作「徇人」。

〔五四〕在寨　原作「在本」，據再造本、文海本、中興聖政卷五八校改。

〔五五〕乙酉　原脱，再造本、文海本同，據中興聖政卷五八補。

〔五六〕朁御　中興聖政卷五八同，再造本、文海本作「暬御」。作「暬御」似是。

〔五七〕是日　原作「是月」，據再造本、文海本、中興聖政卷五八校改。

〔五八〕趙師羼　原作「趙師罤」，再造本、文海本、中興聖政卷五八均同，據宋史卷二四七宗室師羼傳校改。

宋史全文卷二十七上

宋孝宗七

辛丑淳熙八年春正月癸丑，權給事中趙汝愚奏：「中書門下省録黄：陳源轉官差遣。臣竊惟陳源係内侍，而得參預一路軍政，事體重大，漸不可長。臣嘗讀建炎三年詔書：『自崇寧以來，内侍用事，循習至今，理宜痛革。自今内侍不許與主管兵官交通，假貸饋遺，借役禁兵。』當是時，内侍與兵官交通、借役禁兵，且猶不可，今乃假以一路總戎之任，臣恐非太上所以防微杜漸之意也。」甲寅，上宣諭曰：「陳源舊帶添差浙西副總管，近奉太上皇帝聖旨，爲應奉有勞，特轉兩官。趙汝愚因論内侍不可干預軍事，其言極當，甚不易得。」丙辰，又宣諭曰：「陳源可與在内宫觀，免奉朝，請密院更具應内侍見帶兵官者，可並降指揮與在内宫觀，永爲定制。」

臣留正等曰：齊寺人貂漏師於多魚，左氏謹而志之。夙沙衛殿齊師，殖綽、郭最曰：「子殿國師，齊之辱也。」宦者干預軍政，自古忌之矣。敗國喪師莫不由此。蓋至於唐世宫掖之變〔一〕，本朝夷狄之釁，則又其權之尤熾而禍之甚著也〔二〕。壽皇嘉賞趙汝愚之奏，至於再三，即罷陳源軍職〔三〕，又詔内侍見帶兵官者，並與在内宫觀，永爲定制。其防微杜漸，所以爲後世慮者，遠矣，此繫國家安危治亂之大者，臣故詳而著之。

戊辰，宰執進呈諸軍犒設錢數。上曰：「此内外諸軍射射精熟人事也〔四〕。嚮來諸軍只習右手射，近又教習左手射頗精，各支犒設，以示激勸。」庚午，知台州唐仲友言：「鰥寡孤獨、老幼疾病之人，乞依乾道九年例，取撥常平義倉賑給。」上曰：「常平米令低價出糶，若義倉米，則本是民間寄納在官，以備水旱，既遇荒歲，自合還以與民。況台州自有義倉米，可令賑濟。」乙亥，起居郎兼太子左諭德木待問奏事〔五〕。上曰：「春前一雪可喜。」〔六〕待問奏：「近官僚對皇太子賀雪語及此〔七〕。皇太子曰：『大率芝草珍異之物皆不足爲瑞，惟年穀豐、民間安業，乃國之上瑞。』」上曰：「東宫見識高遠。」待問奏：「近者因講周禮太府一節，論國家用度當與百姓同其豐歉。皇太子曰：『人君但當以節儉爲本。』此乃言外之意，非人思慮所及者。又嘗對宫僚稱王佐天府之政云：『惟不畏强禦，則可以立事。不侮鰥寡，則可以愛民。爲政要不出此兩事耳。』」上曰：「學問過人如此，誠社稷之福。」待問奏：「此皆自陛下家學中來。」上曰：「東宫亦自儉約。宫中受用，凡百極簡〔八〕，無他嗜好，又謙和慈祥。朕常語之曰：德性自己温粹，須是廣讀書，濟之以英氣，則爲盡善。」上又曰：「恭者不侮人，儉者不奪人。恭儉者，修身之本。朕亦常以此爲東宮言。」待問奏：「臣亦切聞陛下踐履此兩句。」上曰：「朕平日用之，古人謂不以其所能者病人，不以人之所不能者愧人，皆當踐履。」

二月庚辰，進呈知福州梁克家乞宫祠。上曰：「與復觀文殿學士。」趙雄等奏：「欲令再任。」上曰：「難云再任，可降指揮依舊知福州。」壬午，宰執進呈，未及展讀，上喜見顔色宣諭云：「内侍賜北使宴，自淮上回，言麥正缺雨，先得一雨，後得三尺雪。」雄等奏：「陛下無一念不在斯民，去歲雖旱，先事措置，米價不增，民無流殍。」上曰：「亦賴卿等處置精審。」雄等奏：「今雖米賤，猶慮其無錢可糴，欲行下去歲旱傷州縣，於義倉米内支給，至三月終。」上曰：「正合朕意。」於是詔：「去歲江、浙、湖北、淮西路郡縣間有旱傷去處，已令多出樁積等米，廣行賑糶。今雖聞諸路米價低平，其間鰥寡孤獨貧乏不能自存之人，無錢收糴，深所矜憫。可令州、縣、鎮、寨、鄉村抄籍姓名，將義倉米賑濟，務要實惠及民。如州縣奉行不虔，仰本路漕臣及提舉常平官覺察以聞，重置典憲。」己亥，進呈太府卿蘇峴擬除閩漕。上曰：「師揆來乞此闕，乃是師垂爲淮東提舉，壞官錢二十餘萬緡，兼聞其下尚有三弟，他日皆作郡，則近地州府都占了。莫若以高爵厚禄使之就閑。卿等更議之。」既而雄等奏：「陛下方務廣恩，既難批出。臣等日侍左右，若作勘會，亦涉商量，須因人言乃可議此。」上曰：「如此，則且令師揆依舊淮西運判，卻別以一缺與師垂，使避其兄。庶幾事體順。」乃除師垂閩漕。

三月己巳，上御集英殿策進士。有曰：「司寇圜土〔九〕，古之刑也，近世殺越人於貨徒流而已，覆出爲盜，將何以懲，圜土之制〔一〇〕，今可議乎？」是日，宰執先赴奏事宣宗御試題〔一一〕，聖諭云：「成周圜土之法乃以處奸惡，今配隸盜賊甚多，欲舉行其法。故以此發問，觀其對如何？」是月，賜黃由等及第、出身有差。詔：「應臨安府及諸路官私房僦，不限貫百，十分減三。」

閏三月辛巳，詔：「諸路監司、帥臣，歲終各以所部郡守分三等：治效顯著者爲臧，貪刻庸繆者爲否，無功無過者爲平。詳加考察，具名來上。內臧、否各著事實。如考察不公，令御史臺彈劾。」

夏四月癸丑，宰執奏事畢，上宣諭曰：「昨日臨安取到諸縣繭亦薄，已令宮中繅絲看矣。」既而樞密院從容論事，因及今歲雨暘。上曰：「今歲雨暘以時，而繭蠶反薄，大麥亦穗短，宮中所養蠶亦如此，殊不可曉。適來已諭三省令王佐體訪，求所以未至。」王淮等奏：「陛下愛民軫念及此，天下之幸。」庚申，奏事畢。上曰：「雨恐妨麥，已降香祈禱矣。」又曰：「曾問王佐蠶繭今年如何薄？」趙雄等奏：「佐方取繭繅看，亦遍詢諸縣，續具奏聞。」上曰：「聞今年民間養蠶太多，葉既艱得〔一二〕，又食濕葉〔一三〕，所以繭薄。孟子謂五畝之宅，植之以桑，勿失其時，則可以衣帛矣。誠哉是言也。」甲戌，史浩等奏：「昨經筵讀三朝寶訓徹章，臣等奏請繼讀何書。翌日，詔真宗正説宜以進讀〔一四〕。自是間日退朝，必御崇政，非休假未嘗暫止〔一五〕。臣浩嘗讀正心篇論黃帝無爲天下治。上曰：『所謂無爲者，豈宴安無所事事之謂乎。』臣浩又讀剛斷篇讀漢武帝知郭解能使將軍爲言其家不貧。上曰：『武帝如此，可謂洞照事情。』臣浩又讀大中篇論爲政之道本乎大中。上曰：『勿渾渾而濁，勿察察而明，即此理也。』臣等切窺聖意罔不推見淵微，固將耳受躬行，追咸平、景德之盛。自昔人主臨御日久，非内惑聲色，則外事畋遊，其蔽則至於溺浮圖、求神仙。今陛下天縱聰明，日躋睿智，歲時甫浹，篇帙再周，帝王之汲汲，孔子之皇皇，不是過也。伏乞宣付史館。」詔從之。是月，詔經筵記注官侍立，並以所聞退書其實。

五月丙子，上曰：「近日都下銷金鋪翠復行於市，不必降指揮，只諭王佐嚴加禁戢，若有敗露，京尹安能逃責耶。朕以宰耕牛、禁銅器及金翠等事刻之記事板，每京尹初上輒示之。」己卯，進呈芮煇轉對，言：「集議唯强有力者是從。不若令各爲議狀，如論科舉則禮部、秘書省、國子監官皆預之類。」上曰：「如此則廢集議矣。」趙雄等奏：「煇所論乃漢所謂雜議也，恐亦可從。」上曰：「今後遇事旋降指揮。」是月，以讀真宗正說終篇，賜宰執、侍讀、侍講、説書、修注官宴於秘書省。

六月戊午，户部言：去歲兩浙、江東西、湖北、淮西旱傷共檢放上供米一百三十七萬九千餘石，隨苗經總頭子、勘合等錢計二十六萬六千餘貫，詔並與蠲放。庚申，户部言乞撥還去年旱傷無收經總等錢二十六萬餘貫。上曰：「可盡與之。」趙雄等奏曰：「初謂錢數太多，欲令户部均認，豈謂聖慈略無難色，悉以予民，臣等不勝歎仰。」丙寅，樞密院進呈：「昨得旨，令密問淮西總領葉宏，聞郭剛軍中刻剥軍人虛實。據葉宏回報，郭剛别無刻剥，止是舊有軍須庫俵賣布搭息一事。」上曰：「卿等可諭都承旨，傳旨宣諭郭剛，令日下住罷，並本息蠲放，免行追索。仍令責問本人，號曰老將，如何猶有此等事。卿等可更切責葉宏，既職事是報發御前軍馬文字，此等事如何不早以聞，必待詢問然後方報。此後應諸軍凡有刻剥等事，須即以實奏知。」是月，紹興府、徽嚴州水，命賑之。知處州李士龍納租多取加耗，詔降一官，元數止一萬四千有奇，斛面出剩二萬三千餘，罰受納官趙汝楫，追兩官、勒停。

秋七月乙亥朔。是月，定上雨水限。諸縣五日一申州，州十日一申，帥臣、監司類聚，候有指揮即便聞奏。録范質後。吕祖謙卒。祖謙自五年冬，以著作郎兼權禮部郎官，以疾奉祠，至是，終於家。祖謙稟資特異，聞道甚早。其學本於累世家庭之所傳，博諸四方師友之所講，參貫融液，無所偏滯。與張栻、朱熹更唱迭和，其道復大彰明。天下之士翕然歸之。祖謙六世祖夷簡、五世祖公著，皆以勳德著聞。四世祖希哲，首從程頤遊，復以儒學名世。淵源所漸，尤爲深遠。上嘗令祖謙編次文鑑一書，稱其用意有補治道。平生著書至多，皆以繼絶表微、扶正息邪。晚年所輯大事記雖未及就，其經世之意，亦可概見。其他所著經說，海内往往家傳人誦，與伊洛之書並行於世云。

八月丙午，宣諭云：「朕緣久旱不雨，曉夕思所以寬恤，無事不在念。今且將諸路節次泛拋招軍並與蠲免。」壬子，召侍從官王希吕以下，頒示御札，曰：「朕謂侍從之臣，當以論思獻納爲任。今後事有過舉，政有闕失，卿等即宜盡忠極言，或求對，或入奏，務在於當理而後已。各思體此，稱朕意焉。」壬戌，樞密院進呈淮西運判趙彦逾奏：「本路歸正人約有二千餘人，强壯者欲委官總轄教閲，以譏察其動息。」上曰：「其人歸正日久，皆能耕鑿，居止已安，自成生業。若遽然差官前去總轄，乃所以搔擾使之不安，劄子不須行。」是月，趙雄罷相，出知瀘州。時有言雄多私里黨者，於是命大臣進擬，皆於姓名下注本貫封入，遂爲故事。以王淮爲右丞相。

九月甲午，進呈提領贍軍府燕世良申〔一六〕：「前官吴淵薦本所幹官楊絳與陞擢差遣，今復措置開請有勞〔一七〕，乞申前命。緣其人令合赴部改官，未審如何，或只與堂除知縣。」上曰：「朕方與卿等共守此法，姑候一任回，卻與陞擢。」是月，以江、浙、湖北旱，出爵募民賑濟。

冬十月癸亥，中書門下省言：「乾道八年七月内已降指揮，御史臺合覺察彈劾事件，並分隸六察，如有違戾去處〔一八〕，令監察御史隨所隸事〔一九〕，許令訪聞，覺察聞奏。」詔劄下御史臺六察遵守施行。甲子，宣諭付出：知臨安府王佐按新寧國府監押王康成，爲人使到赤岸〔二〇〕，欲上岸赴宴間，康成乘馬經過，不下馬。上曰：「可罷新任差遣。」又曰：「所以王佐奏狀不欲徑批出施行，尋常文字須是經由三省施行方合事體。記得向來參政周必大曾有此請，故朕遇事不忘。」頒忠義傳，國子監簿喻良能所進也〔二一〕。起於戰國王蠋，終於五代孫晟，上下一千一百年，所取者一百九十人〔二二〕，凡二十卷〔二三〕，乞頒之武學，授之將帥。上曰：「忠臣義士不顧一身，誠可以表勵風俗。」罷雪宴。先是，年例賀雪即賜宴，以連歲荒歉艱食，詔權罷。

十一月甲戌，臣僚言：「在法，諸因饑貧，以同居緦麻以上親與人，若遺棄而爲人收養者，仍從其姓，各不在取認之限〔二四〕。聽養子之家申官附籍，依親子孫法。今之災荒亦非一處，向去寒冷，棄子或多，若令災荒州縣坐上件法鏤板曉諭，使人人通知之，則人無復識認之慮〔二五〕，而皆獲收養矣。舉行荒政，此其一助。」詔從之。辛卯，進呈吏部侍郎趙汝愚奏：「廣招徠之路，絶朋比之嫌，莫若用故事，令侍從、兩省、臺諫各舉所知若干人，須才用兼備而未經擢用者，陛下以其姓名悉付中書籍記，候職事官有闕，則選諸所表，以次用之。其有不如所舉，則坐以謬舉之罪。」上曰：「此説極是，可從之。」王淮奏：「御筆抹若干人字，今乞作二三人。」上曰：「可。」是月，詔諸路賑饑。新除浙東提舉朱熹入對，奏言：「陛下臨御二十年間，水旱、盜賊略無寧歲。意者德之崇未至於天歟？業之廣未及於地歟？政之大者有未舉，而小者無所繫歟？刑之遠者或不當，而近者或幸免歟？君子有未用，而小人有未去歟？大臣失其職，而賤者竊其柄歟？直諒之言罕聞，而諂諛者衆歟？德義之風未著，而贓污者騁歟？貨賂或上流，而恩澤不下究歟〔二六〕？責人或已詳而反躬有未至歟？夫必有是數者，然後可以召災而致異。」〔二七〕又言：「陛下即政之初，蓋嘗選建英豪，任以政事。不幸其間不能盡得其人，是以不復廣求賢哲，而姑取軟熟易制之人以充其位。於是左右私褻使令之賤，始得以奉燕閒，備驅使，而宰相之權日輕，又慮其勢有所偏，而因以壅己也。則或聽外廷之論，將以陰察此輩之負犯，而操切之。陛下既未能循天理、公聖心以正朝廷之大體，則固已失其本矣。而又欲兼聽士大夫之公言，以爲駕馭之術，則士大夫之進退有時〔二八〕，而近習之從容無間，士大夫之禮貌既莊而難親，其議論又苦而難入。近習便嬖側媚之態既足以蠱心志，其胥吏狡猾之術又足以眩聰明。此其生熟甘苦既有所分，恐陛下未及施其駕馭之術，而先墮其數中矣。是以雖欲微抑此輩，而此輩之勢日重。雖欲兼採公論，而士夫之勢日輕。重者既挾其重以竊陛下之權，輕者又借力於重，以爲竊位固寵之計，中外相應，更濟其私，日往月來，浸淫耗蝕。使陛下之德業日隳，紀綱日壞，邪佞充塞，貨賂公行，兵愁民怨〔二九〕，盜賊間作，災異數見，饑饉洊臻，群小相挺，人人皆得滿其所欲，惟有陛下了無所得，而國家顧乃獨受其弊。」因論浙東救荒事。上曰：「連年飢歉，朕甚以爲憂，州縣檢放多是不實。」時熹乞勸諭推賞，上曰：「至此卻愛惜名器不得。」又乞撥賜米斛。上曰：「朕於此並無所惜。」又乞預放來年身丁錢。上曰：「朕方欲如此措置寬恤數事。」熹又奏星變事。上曰：「朕恐懼未嘗一日忘。」上又曰：「朕未嘗一日不三省吾身。」熹續又奏：「自今水旱約及三分已上，即乞並第四等户依此施行。」又奏乞推行建寧府崇安縣社倉法於諸路州軍。熹又上宰相書云：「朝廷愛民之心，不如惜費之甚，是以不肯爲極力救民之事。明公愛國之念，不如愛身之切，是以但務爲阿諛順旨之計。然民之與財，孰輕孰重？身之與國，孰大孰小？財散猶可復聚，民心一失則不可復收。身危猶可復安，國勢一傾則不可復振。至於民散國危而措身無所，則其所聚有不爲大盜積者耶。」復白鹿書院，從朱熹之奏也。洞本唐朝李渤舊居，有臺榭，環以流水，雜植花木〔三〇〕，爲一時之勝。南唐昇元中，因建學館，買田以給諸生。學者大集，乃以國子監九經李善道爲洞主，掌其教授。本朝太平興國二年，賜以印本九經。七年，又官其洞主明起。是年，始置南康軍，遂屬郡境。至祥符初，直史館孫冕請以爲歸老之地，及卒葬焉。其子比部郎中環復置學館以教子弟，四方之士願就學者，亦給其食。後經兵亂，屋宇不存。至是復之。

十二月甲子，進呈范成大具到上元縣所種二麥。王淮等奏：「得成大書，謂春麥惟郭剛能言之。蓋北人謂之劫麥。」上曰：「此間人亦不知，已令宮中種看。」淮等奏：「仁宗皇祐元年五月，召近臣以下於後苑寶岐殿觀刈麥，仍諭以新創此殿，不欲植花卉，每觀種麥於此，今又見其成，庶知民事之不易。陛下可謂同符仁宗矣。」葛邲言：「荒政二事：一、乞特降指揮，諸經總制錢，如遇州縣災傷年分，本處知、通權免比較賞罰，其課利場務並令遵見行條法，依所放災傷分數免比，不得令本州抑勒縣道陪備。一、乞降旨應荒歉州縣，且專以救荒爲務，宴會之類，理合節損，所有諸處迎新送舊兵卒公吏借請，及供帳從物之屬，所費不貲，亦合裁減，兵卒亦宜存留，以防緩急。」詔並從之。

是冬，淮東提舉趙伯昌奏：「通、泰、楚州沿海去處，舊有捍海堰一道，東距大海，北接鹽城，計二萬五千六百餘丈，始自唐黜陟使李承實所建，遮護民田，屏蔽鹽竈，歷時既久，頽圮不存。至本朝天聖改元，范仲淹爲泰州西溪鹽官，方有請於朝，凡調夫四萬八千，用糧三萬六千有奇，而錢不與焉，一月而畢，規模宏遠，高出前古，遂使海潮沮洳舄鹵之地〔三一〕，化爲良田。自後寖失修治〔三二〕，宣和、紹興以來，屢被其患。每一修築，必至申明朝廷，大興功役，然後可辦。望專委淮東鹽司，今後捍海如遇坍損去處〔三三〕，不以功役大小，即便委官相視，計料隨壞隨葺，勿令寖淫，以至大有衝決，務要堅固，可以永久。」從之。

是歲，詔舒州、蘄州鑄鐵錢，並以十五萬貫爲額。詔：「久任四川監司、郡守之人，令更迭與東南差遣。其在任未久者，既有任滿前來奏事指揮，候到闕，始得別與除授。」從臣僚之請也。雨雹。

壬寅淳熙九年春正月壬申朔。是月，賑兩浙饑。初，池州江青坐盜發遞角誅後〔三四〕，他卒事覺，知非青罪。詔失入官吏趙粹中落職，餘責罰有差。青家支給五年。王淮奏：「陛下念一夫之冤，存恤其家，恩及幽明矣。」內出正月所種春麥，並秀實堅好，與八九月所種無異。詔降付兩浙、淮南、江東西漕臣勸民布種。

三月戊子，臣僚言：「監司、帥臣臧否所部，深得考功課吏之意。然郡守更易則人有幸不幸，監司、帥臣好惡不一，則言有當不當。有已去而不及臧否者，有近到而已遇臧否者，此人有幸有不幸也。或取其辦事而不言其害民，或喜其彌縫而不言其疏繆，或畏其彊有力而不議，或以其疏遠無援而見斥，此言有當不當也。且就一路而言之，則其數寬，就數人而言之，則其數窄。計一歲而論之，則其能否爲已見，計數月而論之，則其能否未可知，而遽臧否焉。此人所以幸不幸、言所以當不當也。乞詔諸路監司、帥臣，自今臧否所部，必須總計一歲人數，不問已去見在，就其中區别之。或臧者朝廷已加擢用亦須用臧之次者，或否者朝廷已行罷黜亦須具否之次者。其或臧否不當，必令具析以聞。」詔除初到任人外餘從之。

是春，召對楊甲，尋除太學録。甲獻書萬言，大略謂：「人主之職，不過聽言、用人，分别邪正。而近歲以來，權倖用事，其門如市。内批一出，疑謗紛然，謂陛下以左右近習爲腹心，而不專任大臣。以巡邏伺察爲耳目，而不明用臺諫。今中外文武半爲權門私人親交，私黨分布要近〔三五〕，良臣吞聲，義士喪氣。願陛下哀之、救之。至於民兵之害，兩淮百姓如被兵火。舒、蘄鼓鑄，民不堪命。西南諸夷乘間出没，而馬政日急，高直厚幣以驕戎心。臣恐陛下今日所少者，非特馬而已。又有司理財，一切用衰陋褊隘之策。至於賣樓店、括學田、鬻官地，而所在争獻羡餘，此風日熾，誠恐陛下赤子無寧歲矣。」其末言：「今日之事，欲正其本，則在陛下講學。」

夏五月丙子，内出御筆手詔宣示宰臣王淮等，曰：「朕惟監司、郡守，民之休戚繫焉。察其人而任之，宰相之職也。苟選授之際，惟計履歷之淺深，不問人才之賢否，則政治之闕，孰甚於斯。今後二三大臣，宜體國愛民，精加考擇。既按以資格，又考其才行，合是二者，始可進擬。夫然後事得其宜，用無不當。故傳曰：『爲政在人。』卿等其謹之毋忽。」

六月辛酉，詔：「浙漕行下所部州縣，常切禁止官民户，毋得將草蕩圍裏成田。如失覺察，其漕臣取旨施行。」詔侍從、臺諫舉官堪充監司者各一二名。

是夏，饒州飢命賑之。

秋八月庚子，侍從、臺諫集議聞奏：「自宰相、執政、侍從、卿監、正郎、員郎分爲五等，除致仕、遺表已行集議裁減外，將逐郊蔭補恩澤，每等降殺以兩，酌中定爲止數。武臣比類施行。宰相十人，開府以上同；執政八人，太尉同；侍從六人，觀察使至節度、侍御史同；中散大夫至中大夫四人，右武大夫至通侍大夫同；帶職朝奉郎至朝議大夫三人〔三八〕，職事宫寺長貳、監長至左右司諫、開封少尹釐務及一年須官至朝奉郎，並朝奉郎元帶職人因除在京職事官而寄職者同，武翼大夫至武功大夫同。非侍從官無遺表外，見行條格致仕、遺表通減三分之一，餘分不減。」紹興初，中書舍人趙思誠上任子限員之議，詔從官集議。至是，始用廷臣集議行之。淮東蝗。

九月辛巳，大享明堂。先是，詔少師史浩、少保陳俊卿赴闕陪祀，並辭不至。癸巳，御講筵，侍讀鄭丙進陸贄論奉天上尊號狀。上曰：「德宗不達理如此，禍難未平，乃欲加上尊號。」甲午，淮南運判錢沖之言：「真州之東二十里，有陳公塘，周回百里，本司近已興修塘岸，建置斗門石磋各一所，於東西湫口二處。乞於楊子縣知縣、縣尉銜内帶入兼主管陳公塘六字，庶責有所歸。」從之。是月，以王淮、梁克家爲左右丞相。

冬十一月癸酉，宗正丞樓鑰轉對[三七]，論士大夫風俗事。上曰：「唐文宗説去河北賊易，去朝廷朋黨難。朕常笑之，有何難事，只是主聽不聰。」甲戌，吏部尚書鄭丙讀陸贄奏議奉天論蕭復狀至「但垂睿詰，誰敢面謾[三八]，蕭復若相囑求，則從一等何容爲隱，從一等儻自回互，則蕭復不當受疑」。上顧丙曰：「德宗猜忌，可謂不明。」丙奏曰：「德宗見理不明，故每事猜忌。當患難時，陸贄之言多聽納，及事定後，贄言多懇切[三九]，亦不免見疑矣。」上曰：「此皆不學之故。」庚辰，鄭丙讀陸贄奏議駕幸梁州論進獻瓜果人擬官第二狀畢。丙奏曰：「官爵，天下公器，人主所當吝惜。」上曰：「此人君厲世磨鈍之具。」又曰：「名器豈可假人。」

臣留正等曰：爵祿者，天下之公器，而國之大柄也。君以爲貴則人貴之，君以爲賤則人賤之矣。天寶之季〔四〇〕，嬖倖傾國〔四一〕，爵以私受，綱紀蕩然，流弊至於肅宗，大將軍告身一通纔易一醉，名器抑可謂濫矣。德宗且欲授官於捧瓜挈果之微，豈非家法之壞至是極耶。播遷之禍，幾至亡國，無足怪者。壽皇因讀陸贄奏議，乃有名器不可以假人之言，二十八年之治，所以官不及私昵、爵罔及惡德者，蓋能深戒前代之失，永貽萬世之則也〔四二〕。

是月，夔州路饑。

十二月戊午，宰執進呈乞令太學生習射事。上曰：「向來玉津園燕射惟武臣射，恐祖宗典故文臣亦當射。」

癸卯淳熙十年春正月戊子，詔廣鹽復行鈔法，略曰：「鹽者，民資以食。向也，官利其嬴而自鬻，久爲民病。朕既遣使諭之〔四三〕，得其利害以歸，復謀諸在廷，僉言惟允，始爲之更令，許通商販而杜官鬻〔四四〕，民固以爲利矣。然利於民者官不便焉，何者？鹽之息厚，凡官與吏之所爲妄費以濟其私者，異時一出於此，一旦絶之，無所牟取，必胥動以浮言，將毁我裕民之政。且朕知恤民而已，浮言奚恤。矧置監司、守令皆以爲民，朕有美意，弗推而廣之，顧撓而壞之可乎。七月一日爲始，罷官般官賣，通行客鈔法。」庚寅，密院言揀汰事。上曰：「兵不選練則不精，但州郡未裕，若養老人數過多，艱於贍養。

其六年、八年、九年分揀汰官兵可再展半年。」辛卯，進呈鎮江總領所乞降新會兑换。上見前具新印會子數目，乃曰：「新印會子比舊又增多。大凡行用會子，少則重，多則輕。」壬辰，密院進呈鎮江軍兵三年加減之數。上曰：「養兵費財，國用十分，幾八分養兵。」周必大奏：「尚不啻八分。」上曰：「今民間未裕，江東、浙西寄招鎮江諸軍及武鋒軍歲額人數，可並權免三年。所有諸州日前未足之數，特與蠲免。」是月，以黄洽爲御史中丞。自乾道五年之後，不除中執法者十四年。洽嘗奏云：「因言固可以知人，輕聽亦至於失人。是故聽言不厭其廣，廣則庶幾其無壅。擇言不厭其審，審則庶幾其無誤。」上深然之。

二月癸卯，用御史中丞黄洽奏，詔罷内侍陳源宫觀，建寧府居住。先是，陳源罷德壽宫提舉，有旨與落階官。臣僚言其過惡，乞寢罷成命，與一在外宫觀。從之。至是，洽又言其罪狀灼然，乞賜竄責。故有是命。既而臺察又疏其黨與皆一時之巨蠹。於是武略大夫徐彦達除名勒停〔四五〕，送道州編管，家財産業並籍没進納德壽宫。其子徐必聞等三人並追官勒停，甄士昌追進武校尉，李庚追官勒停〔四六〕，仍送筠州編管。士昌，源之厮役，以違法遷轉。李庚本臨安府都吏，與源交通補官。彦達嘗充德壽宫閤子庫書寫，專一爲源管家務，官至正使，職至路鈐。皆源之力也。

三月丙寅朔，建康都統制郭剛言：「去歲合揀汰效用軍義兵一百八十五人，自言願得逐便，欲乞揀汰。」上曰：「正恐離軍失所，所以尚留，如此與放逐便。」己丑，福州奏：「都巡檢姜特立捉海賊九十四名，根勘二十八人招伏，餘六十六名被虜在船〔四七〕，不曾行劫，並給據釋放。」上曰：「趙汝愚如此處置甚善。古者制刑，王者言宥而有司執法。若有司但務姑息，何以示懲。」是月，詔舉制科。

夏四月丙申，詔：「臨安府係駐蹕之地，本州屬縣民户身丁錢，可自淳熙十一年爲始，更與蠲放三年。仍給降黄榜曉諭。」進呈監司、帥臣奏到臧否。先數日，上曰：「監司、帥臣奏到守臣臧否，而不行黜陟，何以勸懲。可與後省將兩歲臧否其尤者以聞。」是日將上，臧者多已用，否者多已黜，有未陞黜者數人：前知普州范仲圭、前知瓊州韓璧、前知復州王去惡皆在臧之目，新萬安軍湯鷺在否目。上曰：「王去惡有平黎之功而又通曉郡事，可召赴行在。范仲圭、韓璧任滿與監司差遣。湯鷺罷新任。」癸卯，大理寺丞張抑言：「浙西諸州豪宗大姓於瀕湖陂蕩各占爲田，名曰塘田，於是舊爲田者始隔絶水出入之地。淳熙八年，雖因臣僚劄子，有旨令兩浙運司根括，而八年之後，圍裹益甚。乞自今責之知縣不得給據，責之縣尉常切巡捕，責之監司常切覺察，仍許人告，令下之後尚復圍裹者論如法。」從之。是月，廣西運判王正己奏云：「陛下加惠遠方，恐官賣科擾，民無所告，復行客鈔以救其弊，德至渥也。陛下本以寬裕遠民，而今來兩路通行，卻成發泄東鈔。借使兩路分畫界分，西路漕計不虧，諸郡可以支吾，亭户不致貧乏，豈非陛下之本意。顧聞缺乏之端〔四八〕，有如二十餘州上下煎熬，倘有申請，朝廷豈能坐視，必須應副，則東路雖有贏餘，亦是朝三暮四，恐徒紛擾。」又云：「頃年章潭爲廣東提舉鹽事，力主兩路通行之議，及就移西路運判，客鈔不敷，漕計大窘，寢食幾廢。又得東路二十八萬緡，遂以少寬。即同帥臣范成大乞行官賣。此則易地而不可行者，歲月未久，可以覆按。」又云：「紹興間通行客鈔能三十餘年者，以西路有折科招糴之類。後既住罷，漕計遂窘，因有官賣之法，其後更易不定，大概以東鈔通行、西鈔不登爲患。萬一必須通行，則西路漕計或缺，亦須預作指畫，不可臨期缺誤，然不若分路爲允也。」

五月甲子朔。是月，臣僚言：「祖宗用人，初無清濁之别。韓琦第二人進士及第，未免監左藏庫，後爲度支判官，皆號稱職。乞明詔大臣，如行在左藏庫之類，稍重其選，與免待闕。遇舘學有闕，卻於此取之，以廣得人之路。」從之。鄂州都統郭杲言〔四九〕：「襄陽屯田二十餘年，雖微有所獲，然未能大益邊計。非田不良，蓋人力有所未至，且無專任責者。或謂戰士屯田恐妨閲習，而不知分番耕作，乃所以去其驕〔五〇〕。或謂耕作勞苦恐其不樂，而不知分給穀米，人自樂從。以樂從之人爲實邊之計，可謂兩便。本司見有荒熟田共七百五十頃〔五一〕，乞降錢三萬緡收買耕牛、農具，便可施工，餘力亦可刷荒田開墾。」從之。

六月丙申，王淮等奏：「兩日酷暑，聖躬得無煩鬱。」上曰：「朕自有道以處之，但懷閭閻之民不易度耳。往在潛邸，嘗有詩云：閭閻多勃鬱，方愧此身閑。」淮奏：「陛下隆寒盛暑，每以百姓爲念，真三五帝王之用心。」梁克家奏：「昔唐文宗詩云：『人皆苦炎熱，我愛夏日長。』柳公權屬以『薰風自南來，殿閣生餘凉』〔五二〕。君臣賡歌略無一言及於百姓，而大書殿壁，自以爲詞情皆足。蘇軾嘗效其詩以譏之云：『一爲居所移，苦樂永相忘。願言均此施，清陰分四方。』今陛下不以隆暑爲畏，而長懷閭閻之苦，唐之君臣真有愧云。」〔五三〕己酉，進呈太府寺丞勾昌泰奏〔五四〕：「蜀中制置使一員，任六十州之安危，或有疾病遷動，自朝廷除授，動經年歲，方始到任。願於從臣中常儲一二人於蜀中，令作安撫使，一旦有制置使闕，便可就除〔五五〕。其於思患預圖，最係國家大事。」上諭宰執曰：「此正在卿等留意。今後欲除蜀帥，須是選擇可備制置使之用者，庶幾臨時不至缺事。」

詔經理屯田。建康府御前諸軍都統制司奏：「近準御筆措置屯田，契勘淮西荒閑田土，如昨來和州興置屯田五百餘所，廬州管下亦有三十六圍〔五六〕，皆頻江臨湖，號稱沃壤。自後廢罷，撥還逐州召人請佃。尋許承買。今多爲良田。自餘荒地亦有豪强之户冒耕包占。」詔令淮西帥、漕司同共取見係官田畝實數聞奏。都統郭剛尋奏：「相視得和州歷陽縣荒圩五百餘頃，可以開耕，每田一頃三人分耕，合用官兵一千五百人。」建康留守錢良臣亦奏：「上元縣荒圩並寨地五百餘頃，不礙民間，泄水可以修築開耕。」辛酉，詔曰：「朕履四海之籍，託王公之上，深惟民之未贍，惻怛在心。惟吏或不良，無以宣德明恩，若乃貪饕無饜，與貨爲市，漁奪百姓，侵牟下民，有一於斯，足秕邦政。天下之大，郡邑之衆，假勢放利，實繁有徒。若此朕雖有愛民勤政之誠，焦勞於上，仁恩利澤，何由而下究哉。朕嗣服之初，蓋嘗考法祖宗嚴贓吏之禁，其持心不移、復出爲惡者，既已逮治一二，厲在位矣。歲月既久，法以延緩，贓過之吏忸習寬政，日甚歲劇。今列官處職，奸法不忌，是與盜無異也。國有憲法，朕不敢廢，可自今後，命官犯自盜枉法贓，罪抵死者，籍沒家財，取旨決配，並依隆興二年九月已降詔書施行，必無容貸。」是月，兩浙水，命賑之。監察御史陳賈奏，略曰：「臣竊謂天下之士，所學於聖人之道者，未始不同。既同矣，而謂己之學獨異於人，是必假其名以濟其僞者也。邪正之辨，誠與僞而已。表裏相副，是之謂誠，言行相違，是之謂僞。臣伏見近世士夫有所謂道學者，其說以謹獨爲能，以踐履爲高，以正心誠意、克己復禮爲事，若此之類，皆學者所共學也，而其徒乃謂己獨能之。夷考其所爲，則又大不然，不幾於假其名以濟其僞者耶。臣願陛下明詔中外，痛革此習。每於聽納除授之間，考察其人，擯棄勿用，以示好惡之所在。庶幾多士靡然向風，言行表裏一出於正，無或肆爲詭異，以干治體。」從之。廣西運司申：「昭州金坑五處，遞年所入不多，若行廢罷，以裕民間，甚便。本部欲行契勘。」上曰：「不必契勘，便行廢罷。」詔監司、帥臣每歲於部内舉廉吏一二人，具實迹來上，中書籍記，以備選擇，如無聽闕。

秋七月乙丑，詔：「知廣州鞏湘，以任帥閫，備著效勞，可除龍圖閣令再任。」庚午，禮部、太常寺言：「開寶通禮：州縣水旱則祈社稷，典禮具存。政和五禮新儀雖不該載，見今朝廷或遇水旱，亦行祈禱。今欲從臣僚所陳，遇有水旱，令州縣先祈社稷，委合典禮。乞朝廷指揮從禮部、太常寺修定儀注行下。」詔從之。先是，臣僚言：「州縣遭水旱，神祠佛宫無不遍走，而社稷壇壝闃然莫或顧省〔五七〕。彼五土、五穀之神，百代是尊是奉，豈應祈報獨不得與群祀同享精純。」於是下禮寺看詳，而有是命。甲戌，詔曰：「朕涉道日寡，秉事不明，政化失中，以干陰陽之和。迺季夏涉秋，旱暵爲虐，大田失望，民靡錯躬，夕惕以思，反己自咎。可自今月十三日避殿、減膳，令侍從、臺諫、兩省、卿監、郎官、館職各條具朝政闕失，毋有所隱。朕將親覽，考求其當，以輔政理。咨爾在位，副朕志焉。」乙亥，詔：「曾任知州而爲郎官、卿監，曾任卿監、郎官而復出爲監司之人，陳乞關陞者，依兩任無人薦舉處條例，特與免用舉主，理爲資序。」從臣僚之請也。癸未，宰相王淮、梁克家、知院周必大、簽書兼權參政施師點以旱乞避位，詔不允。上宣諭曰：「朕心未嘗放下，一日之間，天下定行一兩遭。」又曰：「數日群臣應詔言事，並無及朕過失，多言刑獄事。刑獄自有成法。」王淮對曰：「陛下憂勤如此，更有何過失可指。」己丑，臣僚乞詔大臣：「自今維揚、合肥、荊、襄四路帥，當於嘗任近臣中簡記除授。」上曰：「均是帥臣，豈可輕授，此在卿等簡擇。」

八月甲辰，進呈次，因論人才。上曰：「若是平穩無才略人不難得，須是有材而不刻，慈善而不謬。」王淮等奏：「陛下二語，可謂盡用人之要，大抵有材者多失之刻，慈善者多失之謬。」乙巳，進呈楊安誠劄子，乞遵依仁宗皇帝之制，采用司馬光之言，覈實浮費，量加撙節。上曰：「近日臣僚言，多用司馬光撙節之説。蓋仁宗時亦自乏用，故司馬光有是言。朕嘗見一老内臣云，哲宗皇帝極愛惜錢物，不肯多賞賜臣下。」王淮等奏：「節用，裕民之本。陛下常以祖宗爲法，天下之福也。」戊申，詔侍從、兩省、管軍、知閤、御帶及在内觀察使以上，於武官中各舉有威儀、善應對，堪充奉使、接送伴者一名聞奏，其已被差人不許薦舉。辛亥，進呈湖北總司乞糴米事，因言：得湖北報，七月十八日大雨霶霔〔五八〕，秋成可望。上曰：「是日朕食素，就宫中設醮，但見陰雲四合，不知得雨如此之廣。」〔五九〕王淮奏曰：「經所謂『惟德動天，無遠弗届』。」上曰：「人主於天尤親，感召之速，終是異於臣庶。」庚申，詔左藏南庫撥隸户部提領所，事務限五日結局。先是，户部具南庫收支項目，上謂輔臣曰：「見在錢三十五萬餘貫，盡撥付户部。其餘金銀等物，令陳居仁點檢具數以聞。」上又曰：「欲併南庫歸左藏，令版曹自理會。朕亦省事。卿等可子細令具南庫五年間出入帳，親自點檢。」故有是詔。南庫者，本御前椿管激賞庫也。休兵後，秦檜取户部窠名之可必者盡入此庫，户部闕乏則予之。檜死，屬之御前，由是金帛山積。上即位之始年，納右正言袁孚之請，遂改爲左藏南庫，專一椿管應副軍期。然南庫移用，皆自朝廷，非若左帑直隸於版曹而爲經費也。至是，始併歸户部。既而尚書王佐奏言：「南庫歸版曹無益而有損，乞就撥歸封椿庫。其朝廷年例合還户部錢，卻於封椿庫支。」不從。户部尚書王佐言：「經總制錢歲額一千五百萬貫，年來寖生姦弊，或偶無收，則便於帳内豁除，而創生窠名，更不入帳分隸，遞年積壓，直待赦放。切恐暗失經費。」詔户部，將淳熙八年終以前拖欠及未起錢數並特除放。自今收趁虧額，其知、通並提刑司官屬委本部覺察，從條施行。是月，宰執奏封椿庫見管錢物已及三千餘萬緡。上曰：「朕創此庫以備緩急之用，未嘗敢私也。」封椿庫者，亦上所創也。其法非奉親、非軍需不支。先是，六年夏四月，提領本庫言，共管見錢五百三十萬貫。其後往往以犒軍或造軍器爲名，撥入内庫，或睿思殿，或御前庫，或修内司，有司不敢執。尋又奏内外椿積緡錢四千七百餘萬。上曰：「何以聚人，曰財。周以冢宰制國用，周禮一書，理財居其半。後世儒者尚清談，以理財爲俗務，可謂不知本矣。祖宗勤儉，方全盛時，財賦亦自不足，至變更鹽法，侵及富商。朕二税之外，未嘗一毫妄取，亦無一毫妄費，所以帑藏不至空虚，緩急不取之民，非小補也。」先是，上以諸路財賦浩繁，令兩侍郎分路管認。是年，王佐爲尚書，又請於次年四月，將諸路監司、守倅所起上供錢比較，以定賞罰。自是罕有逋欠。

九月壬午，詔：「諸路州軍拖欠内藏庫諸色窠名錢物，自淳熙九年終以前，實欠並特與除放，以後常切催納，如有違慢，仰本庫開具所欠州軍當職官吏，取旨施行。」〔六〇〕翌日，王淮等奏：「聖恩溥博，不知所欠數若干。」上曰：「六十萬貫。」癸未，興元府都統制吴挺言：「本司同安撫司增置賞錢，募人告捉盜販解鹽入界〔六一〕，見係出戍官兵把截去處嚴行搜捕外，有不係官兵出戍地分，乞行下沿邊州郡督責捕盜官司搜捕。」詔：「利路安撫、提舉，各申嚴行下階、成、西和、鳳州，禁止毋得透漏。如未覺察，守、令並取旨，重作施行。」

冬十月甲午，詔：「主管魏惠憲王府鄧從義，可傳旨羅忠信并母白氏〔六二〕，今來皇孫女安康郡主，凡百宜執婦道不可慣縱，所有晨昏安省之禮，候得指揮方免。若旦望節序，並從常禮，務成肅雝之德。倘或違此，別有誡訓。」〔六三〕

臣留正等曰：周之王姬能執婦道，詩人歌之。王珪受公主謁見，前史以爲美談。今觀安康下嫁，聖訓申誡諄切如初，其所以經夫婦、美教化之意，視古有光矣。

乙未，右正言蔣繼周言：「國家役法，自祖宗以來，前後講論詳矣。行之其或不能無弊者，非法弊也，人弊之耳。苟得一賢令尹，則人樂爲之爭先，是知其弊誠在人而不在法。自范成大唱爲義役之説，在人著目，而處州六邑之民，擾擾乎十有六年於此矣。夫狹鄉民貧，私相借助，以供公上之役，是特鄉里常情耳。成大張大其事，標以義名，且欲改賜縣名，行之諸路，朝廷固已察其情狀，不可其請矣，成大不已，再有所陳，囑其代者使遂其説。至陳孺知處州，親受其弊，任滿奏事，乃始備言其實，陛下即可其奏。於是處州之民始獲息肩。於義役之罷三兩年來，舊説復作，一布衣之上書，未必公言，朝廷令守臣李翔看詳〔六四〕，蓋欲其詳酌可否，曾不能參照案牘，博詢民言，辨范成大、陳孺所奏虛實，有請於朝而罷之，乃從而附會其説，斷以己見，官民僧道出田一等，他日貧富置之不問，人以爲重擾，條畫利害，訟於烏臺。臣嘗問鄉閭出田助役，然則可用〔六五〕？曰將以賂胥吏有常數也。吏胥之誅求於執役者，官立法以禁之，猶懼其不懲，使上之人通知之，其何以訓。夫立賞以誘之，而舉行者不加勸，立罰以威之，而沮敗者不加畏，給官田以助役，亦終於不可行，則出私田者民情之不樂從可見矣。欲望特降睿旨，將處州及兩浙有見行助役去處，聽從民便，令官司不得干預，其間民自難久行。或不能息爭訟，仰州縣遵依見行條法，照應物力資次，依公差募，仍乞將李翔罷黜〔六六〕，以謝處州、兩浙十五六年間義役之擾。從之。丁未，進呈大理寺奏：內侍之子賈俊民等代筆案，俊民當降一官勒停。上初欲貸其勒停而更降一官，又思餘人亦當視此以降罪，乃曰：「人有一點私心，法便不可行。」並如奏。次日，王淮等奏：「陛下用法如此，可謂至公。」上曰：「不怕念起，惟恐覺遲。然人之所以未免一念之起者，正以修行未到。」淮等奏：「陛下每言，唐太宗未嘗無過，只是覺得早，陛下可謂覺得早矣。」上曰：「凡事順其自然，無容私其間，豈不心逸日休。」先是，詔廣鹽復行鈔法，罷官般官賣。是月〔六七〕，廣東提舉常平茶鹽韓璧奏，略云：「臣叨恩備數東路提鹽、同措置西路鹽事，所以東路事體尚須到官悉心推究。至如西路，臣三任九年之間，粗知其略。廣西民力至貧，歲入至薄，官兵備邊之費盡取辦於般賣，猶懼弗給。今一旦住賣，束手無策，全仰給於漕司。往年改行鈔法時，自有漕司應副，逐州取撥窠名數目，可舉而行。又朝廷頒降祠部及會子錢計四十萬下西路漕司，通融爲十年支遣。及諸州各有漕司寄樁錢，以此隨其多寡應副諸州缺乏之數，使足以供公上、贍官吏、養兵備邊，則可以堅客鈔之行，上副陛下改法裕民之意。」尋詔於支降四十萬數内，權支二萬貫付静江府，五萬貫分給諸州軍，充淳熙十一年歲計支遣一次。續又從諸司申請，撥廣東增賣鹽鈔剩錢五萬貫，及令封樁庫支會五萬貫，充廣西十二年分歲計。

十一月壬戌朔，日有食之。癸酉，進呈舊按閲犒賞例。上曰：「處分已定，不須舊例，盡是内庫支一色見錢，此錢樁留，朕初無他用。」王淮等奏：「陛下平日未嘗妄費，今以激厲士卒，人百其勇。」上因言：「士氣要須激厲，每戒主將云：卒伍遇戰未可便用，大陣且以小陣試之，每一捷即加賞賚，將見人人自奮。」是日，進呈欲召爲郎者六人，上熟視曰：「陳達善得，沈密一亦可，此文字且留中。」王淮等奏：「用人不厭詳細，須是參較方可。」甲戌，上幸龍山教場大閲，大犒兵師，爲錢三十六萬。丁丑，進呈畢，上出癸酉留中文字及録示王尚之等六人，曰：「朕兩日於班簿中，檢得此數人，可並召赴行在，餘亦難得。」又諭：「卻於寺監丞中揀人爲提舉，如此更迭出入，則所用之人源源不絶。」是月，命賑京西飢。言者謂：「自乾道五年降會子付兩淮收換銅錢，又節次支舒、蘄鐵錢換易，凡十六次指揮，至今十五年，私渡銅錢常自若也。乞多給會子，立限盡换。」詔兩淮各支降會子一十萬貫，限兩月收换。其换到銅錢，淮東赴鎮江，淮西赴建康送納椿管。

閏十一月乙未，上曰：「諸軍近日教閱聞得錢甚喜，多有買柴作歲計。」王淮等奏：「緣此街上見錢甚多。」上曰：「聞外間米麵甚平，見老兵云三十文買麵一椀，可飽終日，街上多有醉人。朕得百姓懽樂，雖自病亦不妨，所謂吾雖瘠天下肥矣。」壬寅，進呈廣西經略安撫司奏：安南國牒，已排辦章表投進方物。上曰：「象乃無用之物，經由道路，重擾吾民，除不受外，將入貢之物以十分爲率，止受一分，就界上交割，厚與回賜。章表令入遞，降書回答。」

十二月丙子，車駕詣德壽宮行太上皇后慶壽宮中之禮。詔曰：「朕荷太上之燕謀，承至尊之休德。順稽帝道，丕迪重華之徽；寅賴母儀，胥洽二南之化。惟天純祐，俾國多祥〔六八〕。皇年方衍於萬春，甲曆曩登於七帙。奉巵介壽，嘗祇闈於宏休；含飴保和，茲繼符於昌筭。緊我家之累盛，軼聯册之前聞。爰舉曠文，躬伸慶禮，上南山之祝，永偕慈極之隆。首東秩之辰，肆推凱澤之被，式敦及老之義，並彰錫類之仁，可大赦天下。」戊寅，王淮等奏：「前日行慶壽禮，天氣甚好。」上曰：「中外懽悦，二親和氣，不可形容，所以歸晚。」是月，敷文閣直學士致仕李椿卒。椿嘗爲樞密院檢詳文字，時張說爲簽書，會小吏有持南丹州莫酋表來求自宜州市馬者，因説以聞。椿白：「邕遠宜近，官非不知也。故迂之者，豈無意哉。莫氏方横，奈何導之以中國地理之近。請治小臣引致邊事之罪。」説又建議募民爲兵，以所募多寡與賞罰格〔六九〕，以勸沮州郡。椿白説：「若此則恐必有以捕爲募而致驚擾者，願毋限額。」爲司農卿日，嘗言於制國用者曰：「今倉庾所用，一月營一月之聚〔七〇〕；帑藏所給，一旬貸一旬之錢。朝廷之與户部遂分彼此，告借之與索償，有同市道，此陽城所以惡裴延齡者，願革而正之。」權臨安府，故事，府有中人承受公事，守至必謁。椿弗謁，曰：「廟堂無所用承受。」知婺州，有旨衢、婺市皮角若干而筋五千斤〔七一〕。椿奏：「一牛之筋四兩，是屠二萬牛也。」上爲收前詔。爲吏部侍郎，上親慮囚，命椿與張掄叙囚徒。掄官承宣使，奏牘欲列名椿右，不可，白丞相。丞相令先掄。椿退謂：「權要恃恩不足怪，廟堂曲狥爲可畏。」草奏言：「臣固知承宣使序權侍郎之上，但使事以閤門副侍郎耳。所被旨臣名實在上，不可不正。」章未達而事聞，掄亟罷。侍衛司兵因競而碎僧舍〔七二〕，新補軍頭乘忿而剽都市，朝廷不深治。椿舉張彝之事爲戒，言官彈劾不勝去職，所從風聞者黥隸。椿言：「非置臺諫爲耳目之本意。」軍中結邏者以摇主將，攟摭騰播，椿請嚴階級之法。」又極言閹寺之盛，曰：「自古宦官之盛衰，繫有國之興亡。其盛也，始則人畏之，甚則人惡之，極則群起而攻之。漢、唐勿論，靖康、明受之禍未遠。今畏之矣，未甚惡也，有以裁制之，不使至極，則國家免於前日之患，宦官亦保其富貴。願官置蠶室而限其數，復祖宗之制，官高者補外。又門禁宫戒之外，勿使預於人材政事。又嚴士大夫、兵將官與之交通之禁。」椿嘗論渡江以來茶法之弊，謂「官執空券市之園户，州縣歲額配之於民，卒有賴文政之寇。」〔七三〕初，廣西鹽法官自鬻之，後改鈔法，漕計大窘，乃盡以一路田租之米二十二萬斛，令民户折而輸錢，至五倍其估。民既爲錢〔七四〕，二十餘州吏禄兵稍無以給，則又損其估以市於民，曰和糴，曰招糴，民愈病。久之，鈔弗售者三年。椿請改法從舊，除民折苗、和糴、招糴，官民俱便。權知和州錢之望言：「歷陽縣、含山縣有麻、澧二湖，灌溉民田，爲利甚博。乾道二年，因守臣胡昉鑿千秋澗，以設險，澗既開通，而二湖之水始洩入江。積十餘年，澗水日洩〔七五〕，灌溉之利遂廢。今欲於千秋置斗門，以防湖水之洩，遇大浸則啓之以出外，遇旱暵則用之以瀦水。俾二湖之灌溉如初，又不妨千秋澗之險。」從之。

是歲，知遂寧府李燾上續資治通鑑長編至靖康，全書共九百八十卷，舉要六十八卷。

甲辰淳熙十一年春正月辛卯朔，雨土。辛丑，詔浙東提舉司：「將開掘過白馬湖爲田去處，並立板榜，每季檢舉，曉諭人户日後不得再有侵占。仍仰本司覺察，毋致違犯。」丙午，監察御史謝諤言：「去年十月四日，臣僚言：因處州守臣不合將義役置册，假以藉手干求差遣，力陳其弊。奉旨依奏。其所奏係是兩項，第一項云，將處州及兩浙有見行助役去處，聽從民便，令官司即不得干預。第二項云，其民間自難久行，不能息争訟者，仰州縣遵依見行條法，照應物力資次，從公差募。第一項是行義役，第二項是行差役也。言者之意，欲差役、義役二者並行，元不曾指名言盡罷義役。兼但言兩浙之弊，不曾言及别路也。近訪聞江東、西諸路，累年民間有便於義役之處，官司乘此頗有摇動。蓋民間舊因差役，吏緣爲奸，當差之時枚舉數名，廣行追擾，望其脱免，邀求貨賂，使之争訟，至有累月而不定者。民户因此多有困竭。緣行義役遂頗便之。自此法之行，胥吏縮手無措，日夕伺隙，思敗其謀。近有饒州德興縣、吉州吉水人户，赴臺陳訴，其詞激切，端有可憫。乞下諸路監司州縣，應有義役，當從民便外，其不願義役及自有争訟乃行差役，兩項並合遵守，違者許提舉司按奏。其德興縣人户並賫出本縣舊刊義役石碑，可見經久之計，民情之所安，惟恐官司撓其成法。」上曰：「前日蔣繼周言處州守臣專行義役之弊。今謂欲義役、差役各從民便。法意補得始圓。令照前降指揮施行。」甲寅，雨土。是月，户部奏言，去歲旱傷，計減放六十萬石。上初欲下漕臣覈實，既而曰：「若爾，則來年州郡必懷疑不與檢放矣。」

二月甲子，進呈擬張叔椿等差除。上曰：「今後有卿不除少，有少不除卿，所謂官不必備。」又宣諭：「今後蜀中監司可問差此中人往，若皆蜀人則人情宛轉，甚非法度。」癸酉，進呈次，諭：「熊克台州當赴上，卿等曾以朕意宣諭否？」克爲人性緩，古人有韋弦之戒，緩者勉之，急者緩之，全在抑揚之道。」詔：「已降指揮，温、台被水，逐州守臣王之望、陳巖肖各不即聞奏，乃賑恤遲緩。之望特降一官，巖肖落職放罷。近台州獲海賊首領，温州獲次首領，王之望、陳巖肖各有捕賊之勞，以功補過，之望放罷，巖肖宫觀。」是月，樞密院奏：「兩淮、京西、湖北路民兵萬弩手，自淳熙七年後，不曾拘集教閱。乞令逐路安撫司，行下所部州軍，常令不妨本業在家閱習，俟農隙照年例拘集比試。其有事藝高强之人，每州許解發一二名，從帥司保明，津發赴樞密院，與依四川義士條例拍試補授〔七六〕，以示激勸。」詔從之。

三月辛卯，進呈耿延年狀，翻鑄到淳熙十一年錢様。上曰：「且用舊様，不必頻改。」是日進呈刑部侍郎曾逮奏：「乞依乾道九年三月二十三日指揮，令刑部長、貳、郎官並刑察御史〔七七〕，每月通輪録囚，具名件聞奏。庶得糾察之職，稍復祖宗之制。」上曰：「可令用每季仲月。」於是，詔令刑部、御史臺於每季仲月親録囚徒。乙巳，詔知福州趙汝愚除敷文待制，再任。上宣諭：「汝愚在福州甚宣力。」庚戌，詔知泉州司馬伋除龍圖待制，再任。兩浙運判張杓除徽猷閣陞轉運副使〔七八〕，再任。是月，親試舉人，賜衛涇以下及第、出身有差。趙傑之知太湖縣，有言其不丁繼母憂者。上諭宰臣王淮等曰：「士大夫一被此名，終身不可贖。行遣中稍爲宛轉，不須明言其罪。」遂降一官放罷。聖度之忠厚如此。

夏四月辛酉，詔：「金州依見行鹽法，聽客人鋪户從便買賣，不得依前置場拘榷。」先是，知容州范德勤奏：「廣西經略詹儀之、運判胡庭直開具到見行鹽鈔已爲詳細，可恪意奉行。」癸酉，詔：「廣西賣鹽不便。」詔儀之、庭直公共詳議具奏。於是，儀之等條析奏聞：「今詳議静江府等一十六州，官賣鹽以救一十六州之害。住罷高、化等五州敷賣二分食鹽〔七九〕，令轉運司置鋪出賣，從便請買，以爲五州之利。所有五州歲計，令轉運司計度抱認應副。如是則一路二十五州，無不均被聖澤。折苗、科敷之弊，可以永革，而民力裕。」又言：「淳熙十年七月一日改行客鈔，至今年三月十日終，已招賣過鹽鈔六萬二千蘿。見今客人不住搬販，措置自有次第。」故有是詔。高、化、雷、廉、欽五州産鹽地分客鈔不行。尋又奏：「欽州白皮鹽場，事體與雷、廉、高、化一同，乞依舊興復，以備本司取撥，作鈔鹽支付客旅搬請。」丙子，進呈進士射射日分。上曰：「進士射射甚好。」王淮等奏：「孔子射於矍相之圃，觀者如堵墻。古人以射爲重，後世乃廢而不講。」上曰：「古者有文事必有武備，後世不知此意，所以朕舉行之。」丁酉，權知均州何惟清言：「解鹽除京西客人搬販外，更有均、房界入川者甚多，皆是取馬官兵附帶而去，乞嚴賜約束。」從之。是月，御製送行詩賜太保史浩，又書「明良慶會之閣」六字賜之。

五月辛卯，進呈知龍州張熹充廉吏。上曰：「廉吏最難得，近不住懲戒，而貪黷尚多。張熹果如何？」王淮等奏：「蜀士皆稱其操履。」上曰：「可與提刑差遣，仍報行所薦劄子以厲士俗。」乙未，權知和州錢之望奏本州屯田事。先一日，上謂王淮等曰：「之望言，課耕無法，士卒惰者無以厲，而勤者無所勸。卿等可詳議奏來。」既而進呈：欲令淮西總、漕同建康副統制詳議以聞。右正言蔣繼周言：「比朝廷集議監司守倅接送等物，嚴爲限制，所以節浮費寬民力也。其有諸路藩府及列郡守暫差監司，或他州通判等兼攝，上下馬饋送並借請公用亦已約束，而偏方小壘間有違戾。或權官被差而不就，或已權不便而求歸，須申上司又別差官，年歲之間，接送數次。郡計有限，誠何以堪。乞詔遠郡闕守處，令監司選差，以次官兼權，庶免將迎之費，以蘇郡計。」從之。丙午，蔣繼周言：「温、處流民丁籍尚存，諸縣催科無人供納，或其家丁壯既去，老弱獨留，監繫輸填急如星火〔八〇〕，因而多糾未成丁人名爲充代，追擾不能安居。欲乞令温、處守臣將屬縣流移人户覈實，除落丁籍，不得存留，抑勒賠填。如違，令監司覺察以聞。」從之。甲寅，詔：「四川駐劄御前諸軍將士戍邊滋久，常軫朕懷。可令總領所支撥椿管錢引三十萬道，特與犒設一次。傅鈞、彭杲守邊累年，軍政修舉，内傅鈞與陞都統制，彭杲可帶吉州刺史。」乙卯，詔令：「江東提舉司行下建康府、太平州、寧國府、池州、饒州、廣德軍、南康軍建昌縣，各多支常平錢米，將被水人户優加存恤，務要實惠及民，毋致失所。」

六月戊午朔，詔：「諸軍陞差，蓋擇將之根本，必有智勇勞效，乃能服衆。今後宜精加選用，毋得循習苟且。仍令樞密院，自准備將以上至統制官〔八一〕，每全軍各爲一籍，逐月揭貼進入，朕當間點三兩名審觀識略事藝，隨其能否，議主帥之賞罰。」臣僚訪聞：「諸州軍受納夏税官吏邀阻，間有將堪好絹帛强行打退，卻置場用低價收買。其官中既已買下退絹，多作畸零折納高價，不恤民病，利其贏餘。欲望嚴禁。今後州軍置場收買退絹，許人户越訴，令監司、御史覺察違戾科罪。」從之。詔建寧府淳熙九年分人户欠二税等錢三萬四千三百十九貫，並令除放。辛酉，進呈王淮等上表，爲敕令所編類寬恤詔令成書，乞頒降施行。上曰：「可謂詳備。凡事在人舉行，斟酌輕重盡之矣。」壬戌，進呈祕書省校書郎奚商衡奏：制科取士勿拘三歲之制。上曰：「賢良得人，國家盛事，可令學士院降詔，有合召試人，舉官即以名聞。」

大事記曰：國家以科舉取士〔八二〕，而魏掞之以布衣召對，未嘗限以科舉。國家以資格任官，而朱熹不由舉主，特與改秩，未嘗拘以資格。國家三歲舉制科，而淳熙詔有合試人舉官即以名聞，而不拘三歲之制。故陳亮以布衣六達帝庭上書，敢於論恢復、論宰相，而人才奮矣。

甲子，進呈王渥奏小路蠻擊虛狼事〔八三〕，上論及恩威之意，且曰：「國家兵威不及漢、唐遠甚，所恃者，其天乎。澶淵之役、辛巳之役，匪天而何。」王淮奏：「人君平時仁心厚澤，固結民心，我無失德，而天之所助者順，蓋以理勝，不在力勝。」上曰：「漢武帝時，兵威震懾萬里之外，又何可當。但失之已甚。」丙寅，臣僚乞「詔諸路總領，各密舉偏裨將校可爲將帥者，不限員數，列其所長，保明來上。令密院籍記考察，不如所舉，坐繆舉之罰。」從之。是日，進呈趙汝誼言：「詳議到屯田事，遇一圩水退，諸圩兵卒併力耕種，至立秋止。秋成穀熟，施工力者皆預分穀之數。」上曰：「若將來所收不多，朕不惜幾萬米分屯田人兵，使之亦如豐年，則更相勸勉。」己巳，詔：「雨澤稍愆，屢降寬恤指揮，其人户夏税、和買催納起綱自有條限，訪聞官司趣辦追擾，致傷和氣。仰監司嚴行禁止，倘或違戾，御史臺覺察彈劾。」〔八四〕丙子，鄂州江陵都統制郭杲言：「昨蒙降錢三萬貫措置屯田，除節次收買牛具、創造寨舍，乞於上件錢内更存留一萬二千貫，付牛僎收管，準備接續。餘錢乞拘收赴元降處回納。」詔：「令郭杲將回納會子二萬貫，於内支一萬四千一百貫付牛僎，貼充犒軍。餘錢就行樁留，準備屯田支用。」庚辰，知臨安府張杓言〔八五〕：「乞將浙西、江東諸縣，自淳熙十年以前所欠窠名錢三萬七千二百四十餘貫、米八百三十餘石，盡行蠲放。」從之。癸未，户部韓彦質言：「州郡財賦場務、縣道所入財穀，皆有名色，在法不得移易。而守臣無忌憚者，竭公帑之儲以快私欲，至於終更席卷而去，不恤後人。乞今後守臣任滿，將所留諸色錢穀交割下政。具數申户部置籍。」〔八六〕上曰：「須令後政限一月具數申户部照會。」王淮奏：「前政只言數贏，後政只言數縮，合令前後政各具數申。」上曰：「過限不申去處，令户部以聞。」是夏，知婺州洪邁奏：「本州負郭金華縣田土多沙，勢不受水，五日不雨，則旱及之。故境内陂湖最當繕治。而本縣丞江士龍獨能以身任責，深入阡陌，諭令修築。令耕者出力，而田主出穀以食之。凡爲官私塘堰及湖總之爲八百三十七所，以畝計者合萬有九千，用民之力二萬七千有奇，田之被澤者二千餘頃，皆因其故迹葺而深之，於官無所費，於民不告勞。三二十年之中，度亦未至隳廢。使食君之禄者皆能如是，豈不大有補於王政。而士龍者，上不因官司之督責，下不因邑民之訴請，自以職所當爲，勇於立事，用意如此，誠爲可嘉。乞加獎激，以爲州縣小吏赴功趨事之勸。」從之。

秋七月戊子，右正言蔣繼周言：「乞詔諸軍將佐屯駐去處，自今並不許私置田宅、房廊、質庫、邸舍，及私自興販營運。」從之。己丑，郭杲言：「木渠下荒田，實有堪耕種一百九頃四十四畝，除已差撥官兵二百人前去開荒，其餘不通水利高仰田，亦令耕種官兵差去。合請錢米，就屯田官所管稻穀内借支，將來收子課折還。」詔郭杲：「將高仰田段更切措置開耕，毋致荒閑。餘依所乞。」校書郎羅點言：「比年以來，所在流配人甚衆。强盗之獄，每案必有逃卒，積此不已，爲害不細。切謂欲戢盗賊，不可不銷逃亡之卒。欲銷逃亡之卒，不可不減刺配之法。望詔有司，將見行刺配情輕者從寬減降，別定居役或編管之令。其應配者，檢會淳熙元年五月指揮，擇其强壯刺充屯駐大軍。庶幾州郡黥配之卒漸少。」上曰：「近歲配隸稍多，久後當如何。」王淮等奏：「如雜犯死罪猶可從輕，至如劫盗，六項指揮之行，爲盗者莫不曉得，將欲爲盗，必先虚立爲首之名，殺人奸濫之罪皆歸之。以故爲首者不獲，而犯者免死，盗何由懲？」上曰：「可令刑、寺集議奏聞。」既而刑部、大理寺奏上。壬寅，進呈。上曰：「朕夜來思量，配法雜犯死罪只配本州牢城，犯私茶鹽之類不必遠配，只刺充本州厢軍，令著役。若是劫盗已經三次，便可致之死。可諭刑、寺官，子細商量奏來。」乙卯，淮西總領趙汝誼言：「和州八家圩西蓑芬散水地打量得六頃五十畝，乞撥付屯田官兵計置開耕。及下和州，將不堪開耕、不敷元數田二十九頃七十九畝，日下別踏逐係官荒閒田土，撥付總轄屯田官，補填元管之數。」從之。密院言：「八年四月二十九日指揮，江上軍帥於統領中薦舉人才，限以三人之數，深慮搜求未廣。」詔令照八年指揮，不限員數薦舉。臣僚乞：「戒飭帥守、監司，列薦宰邑之官，當務至公，毋徇私情，當求實迹，毋採虚言。後不如舉，必行繆舉之罰。其他列薦所部官吏，並加申儆。」從之。是月，以泉福州、興化軍饑，諸州水，興元府旱，並命賑之。

八月辛酉，詔：「浙西諸州府，各將管下舊來圍田去處，明立標記，仍榜諭官民户，今後不得於標記外再有圍裹。」戊辰，給、舍看詳：「趙汝誼奏：乞行下守臣，遇客販米不得阻遏，其免收力勝錢一項自有見行約束，如有違戾，及以喝花爲名故作留滯者，許客人赴監司、臺部越訴，重置典憲。」從之。

九月戊子，樞密院言：「準御筆處分，聞隴、蜀向來軍陣多用純隊，近易爲花裝，二者孰便，仰四川駐劄御前諸軍都統制吴挺等條具奏來。」興州吴挺奏：「行軍用師惟尚整肅，其花裝隊未戰先已錯雜。」興元府彭杲奏〔八七〕：「四川諸軍昨自紹興之初，團結皆爲純隊，以五十六人爲隊，止是教習純隊事藝，兵刃相接，取便應用。」金州傅鈞奏：「隴、蜀山川平陸少而險阻多，兩軍相遇，或我高而彼下，必須純用弓弩，狹隘相遇，則純用戈戟，緩急全隊呼索易於應集。」詔並依舊純隊。辛丑，上諭宰執曰：「每月財賦册今後更令進入，欲加增減。」戊申，勘會：「諸路州軍義倉米斛，在法合隨正苗交納，唯充賑糶。今來收成在即，當議指揮。」詔：「諸路提舉常平官，各行下所部州軍，仰隨鄉分豐歉，依條收納入倉，不得侵隱他用。候歲終具舊管及新收數目，申尚書省。」詔：「侍講、侍讀見今進講周易，將欲終篇，可自開講日每日講兩卦。」

冬十月乙丑，侍讀張大經等奏：「伏睹陛下嘗因講泰卦之九二，玉音有曰：『君子以其類進而爲善，小人以其類進而爲惡，未有無助者也。』講萃卦之上六，玉音有曰：『盛極則衰，亂極生治。』三復聖言，皆已深得大易之旨。欲望聖慈宣付史館。」詔從之。丙寅，進呈吏部奏：「臣僚乞賓州三縣通差文武臣。」上曰：「武臣中極難得人，小使臣尤不歷練。今委以一縣，只是害及一縣百姓。」庚午，中書門下省勘會：「州縣稅場所收課息，自可足用。訪聞近來官司過數增收，以資妄用，致害民旅，理合禁止。」詔：「戶部遍牒諸路州軍，將應管稅務合趁課息如實及祖額之數〔八八〕，即不得抑令增收。敢有違戾，在內委御史臺彈奏，在外委監司覺察。仍許被擾人戶越訴。」辛巳，詔宇文虛中特更與恩澤二名，令曾孫承受。

臣留正曰：宇文虛中之忠亦可得而考矣〔八九〕。方建炎之初，以資政大學士奉命往使金國，留縶虜廷〔九〇〕，抗節不屈。故相秦檜用事，盡歸其孥於虜中〔九一〕，則紹興十二年也。虛中在虜中久，其諸名王大族皆尊信之不疑。因與其子宇文師援暨僞翰林學士高士譚謀爲復讐之舉，欲因九月虜主祭天而劫之〔九二〕，虜之諸王宗親約爲內應。不幸而功不成者，天也。而虜人自此上下相疑〔九三〕，寖行誅戮矣。虛中之家已碎於虜手，迹其禍端，由於蠟彈之繳還，則秦檜之爲也。是時國家中興二十年，而虛中之事不顯。最後魏國公張浚招韓王來歸，始能言其詳。虛中無子有女，以族人紹節爲之孫。明詔命以京秩。至是，復加褒恩及其曾孫與其外孫，所以勸天下之爲人臣者也。

壬午，吉肇乞招建康水軍戰船梢手。上曰：「大江之險，人命所繫，蓋藉操舟之人，可與招收。」是月，詔程大昌、程叔達、單夔、趙師夔各貶秩二等。以臣僚言：「蔣億以贓抵罪，於今一年，未聞舉主自劾，而有司亦不約法以聞。乞令吏部檢舉。」故有是命。

十一月丙戌朔，宰執謝賜太上稽山詩石刻。上曰：「太上詩規模宏大，所以賜卿者，正欲仰體太上之意。如屬意種、蠡臣之句，卿等切勿分別文武，便有晉室之風，當視之如一，擇才行兼備者用之。若曰好士人而才不適用，亦何足取。」戊子，知婺州洪邁言：「本州淳熙八年旱歉，支降豐儲倉米五萬石賑糶。內二千一百餘石係攬載船梢盤剥折欠，已納到六千餘貫外，浄欠錢一千九百餘貫，約米五百三十餘石，乞照紹興府體例蠲放。」從之。利路帥、憲、茶馬司奏知鳳州余永弼、知文州鄧樞政績。上曰：「邊郡政要得人。永弼、樞各轉一官，候任滿與再任。」詔：「向來趙善犾所修海鹽縣堰閘及劉俣修華亭縣塘堰〔九四〕，令劉穎親往相視，目今有無衝决損壞，並本州去年所修水利，於今年有無實被灌溉田畝，及未盡去處，開具奏聞。」辛卯，置萬州南浦縣漁陽井鹽官一員，井歲收鹽十四萬六千三百餘斤〔九五〕，初，以主簿兼監，於是始專置官。户部侍郎葉翥乞行下覈實免丁錢事。上曰：「此户部自可理會，不必降旨。」辛亥，進呈淮西總領趙汝誼奏：和州屯田所收物斛未曾均給。上曰：「可令總領所、都統司將屯田力耕官兵斟量工力多寡，拘今年收到物斛實數，分作三等，次第均給。」是月，兩浙運副劉敏士、運判姚憲並降官落職，新江東提刑王彦淇别與差遣，並以温、台二州災澇，失於按劾守臣也。

十二月丁巳，兩浙運判錢沖之言：「奉詔相視開濬常、潤等運河淺澀去處，今相度自臨安至鎮江，四郡共用六萬餘夫，委是大役。乞令諸州將運河兩岸支港地勢卑下泄水去處，牢固捺成堰壩。仍申嚴諸閘啓閉之法，淺澀去處，令逐州守臣措置隨宜開撩，務要舟楫通行。」從之。己未，詔秘閣修撰、知隆興府程叔達除集英殿撰，再任。丁卯，進呈知州軍除目。上逐一問其人才如何，至劉壎知滁州，魏敏哲知濠州〔九六〕，上曰：「淮郡不可輕，此二人更契勘。」又曰：「選擇人才，治道之急者。州郡若不得人，雖諄諄日降詔令亦是徒然。卿等今後每遇一闕，須是遍選，終竟有得。」因言：「今之議者多言邊郡太守須是久任，今邊郡無兵，雖久任何益。大軍皆在江南，若是創置，又費衣糧，卻是萬弩手、民兵，無養兵之費，有養兵之實，緩急亦可用。」丁丑，户部言：「建康府申，乞將沙田許從官田所取畫降指揮，與免十料催科外，其沙地蘆場乞自初生年分起料催納税租。」從之。己卯，進呈：解元振奏，乞令光州依舒州、蘄州置監鑄錢。上曰：「此事難行，後次鑄到鐵錢時，可令分二三萬與光州。」是月，知台州熊克上九朝通略。

是歲，知鎮江耿秉奏：「三縣歲額畸零錢八千餘貫，今以公庫所節浮費代充解發，若非得旨，則恐後人斂之於民。」上曰：「以寬剩之錢爲民代納固善，後人若無餘，則必別作名色科配。此事州郡自行則可，朝廷難爲施行。」

校證

〔一〕至於　「於」字原脱，據再造本、文海本、中興聖政卷五九補。

〔二〕禍之甚著　原作「禍之無甚」，據再造本、文海本、中興聖政卷五九校改。

〔三〕軍職　「職」字原脱，據再造本、文海本、中興聖政卷五九補。

〔四〕射射精熟人事　再造本、文海本同，中興聖政卷五九「射射」作「射藝」，「人事」作「人數」。作「射藝精熟人數」似是。

〔五〕木待問　李校：原作「李待問」，據會要崇儒七之二改。汪按：文海本作「本待問」，再造本、中興聖政卷五九作「木待問」。後二書可作校改依據。

〔六〕春前　原作「春間」，據再造本、文海本、中興聖政卷五九校改。

〔七〕官僚　再造本、文海本同，中興聖政卷五九作「宫僚」，作「宫僚」似是。

〔八〕極簡　原作「技間」，句不可通。文海本作「極間」，據再造本、中興聖政卷五九校改。

〔九〕李校：圜土，原作「園士」，據中興聖政卷五九改。汪按：「圜」不應簡化爲「園」。「園士」應作「圜土」。再造本闕文，文海本字不規範，實作「圜土」。周必大文忠集卷一一一淳熙八年廷試策問可爲又一校改依據。

〔一〇〕李校：圜土，原作「園士」，據中興聖政卷五十九改。汪按：見前校。又下文「圜土」同此。

〔一一〕宣宗御試題　「宣宗」，文海本、中興聖政卷五九均同，然疑「宣宗」爲「宣示」形近訛。「御試」，文海本同，中興聖政卷五九作「御賜」。

〔一二〕艱得　「得」字原脱，據再造本、文海本、中興聖政卷五九補。

〔一三〕濕葉　原作「温葉」，文海本同，再造本字殘難辨，據中興聖政卷五九校改。施宿等會稽志卷一七蟲部：「蠶書曰：飼蠶勿用雨露濕葉，蓋蠶性惡濕。」陳旉農書卷下蠶桑：「蠶常不食濕葉。」可爲佐證。

〔一四〕真宗正説　再造本、文海本同，中興聖政卷五九作「真宗皇帝正説」。

〔一五〕休假　再造本、文海本同，中興聖政卷五九作「休暇」。

〔一六〕提領贍軍府　再造本、文海本、中興聖政卷五九均同。按：宋不見「贍軍府」之設，疑是「贍軍庫」之訛。

〔一七〕開請　再造本、文海本同，中興聖政卷五九作「開清」。

〔一八〕違戾　原作「違例」，據再造本、文海本、中興聖政卷五九校改。

〔一九〕所隸事　原作「所隸所」，再造本、文海本同，據中興聖政卷五九校改。

〔二〇〕人使　原作「人便」，文海本同，據再造本、中興聖政卷五九校改。

〔二一〕喻良能　原作「俞良能」，文海本作「踰良能」，據再造本、中興聖政卷五九、劉時舉續宋編年資治通鑑卷一〇、王應麟玉海卷五八藝文淳熙忠義傳校改。今存喻良能香山集可爲佐證。

〔二二〕一百九十　原作「一百八十」，據再造本、文海本、中興聖政卷五九、玉海卷五八藝文淳熙忠義傳校改。

〔二三〕二十卷　再造本、文海本、中興聖政卷五九均同，玉海卷五八藝文淳熙忠義傳作二十五卷。

〔二四〕各　原作「名」，據再造本、文海本、中興聖政卷五九校改。

〔二五〕識認　「識」原誤「職」，據再造本、文海本、中興聖政卷五九校改。

〔二六〕歟　此「歟」與下一「歟」字，原均作「與」，再造本、文海本均同，並據上文及朱熹晦庵集卷一三辛丑延和奏劄校改。

〔二七〕可以　再造本、文海本均同，中興聖政卷五九作「有以」，晦庵集卷一三辛丑延和奏劄、黄榦勉齋集卷三六朱熹行狀均作「足以」。

〔二八〕進退　再造本、文海本同，中興聖政卷五九、晦庵集卷一三辛丑延和奏劄均作「進見」。

〔二九〕兵愁民怨　再造本、文海本、中興聖政卷五九均同，晦庵集卷一三辛丑延和奏劄作「兵怨民愁」。

〔三〇〕雜植花木　再造本、文海本、晦庵集卷九九白鹿洞牒同，中興聖政卷五九作「雜植樹木」。

〔三一〕海潮　再造本、文海本、中興聖政卷五九均同，宋史卷九七河渠志作「海瀕」。

〔三二〕自後寖失修治　「寖」原作「漢」，文海本作「渡」，據再造本、中興聖政卷五九、宋史卷九七河渠志校改。「漢」、「渡」當爲「寖」之形近訛。

〔三三〕捍海　再造本、文海本、中興聖政卷五九均同，宋史卷九七河渠志作「捍海堰」。

〔三四〕遞角　「角」原作「青」，據再造本、文海本、中興聖政卷五九校改。

〔三五〕私黨　再造本、文海本同，中興聖政卷五九作「死黨」。

〔三六〕三人　再造本、文海本、中興聖政卷五九均同，然前既言「每等降殺以兩」，則不當作「三人」，宋史卷一五九選舉志作「二人」，近是。

〔三七〕轉對　「轉」字原脱，據再造本、文海本、中興聖政卷五九補。

〔三八〕誰敢　再造本、文海本同，中興聖政卷五九、陸贄翰苑集卷一四奉天論解蕭復狀均作「孰敢」。

〔三九〕多　再造本、文海本同，中興聖政卷五九作「雖」。

〔四〇〕天寶之季　「季」原作「際」，據再造本、文海本、中興聖政卷五九校改。

〔四一〕擘倖　原作「擘妾」，據再造本、文海本、中興聖政卷五九校改。

〔四二〕萬世之則　文海本同，再造本、中興聖政卷五九作「萬世之訓」。

〔四三〕諭之　文海本同，再造本、中興聖政卷五九作「詢之」。

〔四四〕杜官鬻　「杜」原作「社」，再造本、文海本同，據中興聖政卷六〇、宋史卷一八三食貨志鹽校改。

〔四五〕徐彥達　再造本、文海本、中興聖政卷六〇均同，宋史卷四六九宦者陳源傳作「徐彥通」。

〔四六〕甄士昌追進武校尉李庚追官勒停　此十四字原脱，據再造本、文海本、中興聖政卷六〇補。

〔四七〕船　中興聖政卷六〇同，再造本、文海本均作「舡」。

〔四八〕顧聞　原作「願聞」，中興聖政卷六〇闕文，據再造本、文海本校改。

〔四九〕鄂州都統郭杲　再造本、文海本、中興聖政卷六〇均作「鄂州都統郭果」，徐松宋會要輯稿食貨六三之五二作「鄂州江陵府駐劄御前諸軍副都統制郭杲」，宋史卷一七六食貨志屯田作「鄂州江陵府駐劄副都統制郭杲」。聯繫本卷下文，「郭果」應爲「郭杲」之訛，據校改。

〔五〇〕去其驕　再造本、文海本、中興聖政卷六〇均同，宋會要輯稿食貨六三之五二作「去其驕惰」，意差强。

〔五一〕七百五十頃　「頃」原作「畝」，再造本、文海本、中興聖政卷六〇均同，然「七百五十畝」不合情理，據宋會要輯稿食貨六三之五二、宋史卷一七六食貨志屯田、續宋編年資治通鑑卷一

○校改。

〔五二〕餘涼　原作「微涼」，據再造本、文海本、中興聖政卷六〇、章定名賢氏族言行類稿卷四〇校改。

〔五三〕真有愧　「真」原作「見」，據再造本、文海本、中興聖政卷六〇校改。

〔五四〕勾昌泰奏　「奏」字原脱，據再造本、文海本、中興聖政卷六〇、吴泳鶴林集卷一五進御故實紹興淳熙預儲蜀帥補。

〔五五〕有制置使闕便可就除　原作「有制置便闕使可就除」，文海本作「有制置使闕使可就除」，據再造本、中興聖政卷六〇、鶴林集卷一五進御故實紹興淳熙預儲蜀帥校改。

〔五六〕廬州　原作「盧州」，文海本同，據再造本、中興聖政卷六〇、續宋編年資治通鑑卷一〇校改。蔡戡定齋集卷三條具屯田事宜狀言及「廬州三十六圍」，可爲佐證。

〔五七〕闃然　「闃」，原作「闌」，據再造本、文海本、中興聖政卷六〇校改。

〔五八〕霶霔　原作「霶霔」，文海本同，據再造本、中興聖政卷六〇校改。

〔五九〕如此　二字原脱，據再造本、文海本、中興聖政卷六〇補。

〔六〇〕取旨　原作「取會」，據再造本、文海本、中興聖政卷六〇校改。

〔六一〕解鹽　原作「解鹽」，文海本字難辨，據再造本、中興聖政卷六〇校改。

〔六二〕羅忠信　「信」字原脱，據再造本、文海本、中興聖政卷六〇、宋史卷二四八公主傳補。

〔六三〕誠訓　「誠」原作「誥」，據再造本、文海本、中興聖政卷六〇校改。

〔六四〕李翔　李校：中興聖政卷六〇作「李翺」，建炎以來朝野雜記甲集卷七作「季翔」。汪按：中華書局點校本朝野雜記甲集卷七處州義役作「李翔」不作「季翔」。文海本此處作「李翔」，下文作「季翔」。再造本作「李翔」。存疑待考。

〔六五〕可用　「可」原作「何」，據文海本、中興聖政卷六〇校改。

〔六六〕李翔　李校：中興聖政卷六〇作「李翔」，建炎以來朝野雜記甲集卷七作「季翔」。汪按：見前校。此處文海本作「季翔」。

〔六七〕是月　再造本、文海本同，中興聖政卷六〇作「是日」。

〔六八〕俾國　再造本、文海本、中興聖政卷六〇均作「侈國」。

〔六九〕與　再造本、文海本同，中興聖政卷六〇作「立」。

〔七〇〕一月營一月之聚　再造本、文海本、中興聖政卷六〇均同，楊萬里誠齋集卷一一六李椿傳作「一月營一月之粟」。

〔七一〕衢婺　原作「令婺」，文海本前一字闕文，據再造本、中興聖政卷六〇、誠齋集卷一一六李椿傳校改。

〔七二〕因　原作「囚」，再造本、文海本同，據中興聖政卷六〇、誠齋集卷一一六李椿傳校改。

〔七三〕賴文政　「政」原作「武」，據再造本、文海本、中興聖政卷六〇、誠齋集卷一一六李椿傳校改。

〔七四〕民既爲錢　再造本、文海本、中興聖政卷六〇均同，誠齋集卷一一六李椿傳作「米並爲錢」。作「米並爲錢」義較佳。

〔七五〕澗水日洩　再造本、文海本同，中興聖政卷六〇作「澗水日淺」。

〔七六〕拍試　原作「按試」，據再造本、文海本、中興聖政卷六一校改。

〔七七〕刑察御史　原作「巡察御史」，據再造本、文海本、中興聖政卷六一校改。

〔七八〕兩浙運判張杓除徽猷閣陞轉運副使　「張杓」原作「張袀」，再造本、文海本、中興聖政卷六一均同，然宋史卷三六一張浚附杓傳載，張杓孝宗時「遷兩浙轉運判官。未幾，以直徽猷閣升副使」。潛説友咸淳臨安志卷五〇秋官兩浙轉運載張杓「淳熙九年任兩浙運判，十一年陞副使」。據以校改。又「陞」，原作「兼」，據再造本、文海本、中興聖政卷六一及上引諸書校改。

〔七九〕住　原作「但」，據再造本、文海本、中興聖政卷六一校改。

〔八〇〕輸填　原作「輸項」，「輸項」不文，據再造本、文海本（字有殘）、中興聖政卷六一校改。

〔八一〕淮備將　「淮」原作「淮」，文海本同，「淮備將」不文，據再造本、中興聖政卷六一校改。

〔八二〕以科舉取士　原遺「取」字，呂中類編皇朝中興大事記講義卷二三同，據再造本、文海本、中興聖政卷六一補。

〔八三〕虛狼　中興聖政卷六一同，再造本、文海本「狼」字不清楚，疑應作「虛恨」，宋史卷四九六蠻夷傳言及淳熙十三年時「虛恨蠻族最强，破小路蠻，併其地」。李石方舟集卷七乞小路蠻都王承襲劄子亦言及「小路蠻」與「虛恨蠻」。

〔八四〕彈劾　「劾」原誤「刻」，據再造本、文海本、中興聖政卷六一校改。

〔八五〕張礿　再造本、文海本、中興聖政卷六一均同，然據咸淳臨安志卷四八秩官記張杓淳熙十一年六月至十三年八月任知臨安府，則「張礿」當爲「張杓」之訛。宋史卷三六一張浚傳附子杓可參。

〔八六〕具數　原作「其數」，再造本同，據文海本、中興聖政卷六一校改。

〔八七〕興元府　李校：原作「興化府」，據中興聖政卷六一改。汪按：再造本、文海本均作「興元府」，應作校改依據。

〔八八〕祖額　原作「租額」，中興聖政卷六一闕頁，據再造本、文海本校改。

〔八九〕考　原作「放」，中興聖政卷六一闕頁，再造本、文海本均作「攷」，「攷」、「放」形近致誤，今據校正，且改用「考」字。

〔九〇〕虜　原作「軍」，據再造本、文海本回改。

〔九一〕虜中　此「虜中」與下一「虜中」，原均作「北方」，據再造本、文海本回改。

〔九二〕虜　此「虜」與下文「虜之諸王宗親」之「虜」，原均作「金」，據再造本、文海本回改。

〔九三〕虜　此「虜」與下文「碎於虜手」之「虜」，原均作「敵」，據再造本、文海本回改。

〔九四〕趙善悊　再造本、文海本、中興聖政卷六一均作「趙善悉」。

〔九五〕井　原作「并」，據再造本、文海本、中興聖政卷六一校改。

〔九六〕魏敏哲　再造本、文海本、中興聖政卷六一均作「魏敏悊」，疑是。

宋史全文卷二十七下

宋孝宗八

乙巳淳熙十二年春正月己丑，廣西提舉胡庭直言：「邕州賣官鹽，並緣紹興間一時指揮，於江左永平、太平兩寨置場，用物帛博買交趾私鹽，夾雜官鹽出賣，緣此溪洞之人亦皆販賣交鹽。近雖改行鈔法，其本州尚仍前弊。」詔經略司及知邕州陳士英公共措置聞奏。既而經略司申：「元初起置博易場，以人情不可止絶，而博易交鹽亦是祖宗成法，乞只嚴禁博販等人不得販鬻交鹽，攙奪官課。餘仍舊。」從之。户部言：「明州申，鄞縣東錢湖積蓄澗水溉田五十餘萬畝，昨緣茭草延蔓，侵耗湖水，奉旨支降錢米開淘，茭葑堆積，沿湖山灣灤去處遂成葑地。先係資教院僧承佃，墾成田三百餘畝，切緣人户以增租承佃爲名填疊增廣，有妨積水。乞將上件沿湖葑地不許人户請佃，仍舊開掘爲湖，庶免向後堙塞之患。」詔勾昌泰躬親前去相視開掘。辛卯，進呈命令獄案籍，三省事下諸州，有督促至十餘而未報者。上曰：「自今命令及獄案不須行文催促，多則愈玩，只一季將上，擇其怠惰者懲之〔一〕，則自然不敢。」於是潼川運司以岳霖體究漢州雍有容在任不法事稽緩，特降一官。湖北運司陳達善未開具趙善待妄用過任內錢物，令即具析因依。癸巳，進呈湯思謙六院差遣。上曰：「思退退縮，其弟不可與在内差遣。」王淮等奏：「思謙作兩郡皆有可稱，不知與提舉如何？」上曰：「在外不妨。」上又曰：「編修官湯碩亦可與外任。」癸卯，進呈知平江府常熟縣曾棨將版帳贓賞等錢支用，及違法科取錢物等事。刑寺看詳：「曾棨所犯公罪徒、贓罪流、私罪絞。」上曰：「曾棨具狀抵罪，可除名勒停。」上又曰：「朕昨夜思之，監司以按察爲職，置司所在，不能無失職之罪，若欲行罰，又恐此後抉摘人之小過，而知縣愈難爲。」次日，御筆批：「置司所在監司傅淇〔二〕、劉穎各降一官。」甲辰，詔蓋經、趙師夔、姚述堯各貶秩二等，以所舉曾棨犯贓故也。

二月丁卯，奏事畢，上賜王淮等酒。上問民間風俗及論古今治亂事。上因曰：「自唐虞而下，人君知道者少，唯漢文帝稍能知道，專務安靜，所以致富庶。自文帝之外，人君非唯不知道，亦不知學。」淮等奏：「道從學中來。」上曰：「知學者未必盡知道，但知學者亦少。」淮等奏：「若唐太宗，末年寢不克終，豈是知道。」上曰：「人君富有天下，易得驕縱。」淮等奏：「若治安日久，每事留意，則是愈久愈新。」上又曰：「天下全賴好監司。若得一好監司，則守令皆好。」淮等奏：「監司、郡守皆在得人。」上曰：「先擇監司爲要。」

若郡守亦當選擇得尤好，卿等今後爲朕除授監司須是留意。」上又曰：「近日來郡守亦勝如已前。若是資序已到，其人不足以當監司、郡守，則監司且作郡守，郡守且作通判，亦何害。」時天氣晴和，淮等因問興居。上曰：「朕尋常飲食亦不敢過。」淮等奏：「易於頤卦稱謹言語、節飲食。」上曰：「觀頤觀其所養也。」壬申，吉州申，乞將旱傷最重太和、吉水、廬陵縣第五等人户見欠淳熙十一年夏税和買共一千九百九十餘匹並與蠲放。從之。丙子，殿侍陳賈言：「國家財計之入，率費於養兵。然軍之隸卒伍者所得常不能贍給，而自將佐等而上之則有至數十百倍之多。今諸軍額外員缺冗泛之費，姑以殿、步兩司言之，殿司額外自統制而至準備將凡一百二十員，而數内護聖步軍至添統制三員，步司額外自統制而至準備將亦一十八員，兩司歲支，除逐官本身請俸外，供給茶湯猶不下一千萬緡〔三〕。養軍之須固已不貲，而額外重費又復如此，無惑乎財計之不裕也。且以增創額外，謂可儲養將材耶。然諸將或有闕員，未見取之於此。若謂其人不足以備採擇，則高廩厚俸自不宜輕以與之。乞軫慮國計、責實政，將内外額名色自今以往一切住差。其在冗食之人，乞賜甄别。如有可備軍官之選，則存留，以俟正官有闕日補之。或其人不任使令，亦乞隨宜沙汰，勿使渾雜，無補國事。」從之。是月，雨雹。

三月甲申朔。是月，申禁胡服蕃樂。從右正蔣繼周之請也。是春，詔制舉題免出注疏〔四〕。

夏四月丙辰，進呈户部勘當：知鎮江府耿秉奏：如遇亢旱，聽民車河水。上曰：「河水豈可不令百姓灌田。」王淮等奏：「尋常人使來時，恐水淺，所以不聽人户車水。」上曰：「稼穡事大，可依耿秉所請。」侍讀蕭燧言：「廣西最遠，其民最貧。切見在法：民年二十一爲丁，六十爲老，官司按籍計年，將進丁或入老疾。應免課役者，縣令親觀顏狀注籍，知、通索丁簿考歲數，收附銷落。法意非不善也。奈何並海諸郡，以身丁錢爲巧取之資，有收附而無銷落。輸納之際，邀求亡藝，錢則倍收剩利，米則多量加耗。一户計丁若干，每丁必使之析爲一鈔，一鈔之内，有鈔紙錢、息本錢、縻費公庫錢，是以其民苦之，百計避免。或改作女户，或徙居異鄉，或捨農而爲工匠，或泛海而逐商販，曾不得安其業。乞令帥臣、監司措置行下，從收附銷落之制，革違法過取之害。如或仍前科擾，即令按劾。」從之。辛未，右正言蔣繼周言：「南庫撥付户部，於今二年，而南庫之名尚存，官吏如故。乞令吏部將南庫廢併，其官吏並從省罷。」又稱：「臣照對，太祖置封樁庫，圖取契丹。太宗分左藏北庫爲内藏庫，並以講武殿後封樁庫屬焉，又改封樁庫爲景福内庫。近年南庫分爲上下，尋併上庫入封樁庫。今所存南庫，係前時下庫。」上曰：「若盡廢庫眼，收支必至殽亂，可存留庫眼，以左藏西上庫爲名，官吏全無不得，可與裁減。」於是諸路歲發南庫窠名錢一百九十八萬餘緡，改隸本庫。後又改稱封樁下庫，仍隸户部焉。

五月丁亥，臣僚言：「諸處夏税和買止有折帛、折錢二色，惟湖州安吉一縣獨多，折絲、折帛、折綾，民間困於輸納。朝廷以其既納紬絹，又以細絲織綾，許以粗絲織絹，謂之屑絹，自前任顏度申請改屑絹爲絲絹，遂使此邑重困。續邑民詣闕陳訴，已蒙朝廷仍舊許納屑絹，而夏税產絹猶用細絲。乞令產絹亦依舊用粗絲織造。」從之。丙申，王淮奏：「梅雨已多，莫須降香祈禱？」上曰：「未須如此。朕自昨日早晚焚香，默禱於上帝。」丁酉，進呈次，王淮等奏：「且喜晴霽。」上曰：「朕前日默禱上帝，不意感應如此之速。朕昨晚更不飲酒，只是觀天，夜來便晴霽，不勝欣喜。自今更默禱三日。」淮等奏：「天人之際，應若影響，而況人君爲天之子，宜其隨感而應。」上曰：「臣下禱之於神，朕請禱於上帝。」庚戌，上謂王淮等曰：「聞總司糴米皆散在諸處，萬一軍興而屯駐處卻無米，臨時綱運，如何來得，豈不誤事！可便契勘，如要害屯軍去處有樁管米若干，大抵賑糴，可逐歲循環備荒，若樁積米，須留要害屯軍所在，庶軍民皆有其備。」是月，地震。

六月壬戌，進呈淮東總領吴琚奏：「欲望將鎮江都統司諸軍官兵日前所欠激賞鋪軍須子鋪布帛錢，並與除放，庶幾官兵得以全請贍家。此令一下，足以感士心，足以正師律，足以戒掊克，足以示陛下知行伍之微，恤士卒之至。」上曰：「軍中刻削，楊存中以來便如此。據所言極是。可依奏，仍降指揮其他有無似此去處，及別有侵刻營運錢等，並詔罷之。」己巳，臣僚言：「臣聞一定不易之謂法，循習引用之謂例。故昔人常守法以廢例，未嘗用例以廢法。今之有司，大抵反是。若天官諸選，條目猥多，法例參錯，吏奸深遠，法無已行而或廢，例有已行而必得。此其爲弊固非一日。乞詔銓部，凡七司所行之事，條法具載分明、可以遵用而偶無已行者，並令長、貳、郎官據法施行。若於法窒礙而偶有已行之例，並不得引用。」從之。丁丑，宰執進呈次，上曰：「秋季在近，命令獄案有稽緩者，可擇數事稍大而日子最久者〔五〕，當議行遣。今州郡職事弛慢不一，難爲一例從寬，寬猛相濟，政是以和。前此岳霖降官，印榜行下已久，誨爾諄諄，聽我藐藐，豈可不明賞罰，天下事只是賞罰〔六〕，不然朝夕諄諄無益。」是日，進呈：「諸路監司、帥臣每遇歲終，各以所部郡守考察臧否來上。浙東一路最近，淳熙十一年分至今尚未開具聞奏。」上曰：「近來廢弛事多，須當懲戒。」於是帥臣鄭丙、提舉勾昌泰各降一官。

秋七月癸未，臣僚言：「伏見淮上州軍逐處皆有樁管米斛，建康、鎮江大軍屯駐，又有總司錢糧，惟太平州采石鎮沿江要害去處，去歲民間艱食，州郡必無儲備〔七〕。聞淮上去秋成熟，淮人多有載米入浙中出糶不行。今來秋成在近，欲望先次支降本錢，付總領所及時和糴。」〔八〕詔趙汝誼於建康務場見樁管會子先次取撥一十五萬貫，委官就采石倉措置，依在市時直糴米樁管〔九〕。詔罷荆門軍洣河、武寧、黄泥三處税場。以前知軍陸洸言「税額不過二十七貫三百三十三文，豪民買撲擾民」，故也。是日，進呈會子數。上曰：「會子之數不宜多，他時若省得養兵，須盡收會子。」壬寅，進呈内藏庫奏，「和州、無爲軍、常德府拖欠淳熙十年分錢，已降指揮再限一季起發。」上曰：「近日和州卻以三千緡賂内侍求免，事覺，所免只五千緡，卻用三千緡囑託，謂何？」王淮等奏：「其意可長久得免，故不憚一時之費。」上曰：「守臣張士儋、張臨、趙公頤各展二年磨勘。更與展限半年，須管發納數足。」吏部言：「二廣考試補攝官人，乞依本部銓試出官指揮，將考校到合格人以十分爲率，取五分。」從之。先是，廣東提舉韓璧言：「二廣兩薦之士許試攝官，謂之試額。二年再試，謂之待次。累至三試，謂之正額。然後就禄或任鹽税，或受簿尉〔一〇〕，至有闕官甚處，雖待次亦得以濫授。其試攝之程度大略如銓試之五場，自非雜犯，雖文辭鄙俚亦在所録，僥倖太甚。乞自今一如銓試法。」下吏部勘當，而有是請。甲辰，詔罷常德府一處、復州六處税場。先是，提舉趙善譽奏：「兩州七處税場，共納一百八貫，與洣河事體一同。」上曰：「罷之甚當。如此等事，一日做得一件，計一歲之利亦多矣。」因並從之。乙巳，詔罷揚州江都縣版橋、泰興縣新城、楚州山陽縣謝家、盱眙軍天長縣龍堽石梁秦蘭〔一一〕、高郵縣臨澤三墩八處稅場。以淮東提舉趙不流言〔一二〕：「盱眙係極邊，揚州、高郵係次邊，不仰此毫末之利〔一三〕，而徒使豪民撲買，小民被害，所有浄利錢本司欲依數抱認起發。乞將上件稅場並行住罷。」故有是命。臣僚言：「竊見浙運耿秉近因屬邑版帳錢額太重，乞與屬郡評議，將額重處量減，詔從其請。臣竊以兩浙版帳錢額之重，實與江西之月樁相似。二浙州郡亦自窘匱，與江西不同，就諸縣之額太重者與之斟酌，縣有毫釐之減，則民有毫釐之惠，此實然之理。若諸路得一賢轉運使，則不待冠蓋交馳，而裕民之説行矣。欲望出臣此疏付之版曹，行之浙運，更令耿秉與諸郡守臣悉心講究，次第行之，諸路得爲楷式。更願陛下不惜少裨版曹，以蘇民力。」從之。

八月甲寅，監察御史冷世光言：「監司歲出巡歷，吏卒誅求，所過騷然。一縣之中，凡數百緡僅能應辦，否則睚眦以興怨，捃摭以生事。乞明詔諸路監司，今後巡歷，力革此弊〔一四〕。所用隨行吏卒，各於州郡差撥，逐州交替。」從之。丁巳，上諭宰執：「二廣鹽事，當併爲一司。」王淮等奏：「外議又更有一説〔一五〕，併司後，恐廣西漕既不預鹽事，即無通融錢物，或至支吾不行。」上曰：「如此亦須更商量。盡天下事全在致思〔一六〕，思之須有策，窮則變，變則通。譬如奕棋，視之如無着，思之既久，着數自至。」淮等奏：「臣等終日思之，陛下乃一言而決，此無他，虛則明耳。」上曰：「更賴卿等。」辛酉，令提領封樁庫所支降會子一十五萬六千二百六十九貫付淮東總領所〔一七〕，三十二萬六千三百一十二貫付淮西總領所，三十萬貫付湖廣總領所，並充今年和糴樁管米本錢支用〔一八〕。壬戌，詔封樁庫支降會子五十萬貫，委浙西提舉羅點和糴米二十萬石。淮東總領所取撥鎮江府見樁管會子二十九萬貫，湖廣總領所取撥鄂州并大軍庫見樁管會子共三十萬貫，並各就豐熟去處置場。內浙西提舉就平江府置場，招糴堪好米斛。仍一面取見實直開具申尚書省，毋令稍有科抑。乙丑，御筆：「朕惟差役之法，爲日蓋久。近年以來，又創限田之令，可謂備矣。然州縣奉行之不公，豪貴兼并之太甚，隱寄挾户弊端益滋，一鄉之中，上户之著役者無幾，貧民下户畏避棄鬻，至不敢蓄頃畝之產。莫若不計官民户，一例只以等第輪差。如此則不惟貧富均一，且税籍之弊不革而自去。可令户部、給舍、臺諫詳議聞奏。」丙寅，新提舉常平鹽茶公事趙鞏朝辭進對。上曰：「鹽事利害稍重，凡事可親臨之，勿容官吏作弊。」至奏羨餘錢，上又曰：「待與卿少減，庶得卿易爲。監司以刺舉爲職，賢者固可舉，贓吏切不可不按。」樞密院進呈畢，上曰：「陳良祐薦莊治應賢良，卿等見其詞業否？」王淮等奏：「已見之。」上因問鄭建德。上又曰：「李垕爲文無氣概，如蘇轍真是難得〔一九〕。今莊治可與試。」淮等奏：「試時莫亦須有三兩人？」上曰：「既降指揮不限年月，亦不須限人數。」癸酉，樞密院進呈知建康府錢良臣奏：「秋教按閲，禁軍路鈐、訓武郎胡斌恃酒無禮，望賜罷黜。」上曰：「胡斌素多口，舊在潛邸，故略假借，而乃敢輒犯階級，可降兩官放罷。」甲戌，進呈秦熁奏：「德安府巡檢張革慢棄本職，於公廳罵前任守臣，乞罷黜。」上曰：「此風不可長，放罷輕典，更降兩官。」丙子，詔：「浙東提舉具到淳熙十年旱傷，紹興府會稽縣下户借貸官米四百三十餘石，特蠲放。」

九月甲申，詔：「婺州蘭溪第四、第五等人户淳熙八年内借過常平錢收買稻種，見欠四千九百六十餘貫，可並蠲放。」丙戌，進呈國子祭酒顔師魯奏劄，欲獎進節義之士。上曰：「甚好。」王淮等奏：「此在陛下進用之間。」上曰：「亦須卿等留意。」辛卯，進呈禮部狀：「太史局與成忠郎楊忠輔所陳曆法異同。伏乞朝廷差官，監視楊忠輔同太史局不干礙官測驗施行。」上曰：「日月之行有疏數，故曆久不能無差。大抵月行道遠，多是不及，無有過者。至日可遣臺官並禮部官同共看驗。」乃詔差禮部侍郎顔師魯監視測驗。先是，忠輔言：「南渡以來，嘗改造統元及乾道二曆，皆未三年，已不可用。目今見行淳熙曆，乃因陋就簡，苟且傅會而已。驗之天道，百無一合。淳熙曆朔差者自戊戌以來，今八年矣。忠輔因讀易，粗得大衍之旨，創立日法，偶與天合，撰衍新曆已數年矣，凡日月交會、氣候啓閉，無不契驗。今乙巳歲九月望，交蝕在晝，而淳熙曆者，法當在夜。在晝者蝕晚而不見，在夜者蝕早而見。若以晝夜辨，兩曆之是非斷可決矣。」故有是詔。尋命官測驗，是夜陰雲不見。壬辰，臣僚劄子奏：「吏部差注知州，乞並令長貳同共銓量其人材堪與不堪〔二〇〕，應選保明聞奏。或前任有過犯者，亦酌其輕重而爲之去取。其人材不堪應選者，即報罷，注以次人。都堂審察，更加精覈。庶幾不至冒濫。」詔：「自今吏部差注知州，長、貳同共銓量，先次保明聞奏。」癸巳，進呈起居舍人李巘奏：「切見郊禋之際，命官行事，皆所以尊天禮神。贊導之吏，利於速集，往往先引就位，以待行禮。立俟既久，筋力有限，徙倚疲頓，或至倒側。及當行禮，多不如儀。肅敬之誠，何從而生？」上曰：「此説甚當。朕往日在潛邸，爲亞獻時，催班亦早。時風緊簾疏，頗覺難待。況百官既無幕次，又立班太早，所謂雖有肅敬之心，皆倦怠矣。蓋引班吏只欲早了他事，寧顧時之未可。今次只須先一刻催班。卿可諭與禮官。」丁酉，進呈郭杲申襄陽府木渠下屯田二麥數。上曰：「下種不少，何所收如此之薄。可令郭杲子細開具因依聞奏。」上又曰：「所在屯田，可令總領、副都統制、漕臣、守臣將每歲所收，二麥於六月終，稻穀於十月終，同開具數目帳狀聞奏。仍先具知稟文狀申尚書省。」繼以湖廣總領趙彦逾、知襄陽府高夔、京西運判劉立義、鄂州江陵副都統閻世雄奏：「襄、漢之間，麥、稻熟晚。乃詔二麥於七月終，稻穀於十一月終，具數聞奏〔二一〕。乙巳，樞密院進呈吳焕奏：「比年改除帶御器械，供職復舊還任，倏來倏去，規求解帶恩例。在法，歷任謂二年成資，今雖不及二年，亦合供職及一年以上，方可。」上曰：「此劄甚好。今後須管供職及一年方與解帶恩例。只作直旨行下。」〔二〕中書門下省奏：「訪聞前知綿州史祁得替之日，以本州見在歷尾錢指爲羨餘，獻總領所，希求薦舉。」詔史祁特降一官放罷。臣僚言：「諸路臧否守臣姓名，外間多不聞知。乞令三省劄下給舍、臺諫，不公不實者許繳駁論奏。」從之。是月，湖州、台州水。

冬十月丙辰，賜建康府駐劄御前諸軍副都統制閻仲御筆：「朕惟將帥之弊，每在蔽功而忌能、尊己而自用，故下有沈抑之歎，而上無勝筭之助。殊不知兼收衆善，不揜其勞，使智者獻其謀，勇者盡其力，迨夫成效，則皆主帥之功也。昔趙奢解閼與之圍，始令軍中有諫者死〔三〕。及許歷進北山之策，而奢許諾，卒敗秦師。奢封爲君，與廉頗同位。果何害焉。卿當以奢爲法。」仍刊石給賜殿帥以下。丁巳，進呈洪邁奏：「監司課績，欲倣國朝故實行之。」上曰：「此事只行一過，便是文具。今監司只是擇人爲急，若隨時留意，課績之法不必行。」庚申，詔：「兩淮並沿邊州軍歸正人請占官田，昨累降指揮與免差科税賦〔四〕。今限滿，理宜優恤，可自淳熙十三年爲始，更與展免三年。」丙寅，上諭宰執：「陳延年今何在？其人貪污，不可與差遣。」王淮等奏：「延年亦曾爲監司來。」上曰：「不唯監司不可，亦不可與郡。」乙亥，進呈，知隆興府程叔達，乞將淳熙十年分百姓未納税苗蠲放，其上供及分隸之數自行管認。上曰：「不虧公家，又有利於百姓，甚好，可依奏，仍令出榜曉諭。」王淮等奏：「以此觀之，州郡若得人，財賦自不至匱乏。」上曰：「此須是守臣自不妄用。若是妄用，何以表率胥吏，使財賦有餘。」丙子，進呈何萬奏簡拔人材劄子，言及均外輕内重之勢。上曰：「重内輕外，自是人情。」王淮等奏〔二五〕：「昔人有爲大理卿者，人以爲登仙。」上因言：「淮漕闕人，可改差王正己。正己平平〔二六〕，淮上事亦簡，卻以朱安國爲江東漕，其人亦有立作。」淮等奏：「朱安國近按文思院官亦甚當，不知是副使或判官，與職名否？」上曰：「只是判官，俟其到任，能按發贓吏除職未晚。」

十一月甲申，進呈司農少卿吴燠奏：「伏望陛下令有司集議，冗食之吏散在百司者〔二七〕，務從減省。先自省部始。若夫不急之官、宜汰之兵，亦可以次第澄廢。其於大農歲計不爲小補。」上曰：「此説可行。但遽然省罷，人必怨懼。可令敕令所參照條法合省減人數，且令依舊，俟離司或事故，更不作闕。其合減兵卒亦許存留，如事故，更不差撥。」（十五年五月施行。）又進呈前將作監朱安國奏：「文思院製造，有物料未到者，轉移前料以應急切之須。臣願明頒睿旨，自今文思院製造不得轉料。又文思兩界除打造器物，合支金銀外，僱工食錢並乞給一色錢、會支散，庶幾金銀出入，經由門户有所關防。又皇城司差親從官二名，充本院監作，動輒脅持邀取常例，乞罷差。」上曰：「三事皆依奏，如差親從官亦何用，罷之誠當。」詔知漳州黄啓宗清廉律己，撫字有勞，除秘閣再任。壬辰，福建運司言：「本路財賦，全仰州軍運鹽息錢及趁賣産浮契鹽、丁米等錢以爲歲計，内有掛欠，於民有害，皆當除放。本司已行下所屬，權住催納。竊慮州縣違戾，復追緣所欠錢，係本司窠名，正非上供之數，乞賜蠲放。」從之。辛丑，冬至，郊。先是，詔史浩、陳俊卿陪祠，皆辭之。上曰：「方登壇時雨點下，及奠幣玉便晴，此皆上天垂祐。」王淮等奏：「陛下聖德格天，上帝臨饗，實邦國大慶。」赦〔二八〕：「勘會廣南東、西，民間有曾祖父母年已六十而身未成丁之人，州縣便行科納，謂之掛丁錢。已令監司約束，或有違戾，帥臣互察以聞。」夔路運判楊檟言：「本路諸州，自淳熙九年至十年終所欠轉運司係省錢物，皆言旱荒之後，催科不行，是致積欠。欲將所欠錢引一萬一千五百七十五道、米麥二千二百四十九石、絹五百四十二匹，與行免放。即與上供錢物別無相干〔二九〕。」從之。丙午，宰執内閣奏事，賜坐，上曰：「前日郊祀，行禮時宫中簷溜已滴，聞北關左右雨尤甚。只圓壇處無雨。」王淮等奏：「陛下至誠，感格天地，百神休饗明甚。」

十二月庚戌朔，加上太上皇帝尊號「紹業興統明謨盛烈」八字，太上皇后「備德」二字。壬子，進呈次，王淮等奏：「前日册寶禮成，天色晴明，中外無不忻愜。」上曰：「前日慈顏甚懽，和氣洋溢，不可言。壽聖諭朕以兒婦盡在前，便圖畫莫能就。」淮等奏：「陛下孝德奉親甚至，誠載籍所未聞。」上曰：「太上賜朕銷金背子一領，太上亦自着一領，但色差淺，此便是昔人斑衣。來歲慶壽日，更服以往。」淮等奏：「幸兹際會，獲睹盛事。」癸丑，尚書右司郎中何萬轉對：「伏見今之風俗，視舊日侈。此家給人足，不能如往時也。本朝自淳化之後，已號極治，仁宗皇帝深慮風俗易至奢縱，景祐三年，乃詔天下士庶之家非品官無得起門屋，非宮室、寺觀毋得綵繪棟宇及間朱梁〔三〇〕，器用毋得純金及表裏用朱。非三品以上及宗室戚里之家，毋得金稜器及用玳瑁器。非命婦毋得金爲首飾及真珠裝綴首飾衣服。凡帟幕架帕牀裙，毋得用純錦繡〔三一〕。民間毋得乘擔子，其用兜子者，所舁無環。又非五品以上，毋得乘鬧裝銀鞍，其乘金塗銀裝條子促結鞍轡，自文武陞朝以上乃聽〔三二〕，違者，物主、工匠並以違制論。臣願如景祐之詔，更切考其目，令違戾於禮法者，開具各件，嚴立禁戢。始自中都，以及四方，則用度有制，民力自寬。」乃詔禮部參照景祐詔書並見行條令，討論聞奏。甲寅，茶馬司言：「宕昌馬場，歲額所管，皆是遠蕃夷人入中。其間多蹄黄怯瘦之類，若行排發，必致損斃。本司於西和州置豐草監並宕昌良馬監，務應副歇養。依已降指揮，招置司牧人兵一百人，本州全不呼索。」丙辰，詔户、刑部刷具人户經臺詞訴未曾結絶者，開坐名件，下元來所屬，從條結絶，申部報臺。如有稽違及滅裂不報者，具事因申取朝廷指揮施行。庚申，進呈知成都府留正丐祠劄子。上曰：「留正莫實是病，卿等可即擇人往成都。」王淮等奏：「欲以趙汝愚往。」上曰：「朕亦思量無如汝愚，其處事不偏，可以往。福州未有人，卿等可選擇來，一併降指揮。」癸亥，新差權發遣簡州丁逢朝辭，論：「今日財賦窠名之數多，養兵之費重，民力有限，而州縣之吏並緣名色，巧計侵移，重困民力之弊，乞嚴行禁止。」上曰：「卿到簡州，當遵守所言。」丁卯，進呈湖北提舉趙善譽：「乞將本路買撲江陵府高陂等四十五處河渡盡行廢罷，聽從近便，居民各以舟船渡載，庶幾豪民不得專其利，而民旅無迫脅阻滯之患。其課利錢，乞下本司，於常平頭子錢内逐年支撥代納，亦不妨諸處解發窠名，而民旅得以通行，實爲無窮之利。」詔從之。庚午，淮西常平司言：「濠州乞除豁收糴不敷折欠米一千五百五萬石有奇，係救活餓殍。」詔特與除放。乙亥，詔降授忠翊郎、殿前司左翼軍統制盛雄飛特降兩官〔三〕，送隆興府居住。以在任日不親臨教閱，添置回易，泉州具案來上，故有是詔。

是歲，知龍州王稱上東都事略。詔舒、蘄二州鐵錢監歲鑄並以二十萬貫爲額。

丙午淳熙十三年春正月庚辰朔，上詣德壽宫行慶壽禮。内降赦，略曰：「朕懋遵丕訓，紹闡令圖〔三四〕。維慈皇德，盛於中興，肆上帝休，申於多祐。對昌期之舄奕，登鴻算之延長。且尊歸於父者子之誠，若美報其上者下之誼。荷神明之右序，獲貺施之宣臻。五福之曰壽康，亶駢膺於備順〔三五〕，億載之爲父母，忻並奉於亨嘉。眷言比屋之民，興播康衢之頌。逢熙聖運，介美春祺，新日新而又新。將大颺於懿鑠，老吾老以及老。宜均賚於群黎。」戊戌，詔：「淮東、淮西、湖廣總所並江池州、襄陽江陵府大軍庫，淳熙十二年終見在金、銀、錢、會，並限半月從實開具，申尚書省。」

二月庚戌，詔潼川運判岳霖職事修舉，除直徽猷閣，再任。是日，進呈詹儀之乞將通判沈作器與宮觀。上曰：「詹儀之所按固然，但此門亦不可開。監司按通判則可，知州於通判按舉皆不可。若通判只是隨順，焉用通判。此文字合如何？」王淮等奏：「不與之行又不得，不知可與別州倅對換否？」上曰：「卻不如與改差別一處通判。」癸丑〔三六〕，進呈趙師魯乞四十大縣歸堂。上曰：「今方欲清中書之務，至於知縣差注全在銓量〔三七〕，不然焉用銓曹爲。」乙卯，進呈步軍都虞候梁師雄奏射鐵簾合格官兵人數。上曰：「聞射鐵簾，諸軍鼓躍奮勵，誠是作成士氣。」周必大等奏：「兵久不用，自然氣惰〔三八〕。今陛下以此法激勸，自然戮力事藝，人人皆勝兵矣。」上曰：「然。」辛酉，進呈知州軍留闕。王淮等奏：「今留此闕，後去欲得近見次與人，卻有之。」上曰：「如此甚好。可令中書置簿籍定，但自遵守。」癸酉，上曰：「射射鐵簾與轉官資作多少士氣。」又曰：「朕觀唐世大將得人頗多，蓋緣内討方鎮，外有吐蕃、回紇，無時不用兵，所以人皆習熟。國朝仁厚，不動兵革餘三五十年，所以名將少。」王淮等奏：「人才遇事乃見，但中外多事，用兵不已，亦豈是美事。」上又曰：「事全在人區處。譬之奕棋，到窘迫處，自别有轉身一路。只是思慮不至。」丙子，上曰：「自古人主讀書，少有知道，知之亦罕能行之。且如『與人不求備，檢身若不及』二句，人君豈不知，自是不能行。甚者但作歌詩，如隋、陳之君，竟亦何補。唐德宗豈不知書，然所行不至，陸贄論諫諄復不已者，正欲德宗知而行之。如魏證（徵）於太宗〔三九〕，則語言不甚諄復。且德宗禍亂，此何時也，而與陸贄論事，皆是使中人傳旨。且事有是非，當面反覆詰難，猶恐未盡，投機之會，間不容髮，中人傳旨，差了多少事。朕每事以太宗爲法，以德宗爲戒。」

三月丙戌，淮東總所具到鎮江户部大軍庫見錢、會子等六十七萬一千九百一十五貫有奇，揚州通判廳二萬六千八百四十四貫有奇，楚州大軍庫九千三百二十一貫有奇，計錢七十萬八千八十貫有奇，又鎮江務場十二年十二月終見在錢三十四萬四千二百四十貫有奇〔四〇〕，通計九十五萬二千三百二十貫有奇。詔令於鎮江府大軍庫見在會子内，依去年例，取撥一十萬貫，赴封樁庫送納。淮西總所具到池州大軍庫見錢、會子五十萬四千五十五貫有奇。詔令於池州酒息會子內取撥二萬貫，就本州認數樁管。湖廣總所具到，襄陽府大軍庫二十一萬九千九百二十一貫有奇〔四一〕。詔於內取撥會子一萬貫，就本府認數樁管。非朝旨不得擅行支使。辛卯，詔福建運判王師愈職事修舉，除直秘閣再任。

夏四月庚戌，讀陸贄奏議論度支折税市草事狀。蕭燧言：「自古聚斂之臣，務爲欺誕，以衒己能，未有不先紛更制度者。」上曰：「天下本無事，庸人自擾之耳。」讀贄所論裴延齡書。燧言：「君子未嘗不欲去小人，然常爲小人所勝。如蕭望之爲恭顯所勝，張九齡爲李林甫所勝，裴度爲皇甫鎛所勝。」上曰：「皇甫鎛亦延齡之徒也。」是月，詔没官田産合拘收租課入常平，違者科罪。

五月己卯，蕭燧奏讀陸贄奏議聖語。上曰：「朕每見贄論德宗事，未嘗不寒心，正恐未免有德宗之失。卿等可條具來上。」又曰：「德宗强明，不肯推誠待下。雖更奉天離亂，終不悔悟，此所以知其不振也。」上又曰：「德宗不明，不能壓服臣下，故當時藩鎮敢爾妄作。」是月，以進讀陸贄奏議終篇，賜侍讀蕭燧等御筵及金器鞍馬，上表稱謝，各進謝恩詩。

六月己未，臣僚言：「臨安守臣將本府胥吏除合存留外，罷逐一百五十餘人，更有不曾根括、不得姓名人，盡行汰斥〔四二〕，亦幾二百餘輩。臨安在輦轂之下，而吏輩額外增置、私自存留如此其衆，況四方郡邑之廣、胥徒之冗，何可勝計。乞令提舉將州縣人吏，照應紹興二十六年指揮存留正額外，其餘盡行罷逐。其合存留之人，不係過犯，不經斷勒，方許存役。」從之。

秋七月己卯，知廣州潘知言奏：「本州置局折賣鹽包〔四三〕，係淳熙元年創置，六年内方始計口給歷，付民户照，不測點歷比較責罰。其實鹽包之價比之鹽鈔減三分之一，公私各便，但給歷鈎考，近於均敷。欲拘回元歷頭，買多或少聽從民便。」從之。是月，令諸路州縣並以見錢、會子中半交收。上因言：「聞此間軍民不要見錢，卻要會子，朕聞之甚喜，但會子不可更增見在之數。」

閏七月己酉，令淮、浙提鹽約束逐州主管官，遇亭户納鹽在官，須管即時秤下支還本錢，不得縱容官吏掊克。如廳用（以待鹽官饋遺宴集之用）、花帶（以待鹽官秩滿裹糧之用）等錢〔四四〕，及上户兜請折除等事，並嚴覺察按劾，仍許亭户越訴。是月，雨雹。

八月乙亥朔，日月五星聚軫。庚辰，宰臣謝賜。上諭梁克家等：「否泰陰陽之理，冬夏二至之候，陽生於子，冬至夜半子時導迎陽氣，人須是清心窒欲。」又論復卦。王淮等奏：「人之一身與天地相爲流通。」上曰：「人身一日便是天地一歲。只是一身小，天地大。」辛巳，詔：「集英殿撰、知隆興府程叔達久任閫寄，治行有聞，除敷文待制再任。」宰臣言叔達再任一年有半。上以易地不如因任。辛卯，朱弦奏：「乞約束州縣不得擅將苗税折納價錢。」王淮奏：「莫更申嚴。」上曰：「不須得，事貴簡而嚴，若繁，徒爲文具。」己亥，進呈約束諸路納義倉米。上曰：「亦不須得，若有違戾，自當行遣。今後更不降指揮。」

九月庚午，進呈户部勘當到，江西安撫等乞將上供米折納價錢。上曰：「誰爲此説？食與貨自不同，本是納米，今教納錢，不可。」辛未，知静江府詹儀之言：「知宜州王侃盡心邊備，蠻傜知畏，乞優加旌别，仍令再任。」詔王侃特轉一官，減三年磨勘，令再任。壬申，翰林學士兼修國史洪邁奏：「竊以靖康之難，諸王皆留京師，唯太上皇帝持節河北，用能光啓中興，符一馬化龍之兆。近者忽得欽宗遺翰石刻一紙於故相何㮚家。蓋靖康元年閏十一月，胡騎攻都城〔四五〕，中外不可復通〔四六〕，太上奉使至磁州，而有王雲之變，中夕還相州，迤邐東如濟、鄆。當是時，㮚爲開封尹，首建元帥之議。及在相位，遂擬進蠟書之文，其語云：『訪知州郡糾合軍民共欲起義，此皆祖宗百年涵養忠孝之俗，天地神亓所當祐助。檄到日，康王可充兵馬大元帥，陳亨伯充兵馬元帥，宗澤、汪伯彦充副元帥，同力協謀以濟大功。』欽宗批云：『依奏施行。』又批云：『康王指揮已黄帛書訖。』又批云：『康王指揮已付卿。係黄帛書，必已到。』蓋閏月十三日所行也。欲乞行下何㮚家取索，布之史館，以彰示萬世，爲炎德復輝之符。」詔從之。是月，詔求遺書。詔裁省百官冗食。

冬十月甲戌朔。是月，仁和知縣趙德明坐贓污不法，免真決，刺面配信州。其元舉主葉翥、齊慶胄、郭棣各貶秩三等。

十一月辛亥，進呈陳居仁劄子，乞略細務。上曰：「説得甚好。今之要務不過擇人才，正紀綱，明賞罰，更賴卿等留意，卻不須多降指揮，徒見繁碎。」甲寅，進呈司農寺已分委西倉糴事。上曰：「此等文字便可自劄下，凡指揮須教人信而畏，若是玩瀆，何補於事。當取其大者、要者留意，至於小事，姑從闊略。如除授監司、太守，卿等須當反覆留意。」上又曰：「少降指揮，不唯事簡，又且人信，所謂一舉而兩得之。」庚午，臣僚言：「切見舍人、祗候見以二十八員爲額，今先次供職，及待闕者又二十三人，猥並爲甚。今又有旨吴松年除閤門祗候，今額外供職〔四七〕，欲望將上件指揮特賜追寢。自今或攀援僥倖者，一皆杜絶，蓋清其源所以重其選。」詔從之。辛未，進呈敕令所審定裁減吏額。上曰：「革弊以漸，見在人且依舊存留〔四八〕，只是將來不作額，最爲良法，不至咈人情。今後經審定訖，逐旋進呈。」是月，四朝國史成，至是進呈列傳及仁宗玉牒三祖第六世下宗藩慶系録今上會要。梁克家罷相，與在京宮觀兼侍讀。

十二月辛巳，臣僚言汀州科鹽之害。詔令漕臣趙彦操、王師愈同提舉，應孟明措置聞奏。彦操等尋奏：「汀州六邑，長汀、清流、寧化則食福鹽，上杭、蓮城〔四九〕、武平則食漳鹽，亦各從其俗耳。夫食鹽者既異，則鈔法難於通行。今欲將舊欠鹽錢盡與蠲放，及減鹽價，其所蠲舊欠與所減鹽價，本司卻多方措置，那兑應補其數。如此則州縣之力即日可紓，立價既平，買鹽者衆，私販遂息。官賣益行，價雖裁減，用無所虧。是汀州與六邑歲減於民者三萬九千緡有奇，減於官者一萬緡有奇，所補州用與所放舊欠又在此外，加以利源不壅，財力自豐，救弊之本，無以尚此。」並從之。是月，利州路饑，命賑之。

丁未淳熙十四年春正月丙午，進呈真州運司乞展限收换銅錢。上曰：「人相玩習，全不成號令。」王淮等奏：「且教帥、漕司措置如何？」上曰：「頻降指揮，人卻不信，今且教措置亦好。」又進呈陳公亮乞約束綱運之弊。上曰：「只是揀一兩處行遣便得。」上賢，不待賞罰自勸勉〔五〇〕，自知奉法。至於中人無賞罰不得。但天下大抵皆中人，指揮雖多無補，只是賞罰。下愚之人雖賞不知所勸，罰不知所懼，然賞罰豈可廢。」癸丑，詔長寧軍、淯井監鹽許通入瀘州樂共城〔五一〕、博望寨、梅嶺、板橋、政和堡等五處地分販賣。以臣僚言：「長寧歲計獨仰鹽井。」〔五二〕下制置司措置，而有是詔。

二月庚辰，福帥賈選言：「福州瀕海諸塞，皆係海道要害。今巡檢乃有以蔭官及雜流出身，或素不知兵，或年已垂老，緩急不可倚仗。乞今後應沿海巡檢，須武舉或軍功出身，年未五十，諳曉兵機行陣之人，方許注差。送吏部看詳，勘會欲先選曾經海道捕賊立功、諸會舡水人〔五三〕，次注武舉出身人，如無，即依見行法差注，止不注流外出身之人。」從之。是月，以樞密使周必大爲右丞相，以參知政事施師點知樞密院事。

三月己未，進呈兵部申，李明等該慶典轉資。上曰：「指揮使轉都虞候即止與轉行無害，惟忠佐轉過，即奏子下班祗應〔五四〕，不可放行。」庚申，中書舍人陳居仁言：「祖宗加意斯民，見於役法，尤爲詳備。其後臣僚、州郡申明衝改，寖失法意。乞下敕令所，取祖宗免役舊法，並於户部取括紹興十七年以後續指揮，本所官公共精加稽考，其有與舊法牴牾，有即行删去，修爲一書，名曰『役法撮要』，候成，鏤板頒之天下。」詔從之。丁卯，權知臨江軍孫好修奏：「進士歐陽希文妻廖氏死節。建炎、紹興間，寇起建昌，號『白氊笠』，剽掠城邑。廖氏與夫共挾姑趨山避之，行至田中，爲賊所圍，欲遂執廖氏。廖氏正色罵賊曰：『爾等凶徒，欲脅從我，我決不能受辱。』厲聲罵賊不絶口。賊知不能屈，即揮刀斫墮其兩耳，及臂腕骨皆解。」詔令臨江軍將廖氏墳墓量加封護，仍宣付史館。是月，親試舉人，賜王容以下及第、出身有差。

夏四月戊寅，宰臣王淮等奏平江闕守臣。上曰：「卿等商量，須得資望稍高者爲之。」淮等奏張杓〔五五〕。上曰：「杓在鎮江，恰好。」又奏張子顏。上曰：「亦不須得，在彼猶在此也。」壬午，進呈趙伯葴乞添差軍中屬官差遣。上曰：「軍中豈可添差，虛費請給，占破人從。當時不合開端，遂使源源陳乞不已。可降指揮，除見任添差人許滿今任，日後更不差人。」

五月丁卯，進呈郭杲申，被獲逃走軍兵滿及三年，乞放全分請受。上曰：「軍兵逃走首身爲知改過自新，所以二年放行全分請受。如逃走捉獲〔五六〕，上禁軍依法當斬，豈得三年放行全分。有妨軍政，所乞難行。」

六月己卯，進呈兩浙運司狀稱，取會諸州得雨分數，即便具奏。上曰：「教排日申，恐有旱去處朕不知也。」辛巳，王淮等奏：「禱雨未應。」上曰：「朕欲親詣太一宮燒香。次至明慶。」淮等奏：「當此盛暑，懼勞聖躬。」上曰：「朕爲百姓不憚出一日，亦欲小民知朕此意。」癸未，王淮等進呈馬大同具析到臧否遲滯因依。上曰：「欲行賞罰，須是詔江西提刑馬大同降一官。」甲申，車駕詣太一宮祈雨燒香，次詣明慶寺。是日，降御札付福建帥臣賈選等曰：「比日行都愆雨，將幾月矣。驕陽若此，旱勢必廣，永念遐遠，朕心如焚。今專遣人降香前去，仰本路帥臣可於寺觀靈迹去處，誠絜親往祈求。至於築壇之法，亦可遵用。仍行下所屬州軍，務獲感應，以寬顧憂。」是月，修炎帝陵。陵在衡州茶陵縣，從衡州之請也。

秋七月丙午，詔：「政事不修，旱暵爲虐。可令侍從、臺諫、兩省、卿監、郎官、館職疏陳闕失及當今急務，毋有所隱。」己酉，詔：「夏秋之交，旱暵爲虐。深慮州縣弊事、民間疾苦壅於上聞，致干和氣。可令諸路監司各限半月條具聞奏。」癸丑，進呈應詔封事。上曰：「所付下封事，可令檢正都司逐一看詳，有合施行事件開具申尚書省，亦庶幾求言不爲虛文。」是日，進呈何澹封事，説及省吏改易都司簽擬文字。上曰：「是如此否？卿等可自以意問之，前後所改易者何事，亦欲官吏各有所警。」戊辰，進呈監司具到州縣弊事。詔付給舍看詳。是月，賑台、處、紹興府等州旱災。

八月辛未，謝雨。上問：「歌雲漢之詩如何？」王淮奏：「如法。」丁丑，令應巡檢下土兵，不許差充接送〔五七〕。從廣東提刑管監請也。壬午，檢正諸房公事尤袤等奏：「看詳封事内，樞密院檢詳范仲藝奏：近年以來，循習成俗，事無巨細，關節交通，私禱公行，違棄法令，變亂黑白，殽混是非，上誤政刑，不無乖戾。」詔令御史臺覺察。又看詳，右司員外郎京鏜奏：「版曹有一論訴，必遍送監司而不肯予決。有一取會，必下送子司而不肯承受。及責其結絶，方且枝蔓其事。人户雖經臺越訴，經省催促，彼其暇顧。欲人民不怨，可乎！」詔今後須管隨事預決，毋爲文具。

臣留正等曰：漢世每有災異，輒下詔求直言。所以救不逮而答譴告也。自是歷代循之以爲故實。然其采擇見諸行事者固已無幾，而以正論獲罪者亦往往有之。壽皇間因旱暵詔陳闕失，導以毋有所隱，而所上封事或首經乙覽，徑令施行。或付出進呈，與大臣商確。或令宰屬看詳，擇其可行者行之。見於記注，班班可考也。其曰不爲虛文，誠如聖訓。臣故裒次而著之，以詔萬世。

上曰：「凡事是是非非，須是分明。牛、李之禍至數十年不解者，正緣主聽不明。若主聽明，惟是之從，勿問其孰爲牛黨，孰爲李黨可也。」癸未，又進呈封事，上因論：「鄭僑封事多言卿等不和，但事惟其是，若一以爲可，一以爲否，各陳所見，亦何害？朕前爭辨，退即無事若常時然。」王淮等奏：「榻前爭辨，退而如常未嘗爭辨，前輩大臣多如此，皆爲國事而已。若心爲國，便有錯誤何害！所謂君子之過如日月之食。」庚寅，進呈嚴州分水縣土地神乞賜廟額。上問：「嚴州今歲旱傷否？」王淮等奏：「嚴州旱傷。」上曰：「本州既是旱傷，神何功於民，而欲加廟額。不可。」甲午，進呈蕭燧乞省節財用〔五八〕。上曰：「朕面諭蕭燧，革弊之道遲之以漸，則不咈人情。久而弊自革〔五九〕。如減吏額，減冗兵等事，皆以其漸行之，數年之後，必獲其利。」燧因言：「比歲郊祀奏薦甚少，亦是向來裁減之效。」王淮等奏：「正緣武臣關陞而軍中有官人卻須將副以上方理，非所以優從軍之士，賴卿等記得立法之意，不曾放行。」周必大奏：「軍中人考第易得，如外任則多待闕，非十年不成一任，極難關陞奏薦，安得不減。」上顧必大云：「丞相知始末，説得極是。」是月，臣僚言：「刺配之法，始於晉天福間，國初加杖，用貸死罪。其後科禁寖密，刺配日增，考之祥符編敕，止四十六條，至於慶曆，已一百七十餘條。今淳熙配法，凡五百七十條。配法既多，犯者自衆。近臣僚建請改定居役之法，已降指揮看詳，至今未有定論。莫若依倣舊格，稍加參訂，將犯配法人如入情重，則依舊刺面，用不移不放之格。其次稍重，則止刺額角，用配及十年之格。其次稍輕，則與免黥刺，用不刺面放還之格。其次最輕，則降爲居役，別立年限，縱免之格〔六〇〕。儻使居役本條或有從坐編管〔六一〕，則置之本城，減其放限。如此則於見行條法並無牴牾，且使刺配之法專處情犯凶蠹，而其他偶麗於罪，皆得全其面目，知所顧藉，可以自新。惟陛下留神。速詔有司裁定施行〔六二〕。」

九月壬寅，詔：朝奉郎、權發遣夔州楊輔降一官，以奏臧否遲慢故也。是月，湖北、京西措置民兵，三丁取一，五丁取二，十丁取三。

冬十月戊辰朔，大赦。以太上皇帝違豫痊平也。是日，進呈劉貴妃姪劉允中乞添差差遣。上曰：「太上皇帝朝添差差遣少曾放行，如吴益兄弟最是戚里近親，亦不輕與，何況其他。劉允中止令具正闕陳乞。」乙亥，太上皇帝崩，遺誥太上皇后宜改稱皇太后。尋上宫名曰慈福。上尋諭王淮等：「欲不用易月之制，如晉孝武、魏孝文實行三年喪服，自不妨聽政。司馬光通鑑所載甚詳。」淮等奏：「通鑑載晉武雖有此意，然後來只是宫中深衣練冠。」上曰：「當時群臣不能將順其美，光所以譏之，後來武帝竟欲行。」淮等奏：「記得亦不能行。」上曰：「自我作古何害。」於是禮官乞大祥改服。大祥之服，素紗軟脚折上巾，淡黄袍，黑銀帶。上祔廟畢，改服皂幞頭，淡黄袍，黑鞓帶。過宫則縗絰行禮〔六三〕，二十五日而除。上批淡黄袍改服白袍，自是每御延和殿並服大祥之服，而不用皂幞頭。其折上巾、白袍並以布爲之。禁中則布巾、布衫，過宫則縗絰而杖，至逾月，群臣拜表請御正殿。上批：「俟過祔廟，勉從所請。」司農少卿邢璞爲告哀使，至汴京，虜人賜燕，欲用樂，璞持不可。自朝至於夜漏下三十刻，璞持議益堅，虜不能奪，竟徹樂即坐〔六四〕，怱遽而罷。至燕京，其閤門又令南使服吉帶而見，璞又不可。日將中乃見。殿上皆淺黄帷幄，乃知虜主本無他，特群胡生事也。

十一月甲寅，詔令皇太子參決庶務。上謂宰臣曰：「皇太子年長，若只在東宫，亦恐怠惰，所以令決庶務，可擇日開堂，與卿等議事。」乙卯，進呈淮西總領趙汝誼體究到馬軍行司回易等事。上曰：「諸軍今後如有違戾，令總領所覺察以聞。」施師點等奏：「總領銜位帶專一報發御前軍馬文字，正是此意。」上曰：「向來銜位帶此一句，防微杜漸，誠爲有理。」是月，詔定曆差。先是，給事王信等言：「布衣皇甫繼明、太學生石萬指述見行淳熙丙午曆氣朔有差，乞更置局更曆。臣等看詳，繼明、劉孝榮等定去年八月十六夜太陰交蝕，命官測驗，三人所定各有差失不同。乞令各造戊申裁淳熙曆一本〔六五〕，並各供乞以何占驗。候占驗訖，取其委無差忒者取旨。」至是，王淮等奏：「石萬等所造曆，與淳熙戊申曆差兩朔。又淳熙曆十一月下弦在二十四日，恐曆法有差。」上曰：「朔豈可差。朔差則所失多矣。可令禮部、太常寺、秘書省參定以聞。」

十二月己卯，同知趙雄奏：「昨日大閱，器甲鮮明，紀律嚴整，十萬之衆，一一少壯。」上曰：「前此虞允文行揀汰之法，其初謗議紛然，今諸軍皆無老弱，乃見成效。」雄奏：「凡造事之初，衆口難一〔六六〕，唯聖明不惑，乃能集事。」乙酉，制司言：「夔路大寧監四分鹽，遞年科在恭、涪等八州，委是擾民。已據運司措置，止就夔州以時變賣，誠爲利便。所有虧錢除以金銀高價對折及運司抱認外，餘錢引一萬五千道，已據總所將淳熙十一年、十二年、十三年分並行抱認。乞行下總所，將淳熙十四年以後年分所虧，依已前三年體例，永遠抱認。庶幾八州得免科抑。」從之。

是歲，詔諸路提舉截自今後，拘到沒官田產置籍估賣，其價錢拘收取旨。

戊申淳熙十五年春正月戊戌，開議事堂。以內東門司改充，命皇太子隔日與宰執公裳繫鞋相見議事。如有差擢，在內館職、在外部刺史以上乃以聞。甲辰，進呈除諫官典故。先是，上出林栗劄子：「諫諍之官，尚有闕員，居其官者，往往分行御史之事。至於箴規闕失，寂無聞焉。乞親擢端方質直、言行相副、堪充補闕、拾遺者，召見而命之，以遺、補爲名，不任糾劾之職。」上曰：「朕每欲增置諫員，但以言官多任意論人，向者初除臺諫，人已預知必論其人，既而果然。若諫官止於規朕過舉、朝廷闕政，誠合古人設官之意。卿等更且考求前代興置本末以聞。」至是，王淮等具到唐六典所載與本朝舊制進呈。上曰：「朕樂聞闕失。若諫官專是規正人主，不事抨彈，雖增十員亦可。卿等便擬指揮來。」既而詔復置左右補闕、拾遺。光宗即位罷之。江西運判宋若水言：「照得本路旱傷，江州、興國軍爲重。乞將第四等、五等人户淳熙十二年、十三年以前拖欠苗税，並第五等淳熙十四年見欠夏税錢帛，權與倚閣，候將來豐熟，逐旋帶納〔六七〕。及將江州、興國軍、隆興府、吉贛州、臨江建昌南安軍、撫州安樂縣未解本司十一年、十二年錢共四萬六千七百一十餘貫〔六八〕、米三千六百餘石，並與免解。」從之。乙巳，上諭宰臣曰：「皇太子參決未久，已自諳知外方物情，自今每遇朝殿，令皇太子侍立。」

臣留正等曰：昔堯以天下與舜，必先歷試諸難〔六九〕。至舜之命禹，亦必丁寧而告戒之。蓋神器之重，庶務之繁，非可以嘗試爲之也。壽皇承高宗之付託，臨御二十八年，一旦有倦勤之意，將舉而授之聖子，乃先開議事堂，俾之參決，其望之重、愛之深矣。雖曰聖子生知之性，不待學而能，至是聞見益廣，情僞畢分，曾未旬日，壽皇已有諳知外方物情之喜，日久習慣，豈曰小補之哉。然則今日施設之美，治功之盛，皆得於家法之傳，其視舜、禹尤有光焉。

於是，太常少卿兼左諭德尤袤獻言於太子曰：「大權所在，天下之所争趨，甚可懼也。願殿下事無大小，一取上旨而後行，情無厚薄，一付衆議而後定。」又曰：「利害之端，常伏於思慮之所不到。疑問之萌，常開於隄防之所不及〔七〇〕。儲副之位，止於侍膳問安，不交外事，撫軍監國，自漢至今，多出權宜，事權不一，動有觸礙。乞俟祔廟之後，便行懇辭，以彰殿下之令德。」尋以胡晉臣兼諭德，鄭僑兼侍讀，羅點兼侍講〔七一〕。進呈户部申，會慶節諸州軍合有進奉〔七二〕。上諭皇太子曰：「朕與免二年如何？」王淮奏：「此一項錢物，幾及十六萬緡，係屬户部歲計。」上曰：「可用封樁庫錢撥還户部，自十七年爲始，依格進奉。如諸路循例科斂充他用，委御史臺覺察彈奏。」辛亥，樞密院奏事，因論及方有開措置屯田。上宣諭施師點等謂：「二十餘年不用兵，一旦使之屯田，不知樂從否？」師點等奏：「軍兵久佚，初令服田，必以爲勞，才過一二年，人得其利，安得不樂。」

上曰：「如此必須樂從，卿等更可詢訪。」師點奏：「屯田本意，非止積穀，蓋欲諸軍布在邊鄙，緩急有以爲用。」上曰：「此乃寓兵於農之意。」辛酉，進呈醫官劉確降官文字。上曰：「劉確爲供進太上皇帝醫藥不謹，此非他比，可於遥郡上降兩官，不許叙復。」上諭皇太子曰：「祖宗朝，醫官無除遥郡者，不可不知。」

二月丁丑，禮部郎鄭僑言：「淮東鹽，人户各有官給煎柴地，不許耕種，年歲既久，亭户私自開墾，自淳熙四年以來，按其所耕之地履畝而税之，十取其五，名曰子斗價錢，悉歸公庫，歲約可得二萬緡。緣此亭户肆意開耕，遂致柴薪減少，妨廢鹽業。臣昨任提舉日，嘗罷收子斗價錢，禁約亭民將已耕過地不得布種，今已累年，慮禁戢不謹，此弊復興。乞令監司覺察。」從之。庚辰，樞密院進呈趙汝愚、李大正奏，黎州買馬乞照舊法，不拘尺寸。上曰：「所引舊法，是紹興間舊法，或京師舊法？」黄洽等奏：「係是祖宗時舊法。」上曰：「祖宗時有西北馬可用，黎馬止是羈縻。今則黎馬分作戰馬，如何不要及格尺，所乞難行。」

三月辛酉，樞密院言：「臣僚奏：紹興初，吴玠、楊政畫蜀漢之地以守，自散關以西付之玠，梁、洋付之政。蜀中諸邊，散關爲重。願與二三大臣講求向來蜀中守邊舊迹。」奉旨令制置司同都統司照應前後所降指揮，公共相度經久利便聞奏。據興元都統制彭杲申：『大散關一帶邊面，係鳳州地界，隸屬西路安撫所管。淳熙二年間得旨，鳳州係興元管認。見今每年兩司差撥官兵守把。切詳大散關一帶邊面，係對境衝要來路，最爲重害。兼緣鳳州郡事見係文官，即與屯守之兵各無統臨，亦非本司號令所及，緩急之際，議論不合，或有乖違，即誤國事。乞依已降指揮，將本州知州令本司選擇奏辟，彈壓戍兵，措置邊面。』」詔彭杲於統制官精選公處諳練邊防民政之人，具名聞奏。其鳳州緩急應援一節，仰照應所奏施行。是月，葬高宗於永思陵。四川制置司奏：「陝西秦川百姓聞高宗之喪，皆戴白巾。」〔七三〕

夏四月丙戌，祔高宗，以呂頤浩、趙鼎、韓世忠、張俊配饗廟庭。詔曰：「朕昨降指揮，欲縗絰三年，群臣屢請御殿易服，故以布素視事內殿。雖有俟過祔廟勉從所請之詔，然稽諸禮典，心實未安，行之終制，乃爲近古。宜體至意，勿復有請。」於是大臣乃不敢言。蓋三年之制斷自上心，舉千載廢墜之典，不爲浮議所搖。廟號曰「孝」，不亦宜乎。是時，執政近臣皆主易月之議，諫官謝諤、禮官尤袤知其非而不敢爭，惟敕令所删定官沈清臣嘗上書贊上之決，且言：「將來祔廟畢日，乞預降御筆，截然示以終喪之志，杜絶朝臣方來之章〔七四〕，勿令再有奏請，力全聖孝，以示百官，以刑四海。」上頗納用。

臣留正曰：三年之喪，天下之通喪也。漢文始變古道，景帝不師典禮，後世遵之，喪紀遂廢。

晉武欲申私慕，竟奪於裴秀、傅元（玄）之說，元魏孝文能依古制，猶未盡合於亮陰遏密之禮，其餘無足議也。然漢文之制，輕重三等，漢人用之，三十六日而釋服。魏晉以來，未踰月而葬，既葬而除，隨宜增損，初無定說。以日易月之論發於應劭，陋儒習之，其後遂斷爲二十七日之制。先王之禮既已大壞，比之漢制，亦非舊章。雖有明智之君、賢哲之輔，憚於更張，因循相襲，良可嘆已。壽皇慕親之孝〔七五〕，根於天性，事亡之敬，發於至誠。雖聖躬以不毀之年，群臣屢致易服之請，而睿志先定，斷然不疑。山陵已事，退奉几筵，縗絰三年，以終喪制，千載以來一人而已。於戲聖哉。

五月丙申朔，進呈司謙之差遣。上曰：「司謙之恐是初官，如此則不要放行。」上顧太子曰：「切不可啓此僥倖之門。」太子奏：「僥倖之門啓之，則便有攀援源源而來，誠不可啓。」戊申，左司郎中王正己奏：「臣輒以己見，採摭事實，撰成皇帝聖德孝感記：仰惟高宗聖神武文憲孝皇帝，誕受天命，紹開中興，因時制宜，繼好息民，海内安静，功成不居，傳授聖子。陛下繼志述事，盛德日新，以天下養者二十有六年。洎駕雲太清，陛下哀慕罔極，正歷代之失，復三年之制，群臣懇祈，莫回聖意，固已冠絶今古。乃三月甲寅，靈駕發引。先是數日，雲陰四垂，時雨間作，濘淖没足，行者病之。壬子晦冥益甚。癸丑之夕，載陰載陽，四鼓既作，天宇澄霽，望舒開明，星宿清潤，乾坤端倪，呈露無隱。遣奠禮成，龍輴不濡，大轝安行，仗衛儀物，肅陳嚴辦。舒舒而前，行列整暇，登舟濟江，潮波不驚。祥風瑞烟，以助安濟。波神川后，髣髴畢出。駿奔翊衛，咸效厥職。桅師奏功〔七六〕，如履平陸。洎至陵所，人不告勞。自時厥後，凡大典禮，曰暘而暘，巧相附會，臣工執事，進趨恭肅，登降唯謹，略無沾服失容之患。億兆臣民，踴躍贊嘆，稱未曾有。傳之裔夷，畏仰歸命。臣竊聞之，莫之爲而爲者，天也。夫風雨晦明，豈係人謀所能力致。凡陛下志之所向，無不景從，所謂先天而天弗違者，得非陛下聖孝上通神明，感格之明效歟。臣濫與朝列，親逢盛旦，雖不學無文，亦知所以歸美之報。而繪畫天地，模寫日月，無益於廣大高明審矣。然區區之忠，自不能已，臣不勝至願，願降睿旨，宣付史館，以昭示無極，謹拜手稽首，摭其實而爲之記。」詔從之。戊午，浙西提舉石起宗言：「秀州海鹽縣蘆瀝場催煎官蔡瀵〔七七〕，裒斂亭户，不能舉職。乞與嶽廟。」上曰：「此不可與嶽廟，須是放罷。仍令吏部契勘蔡瀵得差遣年月日，侍郎爲誰。」吏部供到係賈選。上曰：「選已罷去，姑已之。此後吏部如銓量巡尉等，當知所警。」庚申，殿侍泠世光言：「縣令親民之選，昨吏部措置被按發放罷之人〔七八〕，滿半年方許參部，不許注繁難大縣，止注小縣。小縣之民何罪焉。乞令吏部遵守淳熙五年指揮，凡經彈劾之人，且與祠禄。知縣曾經放罷，半年後亦且與嶽廟。兩次作縣，兩經罷黜者，不得再注親民差遣。」詔吏部將見行條法並節次指揮看詳措置。是月，王淮罷相，從所請也，判衢州。尋奉祠。時敕令所删定官沈清臣因對爲上言：「陛下臨御以來，非不論相也。始也取之故老重臣，既而取之潛藩舊傳，或取之詞臣翰墨，或取之時望名流，或取之刑法能吏，或取之刀筆計臣，或取之雅重詭異，或取之行實自將，或取之跅弛誕慢〔七九〕，或取之謹畏柔懦，或取之狡猾俗吏，或取之勾稽小材。始也，取之奸豪譎詐枵然空鄙之夫，而卒也，任之隨順柔懦委靡無自立之志。既取之又任之，又從而體貌之，未嘗不注意也。然皆非相也。間有度量沉静而經畫甚淺，心存社稷而材術似疏，表裏忠讜而規制良狹，其他則以空疏敗，以鄙猥敗，以欺誕敗，以奸險敗，以浮誇敗，以貪墨敗，以詭詐敗，以委靡敗，若此者，豈所謂相哉。甚至於誤國有大可罪者：海、泗，國家之故地也，私主和議，無故而棄之夷虜。騎兵，天子之宿衛也，不能進取，無故而移之金陵。汲引狂誕浮薄之流，以充塞正塗，擅開佞倖權嬖之門，以自固高位。而今也，循習前轍，寖成欺弊，國有變故，略無建明，事有緩急，曾不知任，然則焉用彼相哉。」禮部言：「國學進士石萬並楊忠輔，指淳熙十五年太史局所造曆日差忒事，得旨令參定以聞。今據石萬等造成曆與見行曆法不同，乞以其年六月二日、十月晦日月不應見而見爲驗，及指陳淳熙曆下弦不合在十一月二十四日，及差五六月，滅日日辰。」詔尤袤、宋之瑞監視測驗〔八〇〕。先是，詔減省百司冗食。至是，共裁減七百三十五人，從吴燠之奏也〔八一〕。

六月戊辰，進呈給事中鄭僑奏：「爲王良輔免呈試。仰惟陛下創法立制，釐然當於人心〔八二〕，可萬世通行而無弊者。文臣出官銓試，武臣出官呈試是也。歷歲以來，有司謹守奉行。偶緣淳熙十一年有進義副尉何大亨者，以蔭補出官，自陳元係效用人，乞免呈試參部，遂蒙特旨與免。此弊一開，遞相攀援，遂使一時特旨，直作永例。在法，免呈試者，惟江海戰船立功補官之人，及諸軍揀汰離軍之人，則法許免呈試。即未嘗有初投效用，後因蔭補出官，與免試參部之法也。若曰彼嘗從軍，何必呈試，此則法之所在，又不容以幸免也。使彼果精於武藝，則呈試之頃又何畏而求免乎。今若聽其展轉相承，用例廢法，則他僥幸之徒，必有竄名冒籍於軍伍之中，以爲免試張本者。臣望申嚴此法，自王良輔始，將特免試指揮更不施行。」仍詔有司恪守成法。上問：「從軍人如何出官免得呈試？」周必大等奏：「舊法呈試中方得出官。淳熙十年放行曾經從軍免試一兩人，遂以爲例。」上曰：「鄭僑繳章說既曾從軍，自合習熟武藝，何憚呈試。如赴呈試不得，前此從軍所習何事？此說甚當，可依舊法施行。」壬辰，報謝使回程。先數日前，上宣諭京鏜：「昨在京師，堅執不肯聽樂，住了十日，此一節可嘉。尋常人多說節義，須遇事方見。」至是，進擬使副轉官。上曰：「京鏜專對可嘉，當轉兩官。劉端仁亦比類。」〔八三〕周必大等奏：「不必問轉官，在聖意除擢可也。」上曰：「只依例轉官，便從除擢。」〔八四〕上又曰：「此事類是京鏜〔八五〕。若劉端仁，所謂因人成事者。京鏜則毛遂也。京鏜便除侍從〔八六〕，劉端仁亦當稍旌別。可令樞密院進擬除環衛官。」於是詔京鏜除權工部侍郎。是月，雨雹。朱熹被召入奏，首言：「近年以來，刑法不當〔八七〕，輕重失宜，甚至繫於人倫風化之重者，有司議刑亦從流宥之法，則天理民彝，幾何不至於泯滅。」又言：「提刑司管催經稅制錢，起於宣和末年，倉卒用兵，權宜措畫〔八八〕。自後立爲比較之說，甚至灾傷檢放、倚閣錢米，已無所入，而經總制錢獨不豁除。州縣之煎熬何日而少紓〔八九〕，斯民之愁嘆何時而少息。」又言江西科罰之弊。末言：「陛下即位二十有七年，而因循荏苒，無尺寸之效可以仰酬聖志。嘗反覆而思之，無乃燕閒濩蠖之中〔九〇〕，虚明應物之地，天理有未純，人欲有未盡？天理未純，是以爲善未能充其量，人欲未盡，是以除惡不能去其根。一念之頃，公私邪正，朋分角立，交戰於其中。故體貌大臣非不厚，而便嬖側媚得以深被腹心之寄。寤寐英豪非不切，而柔邪庸繆得以久竊廊廟之權。非不樂聞公議正論，而有時不容；非不欲堲讒說殄行，而未免誤聽；非不欲報復陵廟讎恥，而不免畏怯苟安；非不欲愛養生靈財力，而未免嘆息愁怨。凡若此類，不一而足。願陛下自今以往，一念之頃則必謹而察之，此爲天理邪，爲人欲邪？果天理也，則敬以充之，而不使其少有壅遏。果人欲也，則敬以克之，而不使其少有凝滯。推而至於言語動作之間，用人處事之際，無不以是裁之，則聖心洞然，中外融徹，無一毫之私欲得以介乎其間，而天下之事將惟陛下之所欲爲，無不如志矣。」翌日，除兵部郎官。熹方以足疾辭未供職，本部侍郎林栗前數與熹論易西銘不合，至是遣部吏抱印迫以供職。熹以疾作在告，遂疏熹欺慢，即有祠命。太常博士葉適上疏辨之，略曰：「考栗之辭，始末參驗〔九一〕，無一實者。至於其中謂之道學一語，則無實最甚。蓋自昔小人殘害良善，率有指名，或以爲好名，或以爲立異，或以爲植黨，近又創爲道學之目，鄭丙唱之，陳賈和之，居要路者密相付授〔九二〕，見士大夫有稍務潔修、粗能操守，輒以道學之名歸之，殆如喫菜事魔、景迹犯敗之類。往日王淮表裏臺諫，陰廢正人，蓋用此術。」或云適此疏不果上。於是胡晉臣劾栗罷之。賑臨安飢。

秋七月癸丑，上出戒諭閻仲御札一紙，宣示皇太子與黃洽等。令閻仲留意軍務，毋事交結，以邀時譽之意。洽等奏：「陛下於諸將，或長或短，無有不知。」上曰：「諸將長短，朕皆備知，因其受病處鍼之，使知警懼耳。」是月，賑諸州水災。

八月甲子朔，日有食之。是月，湖北運判孫紹遠朝辭。上曰：「祖宗時，廣西鹽如何？」對曰：「係官賣。」上曰：「若廣西客鈔可行，祖宗已行了。」紹遠又奏：「鈔法蠹國害民。」上曰：「所聞不一，因卿言而得其實。」

九月辛丑，大饗明堂。先是，輔臣進呈禮官申請明堂畫一。上曰：「配位如何？」周必大言：「禮官昨已申請，高宗几筵未除，用徽宗故事未應配坐，且當以太祖、太宗並配。他日高宗几筵既除，自當別議。大抵前後儒者多因孝經嚴父之說，便謂宗祀專以考配，殊不知周公雖攝政而主祭則成王，自周公言之，故曰嚴父耳。晉紀瞻答秀才疏曰：『周制明堂宗其祖以配上帝。故漢武帝汶上明堂捨文、景而遠取高祖爲配。此其證也。』」留正言：「嚴父莫大於配天，則周公其人也。是嚴父專指周公而言。若成王則其祖也。」上曰：「有紹興間典故在，可以參照無疑。」庚申，上宣諭皇太子曰：「當今禮文之事已自詳備，不待講論。唯是財賦未甚從容。朕每思之，須是省卻江州或池州一軍，則財賦稍寬。若議省軍，則住招三年，人數便少，卻將餘人併歸建康。事亦有漸，當今天下財賦以十分爲率，八分以上養兵，不可不知。」黄洽等奏：「許浦水軍統制胡世安近到都下，備言許浦一軍本在明州定海，後因移駐許浦。是時港道水深，可以泊船，後來潮沙淤塞，遂移戰船泊在顧逕，人船相去近二百里，遇有緩急，如何相就。合依舊移歸定海。」上曰：「說得極是。定海南北之衝，下瞰山東，此用舟師之便。當時自是不合移屯。卿等更且熟議。」是月，録中興節義後，用吏部尚書顔師魯等之言也〔九三〕。於是引赦書放行中興初節義顯著之家合得恩數，令吏部開具奏聞。

冬十月丙寅，知湖州趙思言〔九四〕：「湖州實瀕太湖，有隄爲之限制，且列二十七浦漊〔九五〕，引導湖水以溉民田，因各建斗門，以爲蓄泄之所，視旱潦爲之啓閉。去歲之旱，高下之田俱失霑溉，委官訪求遺迹，開濬浦漊，不數日間，湖水通徹，遠近獲利，而於斗門因加整葺。乞詔守臣逐歲差官親詣湖隄，相視開濬浦漊，補治斗門，庶幾永久。」從之。己巳，廣西提刑趙伯逿奏本路鈔法五弊，且曰：「曩者建議之臣以官般官賣科敷百姓，害及一路，於是改行鈔法，上以足國，下以裕民，莫不以爲便。今六年矣，諸郡煎熬益甚，民旅困於科抑，名曰足國，實未嘗足，名曰裕民，實未嘗裕。所最可慮者，緣邊及近裏州軍兵額耗減已極，更不招填，所在城壁頹圮，無力修築。卒有緩急，何所倚恃。臣嘗遍詢吏民，向者官般官賣之時，廣西諸郡誠有科敷百姓去處，然不過産鹽地分，所謂高、化、欽、廉、雷五州是也。海鄉鹽賤不肯買，故有科抑。如静江、鬱林、宜、融、柳、象、昭、賀、梧、藤、邕、容、横、貴、潯、賓近裏一十六州〔九六〕，去鹽場遠，若非官賣，無從得鹽。舊時逐州秖是置鋪出賣，民間食用樂然就買，不待科抑。自改行鈔法以來，近裏一十六州徒損於官，無補於民，民食貴鹽，又遭科鹽鈔之苦。沿海五州雖名賣鈔，其舊賣二分食鹽元不曾禁戢，計户計口科擾如故。切謂今日之法，正當講究沿海五州利病，杜絶科敷，不得變近裏一十六州官般官賣之法。」詔令應孟明、朱晞顔同林岊相度，條具聞奏。戊子，臣僚奏：「祖宗之時，士尚恬退，張師德兩詣宰相之門，返遭譏議，豈若今日紛至沓來，臺諫之門猥雜尤甚。終日酬對，亦且厭苦而無説以拒其來。臣願明詔在廷，止遏奔競。其有數事干謁者，宰執從而抑之，臺諫從而糾之。至於私第謁見之禮，一切削去。果有職事，非時自許相見。庶幾在上者可以愛惜日力，不爲賓客之所困，在下者可以恪恭職業，不爲人事之所牽。」詔從之。己丑，司農寺言：「臣僚劄子：切見豐儲倉初爲額一百五十萬石，不爲不多。然積之既久，寧免朽腐。異時緩急，必失指擬。乞下户部、司農寺相度，以每年諸州合解納行在米數若干，及諸處坐倉收糴數若干，預行會計，以俟對兑。不盡之數，如常平法，許其於陳新未接之時，擇其積之久者盡數出糶，俟秋成日，盡數補糴。則是五十萬石之額〔九七〕，永無銷耗。此亦廣儲蓄之策也。」從之。是月，置焕章閣，藏高宗御集。中書舍人鄭僑充賀正旦使，閤門張時修副之。以歲暮抵燕。時虜主病已篤〔九八〕，傳旨令就東上閤門進書。僑與時修力争，以爲東上閤門者，乃臣僚進獻表章之地，本朝皇帝國書，豈當於此投進。往復争辯，至漏下十數刻，乃令且就館。相持至元日晚，忽傳其主之命，以使人欲面進書，今已過期，可遣還。明日，虜主告殂。使還未至，光宗皇帝已受禪，僑還給事中，見上，再三稱奬，以爲不辱君命。他日侍從官見北宫，壽皇顧僑曰：「卿守節不屈，舉措得宜，朕甚嘉之。」

十一月丙申，宰執進呈文字間，上謂皇太子曰：「恩數不可泛濫〔九九〕。將來皇太后慶八十與朕慶七十相近，若是恩例太泛，添多少官。如皇太后慶壽，只得推恩本殿官屬方是。」〔一〇〇〕甲辰，進呈臣僚奏：「近者百執事輪對辭見，連章累劄，猥及細微。欲自今凡有輪對及辭見，並不許過三劄。若軍國利害事大體重者，不拘於此。」上曰：「輪對官說此甚當，上殿官多是論事不務大體，以至瑣屑，或事有成憲者一一奏陳，以多爲能，無益於事。自今只用三劄。」壬子，進呈楊偉上書，言廣西州郡役使土丁之弊。上曰：「既是屢有約束，不得差使土丁，何用申嚴。便可取問違戾去處。」上謂皇太子曰：「後次有如此等事，便須直行，不必再三申嚴，徒爲文具。」

十二月，先是，朱熹以奉祠去。至是再召，熹再辭，遂並具封事投匭以進，其略曰：「今天下大勢，如人有重病，内自腹心，外達四肢，無一毛一髮不受病者。臣不暇言，且以天下之大本與今日之急務爲陛下言之。蓋大本者，陛下之心。急務，則輔翼太子，選任大臣，振舉綱維，變化風俗，愛養民力，修明軍政六者是也。古先聖王，兢兢業業，持守此心，雖在紛華波蕩之中〔一〇一〕、幽獨得肆之地，而所以精之、一之、克之、復之，如對神明，如臨淵谷〔一〇二〕，猶恐隱微之間，或有差失而不自知。是以建師保之官，列諫諍之職，凡飲食、酒漿、衣服、次舍、器用、財賄，與夫宦官、宫妾之政，無一不領於冢宰，使其左右前後一動一靜無不制以有司之法，而無纖芥之隙、瞬息之頃，得以隱其毫髮之私。陛下之所以精一克復而持守其心，果有如此之功乎。所以修身齊家而正其左右，果有如此之效乎。宮省事禁臣固不得而知，至於左右便嬖之私，恩遇過當。往者淵、覿、說、抃之流，勢焰熏灼，傾動一時，今已無可言矣。獨有前日臣所開陳者〔一〇三〕，雖蒙聖恩委曲開譬〔一〇四〕，然臣之愚，竊以爲此輩但當使之守門傳命〔一〇五〕，供掃除之役，不當假借崇長，使得逞邪媚、作淫巧於内，以蕩主心，立門庭招權勢於外，以累聖政。臣竊聞之道路，自王抃既逐之後，諸將差除，多出此人之手。陛下竭生靈膏血以奉軍旅，而軍士顧乃未嘗得一溫飽，是皆將帥巧爲名色，奪取衣糧，肆行貨賂於近習，以圖進用，出入禁闥。腹心之臣外交將帥，共爲欺蔽，以至於此。而陛下不悟，反寵昵之，以是爲我之私人，至使宰相不得議其制置之得失，給諫不得論其除授之是非。則陛下之所以正其左右者，未能及古之聖王明矣。至於輔翼太子，則自王十朋、陳良翰之後，宮僚之選號爲得人，而能稱其職者蓋已鮮矣。而又時使邪佞儇薄闒冗庸妄之輩，或得參錯於其間。所謂講讀，亦姑以應文備數，而未聞其有箴規之效。至於從容朝夕、陪侍遊燕者，又不過使臣、宦者數輩而已。夫立太子而不置師傅、賓客，則無以發其隆師親友尊德樂義之心，獨使春坊使臣得侍左右，則無以防其戲嫚媟狎奇邪雜進之害，宜討論前典，置師傅賓客之官，去春坊使臣，而使詹事、庶子各復其職。至於選任大臣，則以陛下之聰明，豈不知天下之事，必得剛明公正之人而後可任哉。其所以常不得如此之人，而反容鄙夫之竊位者，直以一念之間未能徹其私邪之蔽〔一〇六〕，而燕私之好、便嬖之流，不能盡由於法度。若用剛明公正之人以爲輔相，則恐其有以妨吾之事，害吾之人，而不得肆。是以選掄之際，常先排擯此等置之度外，而後取凡疲懦軟熟、平日不敢直言正色之人。而揣摩之，又於其中得其至庸極陋、決可保其不至於有所妨者，然後舉而加之於位。是以除書未出，而物色先定，姓名未顯，而中外已逆知其決非天下之第一流矣。至於振肅紀綱、變化風俗，則今日宮省之間，禁密之地，而天下不公之道、不正之人，顧乃得以窟穴盤據於其間，而陛下目見耳聞，無非不公不正之事，則其所以薰蒸銷鑠，使陛下好善之心不著，疾惡之意不深，其害已有不可勝言者矣。及其作奸犯法，則陛下又不能深割私愛，而付諸外廷之議，論以有司之法，是以紀綱不能無所撓敗。紀綱不振於上，是以風俗頹敝於下，蓋其爲患之日久矣。而浙中爲尤甚。大率習爲軟美之態，依阿之言，以不分是非、不辨曲直爲得計。甚者以珠玉爲脯醢，以契券爲詩文。宰相可啗則啗宰相，近習可通則通近習，惟得之求，無復廉恥。一有剛毅正直守道循理之士出乎其間，則群議衆排〔一〇七〕，指爲道學，而加以矯激之罪。十數年來，以此二字禁固天下之賢人君子，復如崇、觀之間〔一〇八〕，所謂元祐學術者，排擯詆辱，必使無所容其身而後已。嗚呼！此豈治世之事，而尚復忍言之哉。至於愛養民力，修明軍政，則自虞允文之爲相也，盡取版曹歲入窠名之必可指擬者〔一〇九〕，號爲歲終羡餘之數，而輸之內帑。顧以其有名無實，積累掛欠，空載簿籍不可催理者，撥還版曹，以爲內帑之積，將以備他日用兵進取不時之須，宰相不得以式貢均節其出入，版曹不得以簿書勾考其在亡，曷嘗聞其能用此錢以易胡人之首，如太祖皇帝之言哉。徒使版曹闕乏日甚〔一一〇〕，督趣日峻，造爲比較監司、郡守殿最之法以誘脅之。於是中外承風，競爲苛急，此民力之所以重困也。諸將之求進也，必先掊克士卒以殖私財，然後以此自結於陛下之私人，而祈以姓名達於陛下之貴將。貴將得其姓名，即以付之軍中，使自什伍以上節次保明，稱其材武，堪任將帥，然後具奏，揩爲牘而言之陛下之前〔一一一〕。陛下但見其等級推先，案牘具備，則誠以爲公薦，而可以得人矣。而豈知其論價輸錢〔一一二〕，已若晚唐之債帥矣。夫將者三軍之司命，而其選置之方乖刺如此，則智勇材略之人，孰能抑心下首於宦官〔一一三〕、宮妾之門。而陛下之所得以爲將帥者，皆庸夫走卒。而猶望其修明軍政，激勸士卒，以强國勢，豈不誤哉。凡此六事，皆不可緩，而本在於陛下之一心〔一一四〕。一心正則六事無不正。一有人心私欲以介乎其間，則雖欲憊精勞力以求正夫六事者，亦將徒爲文具。而天下之事愈至於不可爲矣。」疏入，夜漏下七刻，上已就寢，亟起秉燭讀之。明日，除主管太乙宫兼崇政殿説書。時上已有倦勤之意，蓋將以爲燕翼之謀。熹嘗草奏疏言：「講學以正心，修身以齊家，遠便嬖以近忠直，抑私恩以抗公道，明義理以絶神奸，擇師傅以輔皇儲，精選任以明體統，振紀綱以厲風俗，節財用以固邦本，修政事以攘夷狄，凡十事，欲以爲新政之助。」會執政有指道學爲邪氣者，乃辭新命，除秘閣修撰，仍奉新祠。遂不果上。

己酉淳熙十六年春正月壬辰朔，以周必大、留正爲左右丞相，王藺參知政事，葛邲同知樞密院。參知政事蕭燧兼權知樞密院，未幾奉祠。壬寅，先是，命廣西經略應孟明等究實鹽法利害。至是，孟明奏：「鹽鈔抑勒民户，流毒一方，欲得復舊，以解愁怨。」上曰：「初議行此事時，先差胡庭直去，商量非不詳密，往往只是符同詹儀之之説。今爲所誤。」於是臣僚論列：「乞將儀之重賜竄責，速行下俾聽從民便，並依舊法施行。」勘會鹽法已别作施行。」詔儀之落職、罷官，送袁州居住。運判朱晞顔尋奏：「今廣西鹽名曰客鈔，元無客也。自乾道間變法，富商失業，無復客商矣。今鈔以客爲名，乃强税户之家使之承認，至於破家而止。」尋又詔：「詹儀之罔上害民，當行重罰。責授安遠軍節度行軍司馬，袁州安置。」〔一二五〕辛亥，上宣諭周必大等曰：「朕年來稍覺倦勤，欲旬日間禪位於皇太子，退就休養，以畢高宗三年之制。有合施行事，卿等可一面理會進呈。」蠲紹興府和買絹四萬匹之半。

二月辛酉朔，日有食之。蔡戡除尚書左司員外郎，制詞有曰：「朕仰惟壽皇厲精庶政二十有八年〔一六〕，無一日怠。乃壬午遜位，辛酉猶自除吏〔一七〕，爾其一也。」壬戌，内降詔書，略曰：「爰自宅憂以來，勉親聽斷，不得日奉先帝之几筵，躬行聖母之定省。皇太子仁孝聰哲，久司匕鬯，軍國之務，歷試參決，宜付大寶，撫綏萬邦。俾予一人，獲遂事親之心，永膺天下之養。皇太子可即皇帝位。朕稱太上皇，移居重華宫。」文武百僚，聽詔拜舞訖，赴殿庭立班，皇太子即皇帝位。自内出，至御榻側，拱手立，應奉官以次稱賀。内侍固請皇太子就坐，皇太子固辭。内侍扶掖至於七八，略就坐，復興。次宰臣率百僚稱賀皇帝即位。禮畢，三省、樞密院官升殿奏事，皇帝亦立聽之。班退，至尊壽皇聖帝車駕如重華宫。

臣留正等曰：堯授舜，舜授禹，三聖人揖遜相承，古今所謂盛德蔑加之事。然夷考當時，有歷試之命，有枚卜之請，有出好興戎之戒，則其事殆亦有難焉者。孰如今日聖父傳統，聖子繼軌，授受一堂，光華三葉，朝覲謳歌無所避而知歸，禮樂法度有所襲而彌著。倦勤非有迫於耄期之年，釋負蓋欲盡夫事親之心。無在昔之所難，有後世之莫及。全休具美〔一八〕，昭施罔極，皇乎懿哉。噫，堯、舜、禹三聖人授受之事，孔子蓋聞而知之，乃因删書，首叙典謨，叙其事爲已詳。至魯論終篇記執中相命之語，猶復拳拳而致意。誠以盛德之事，照耀萬世。贊揚無盡，自應不一書而足。況臣等親見今日揖遜之盛，故編彙之次，所以拜手稽首，三詠三歎而益不能自已也。

講義曰：高宗即位六年而育孝宗於宮中，又三十年而以天下傳之孝宗。孝宗即位十年而建光宗於東宮，又十有八年而以天下傳之光宗。其親相傳受，無以異於堯授舜，舜授禹之事。嗚呼盛哉。

立妃李氏爲皇后。上至尊壽成帝、后尊號。皇帝曰至尊壽皇聖帝，皇后曰壽成皇后。大赦。上壽聖皇太后尊號。詔求言。尋詔前宰執各言事，下戒勵詔。詔職事官日輪面對，用紹興二年、三十二年之制。其後秘書郎兼權吏部郎官鄭湜因轉對，首言：「三代以還，本朝家法最正。一曰事親，二曰齊家，三曰教子。此家法之大經也。自昔帝王雖有天下之富，而不以天下養其親。惟高宗享天下之養。壽皇躬天子之孝二十有七年〔一九〕，人無間言，此聖賢之所難也。陛下率而行之，當如壽皇然後無愧也〔二〇〕。本朝歷世以來，未嘗有不賢之后。蓋祖宗家法最嚴，子孫持守最謹也。后家待遇有節，故無恩寵盈溢之過。妃嬪進御有序，故無忌嫉專恣之行。宮禁不與外事，故無斜封請謁之私。此三者，漢、唐所不及也。皇子岐嶷之性過人遠甚，然講讀之官進見有時，志意不通，休沐之日或至多於講讀，曾不若左右前後之人與王親狎，朝夕無間，一日暴之，十日寒之，未有能生之物也。願陛下盡事親之道，以全帝王之大孝；嚴家法之義，以正內治之紀綱；明教子之方，以壽萬世之基本。」又曰：「竊聞道路之言，或謂宮中燕飲頻併，費用倍加，便嬖使令，往往親昵，中外章奏，付出稽緩。願陛下奮發乾剛，一洗舊習，省燕飲，節用度，親正人，勤省覽。」

三月，皇子擴進封嘉王。

夏五月，周必大罷相，判潭州，未幾奉祠。

秋八月戊子朔，詔侍從各言時政得失。

九月，詔今後省試定以二月一日引試。

冬十月，詔大臣裁節冗費。

十一月，詔遵祖宗成憲，用何澹之請也。應破例之事，斷不可啓。

是歲，虜主雍死〔三〕。時僞大定之二十九年。雍，即褒也。仁厚不用兵，北人謂之小堯舜。其太子允恭早卒，立其孫璟。明年，改明昌元〔三〕。丙辰，改承安。辛酉改泰和。泰和三年始以繼本朝，定爲土德，蓋不數遼人也。

校證

〔一〕怠惰　再造本、文海本、中興聖政卷六二均作「怠慢」。
〔二〕傅淇　再造本、文海本、中興聖政卷六二均同，劉時舉續宋編年資治通鑑卷一〇作「傅珙」。
〔三〕一千萬緡　再造本、文海本、中興聖政卷六二均同，然數目過大，疑「千」爲「十」之訛。
〔四〕注疏　再造本同，文海本「注」字難辨，中興聖政卷六二作「生疏」。
〔五〕最久者　此三字後原衍「同」字，據再造本、文海本、中興聖政卷六二删。
〔六〕天下事只是賞罰　此七字原脱，據再造本、文海本、中興聖政卷六二補。
〔七〕州郡　原作「州部」，據再造本、文海本、中興聖政卷六二校改。
〔八〕和糴　再造本、文海本、中興聖政卷六二均同，然據上下文，「糴」當爲「糶」之訛。
〔九〕糶米　原作「來米」，文海本同，據再造本、中興聖政卷六二校改。
〔一〇〕受　再造本、文海本同，中興聖政卷六二作「授」。作「授」似是。
〔一一〕龍堽　「堽」字原闕，再造本、文海本作「琞」，據中興聖政卷六二補。
〔一二〕趙不流　李校：原衍一「不」字，兹删。汪按：豈可不言理由删字。再造本、文海本、中興聖政卷六二均不衍「不」字，可爲删除依據。
〔一三〕毫末之利　「毫」原誤「豪」，再造本、文海本同，據中興聖政卷六二校改。

〔一四〕此弊　再造本、文海本同，中興聖政卷六二作「前弊」。

〔一五〕更有　「有」字原脱，據再造本、文海本、中興聖政卷六二補。

〔一六〕盡天下事　「盡」，原作「蓋」，據再造本、文海本、中興聖政卷六二校改。

〔一七〕一十五萬　再造本、文海本同，中興聖政卷六二作「二十五萬」。

〔一八〕並充　「並」字原脱，據再造本、文海本、中興聖政卷六二補。

〔一九〕蘇輔　文海本同，再造本、中興聖政卷六二作「蘇軾」。作「蘇軾」似是。

〔二〇〕銓量　原作「鈐量」，據再造本、文海本、中興聖政卷六二校改。

〔二一〕聞奏　原作「開奏」，據再造本、文海本、中興聖政卷六二校改。

〔二二〕直旨　「旨」原作「省」，據再造本、文海本、中興聖政卷六二校改。

〔二三〕諫　原作「課」，據再造本、文海本、中興聖政卷六二校改。

〔二四〕差科　「科」字原脱，再造本、文海本同，據中興聖政卷六二補。

〔二五〕等奏　「等」原作「詳」，據再造本、文海本、中興聖政卷六二校改。

〔二六〕平平　再造本、文海本同，中興聖政卷六二作「昔平」（連下讀）。

〔二七〕百司　原作「百官」，據再造本、文海本、中興聖政卷六二校改。

〔二八〕李校改「赦」爲「敕」，謂：「原作『赦』，據文意改。」汪按：再造本、文海本、中興聖政卷六二均作「赦」，下引文亦似摘自赦文，李改無據，今不從。

〔二九〕上供　「供」原作「千」，再造本、文海本同，據中興聖政卷六二校改。

〔三〇〕間朱梁　再造本、文海本同，中興聖政卷六二闕頁，長編卷一一九景祐三年八月己酉詔作「及間朱黑漆梁柱牕牖」，宋史卷一五三輿服志作「及朱黝漆梁柱牕牖」，王稱東都事略卷五仁宗紀作：「及間朱梁柱」，李攸宋朝事實卷一三儀注作：「及間朱漆梁柱牕牖」。引録各不相同，可參。

〔三一〕純錦繡　「繡」字原闕，據再造本、文海本補。中興聖政卷六二闕頁。長編卷一一九、宋史卷一五三輿服志、宋朝事實卷一三儀注均作「純錦遍（遍）繡」。

〔三二〕陞朝　「朝」原作「條」，文海本同，據再造本、長編卷一一九、宋朝事實卷一三儀注校改。

〔三三〕特　原作「時」，文海本同，據再造本、中興聖政卷六二校改。

〔三四〕紹闡　原作「紹聞」，據再造本、文海本、中興聖政卷六三校改。

〔三五〕亶駢　原作「亶併」，據再造本、文海本、中興聖政卷六三校改。

〔三六〕癸丑　原作「癸酉」，不合時序，據再造本、文海本、中興聖政卷六三校改。

〔三七〕差注　「注」原作「往」，文海本同，據再造本、中興聖政卷六三校改。

〔三八〕自然　原作「頹然」，據再造本、文海本、中興聖政卷六三校改。

〔三九〕李校改「魏證」爲「魏徵」，謂：「『魏徵』原作『魏證』，據文意改。」汪按：「魏證」應爲本書撰者避宋諱用字，今不改原字，在括號内説明本字。

〔四〇〕三十四萬　文海本同，再造本、中興聖政卷六三作「二十四萬」。

〔四一〕二十一萬　文海本同，再造本、中興聖政卷六三作「一十一萬」。

〔四二〕汰斥　原作「汰革」，據再造本、文海本、中興聖政卷六三校改。

〔四三〕折賣　文海本同，再造本、中興聖政卷六三作「拆賣」。

〔四四〕裹糧之用　文海本同，再造本、中興聖政卷六三作「裹糧之費」。

〔四五〕胡騎　「胡」原作「敵」，據再造本、文海本回改。

〔四六〕不可復通　再造本、文海本同，中興聖政卷六三作「不復可通」。

〔四七〕令　文海本同，再造本、中興聖政卷六三作「令」。作「令」似是。

〔四八〕見在人　「在」原作「其」，再造本、文海本同，據中興聖政卷六三校改。

〔四九〕蓮城　原作「連城」，再造本、文海本同，據中興聖政卷六三、宋史卷八九地理志校改。

〔五〇〕勸勉　「勸」原作「勤」，文海本字難辨，據再造本、中興聖政卷六三校改。

〔五一〕瀘州　「瀘」原誤「濾」，據再造本、文海本、中興聖政卷六三校改。

〔五二〕仰　原作「抑」，據再造本、文海本、中興聖政卷六三校改。

〔五三〕會舡水人　「舡」，再造本、文海本同，中興聖政卷六三作「船」。

〔五四〕奏子　原作「奏予」，據再造本、文海本、中興聖政卷六三校改。

〔五五〕張杓　再造本、文海本、中興聖政卷六三均同，然據宋史卷三六一張浚傳附子杓，「杓」似爲

「杓」之訛。下文「礿在鎮江」之「礿」同此。

〔五六〕逃走 再造本、文海本同，中興聖政卷六三「逃走」前有「已」字。

〔五七〕接送 原作「撓送」，文海本同，「撓送」不文，據再造本、中興聖政卷六三校改。此句以下，四庫本脱一千六百七十四字，包括本年八月部分記事，九月、十月全部記事，十一月大部分記事。再造本、文海本有這些文字（共三頁，文海本字體與前後有異，似是據别本補入者）。今據再造本、文海本補入。

〔五八〕省節財用 「節」，文海本作「郎」，據再造本、中興聖政卷六三用「節」字。

〔五九〕久 文海本作「文」，今從再造本、中興聖政卷六三用「久」字。

〔六〇〕縱免 再造本、文海本均作「從免」，據中興聖政卷六三、宋史卷二〇一刑法志、文獻通考卷一六八刑考校改。

〔六一〕編管 「管」，文海本誤作「營」，今從再造本、中興聖政卷六三用「管」字。

〔六二〕宋史卷二〇一刑法志、文獻通考卷一六八刑考此後有「後迄如舊制」五字。

〔六三〕縗絰 原作「纕絰」，文海本、中興聖政卷六三同，再造本作「縗絰」。又周必大文忠集卷一五〇乞付出禮宫討論服制：「過宫則縗絰行禮。」通考卷一二二王禮考：「過宫……縗絰行禮。」據以校改。

〔六四〕徹樂 再造本、文海本、中興聖政卷六三均同，本書「撤」、「徹」常互用，此處似作「撤」較妥。

〔六五〕乞令各造戊申裁淳熙曆一本　再造本、文海本、中興聖政卷六三均同，然句不通。查宋史卷八二律曆志載：「給事中兼修玉牒官王信亦言更曆事，以爲曆法深奥……乞令繼明與萬各造來年一歲之曆，取其無差者。詔從之。」朝野雜記乙集卷五總論應天至統天十四曆：「給事中王信誠之奏，乞令劉孝榮、皇甫繼明、石萬各造來年一歲之曆，詳加測驗，取其無差者。」王應麟玉海卷一〇律曆曆法所記略同。據此，王信請求皇甫繼明、石萬等各造來年即淳熙十五年（戊申年）曆一本，則引文「裁」字當爲「年」或「歲」之訛。

〔六六〕難一　「一」原脱，據再造本、文海本、中興聖政卷六三補。

〔六七〕逐旋　原作「遂旋」，中興聖政卷六三闕頁，據再造本、文海本校改。

〔六八〕七百一十　文海本同，再造本、中興聖政卷六四作「七百二十」。

〔六九〕諸難　原作「諸艱」，據再造本、文海本、中興聖政卷六四校改。

〔七〇〕常開於　「開」，再造本、文海本、中興聖政卷六三四作「闕」，然朝野雜記乙集卷二己酉傳位録、佚名續編兩朝綱目備要卷一、尤袤梁谿遺稿卷二獻皇太子書均作「開」。

〔七一〕羅點　李校：原作「罷點」，據宋史卷三九三羅點傳改。汪按：再造本、文海本、中興聖政卷六四均作「羅點」，應作校改依據。

〔七二〕進奉　原作「進奏」，據再造本、文海本、中興聖政卷六四校改。

〔七三〕秦川　再造本、文海本、中興聖政卷六四均同，然文忠集卷一七三思陵録：「趙汝愚奏牒：

秦州人爲太上皇帝裹白紙巾，乞付史舘。」記爲「秦州」。

〔七四〕方來之章　「之」字原脱，再造本、文海本同，據中興聖政卷六四、朝野雜記乙集卷二孝宗力行三年服、宋史卷一二二禮志、文獻通考卷一二二王禮考補。

〔七五〕壽皇　再造本、文海本同，中興聖政卷六四作「惟我壽皇聖帝」。

〔七六〕柂師　原作「施師」，文海本字難辨，據再造本、中興聖政卷六四校改。

〔七七〕蔡瀵　「瀵」字原闕，據再造本、文海本、中興聖政卷六四補。下一「蔡瀵」同此。

〔七八〕按發　「發」原誤作「廢」，據再造本、文海本、中興聖政卷六四校改。

〔七九〕跅弛誕慢　再造本、文海本同，中興聖政卷六四、續宋編年資治通鑑卷一〇均作「跅弛誕謾」，後者似是。

〔八〇〕宋之瑞　原作「宋之端」，文海本同，據再造本、中興聖政卷六四校改。

〔八一〕吴燠　原作「吴澳」，再造本、文海本、中興聖政卷六四同，據本卷前文及同時代文獻朱熹晦庵別集、文忠集、誠齋集所載校改。

〔八二〕鼇然　再造本、文海本、中興聖政卷六四均作「黎然」。

〔八三〕比類　原作「比與」，文海本同，「比與」不文，據再造本、中興聖政卷六四校改。

〔八四〕便從　文海本同，再造本、中興聖政卷六四作「便與」。

〔八五〕類是　文海本同，再造本、中興聖政卷六四作「全是」。

〔八六〕侍從　原作「侍全」，文海本同，「侍全」不文，據再造本、中興聖政卷六四校改。
〔八七〕刑法　再造本、文海本同，中興聖政卷六四作「刑獄」。
〔八八〕措畫　原作「惜畫」，文海本字模糊難辨，據再造本、中興聖政卷六四校改。
〔八九〕少紓　「紓」原誤作「紆」，據再造本、文海本、中興聖政卷六四校改。
〔九〇〕濩蠖　再造本、文海本同，晦庵集卷一四延和奏劄、宋史卷四二九道學朱熹傳等均作「蠖濩」。
〔九一〕始末　原作「始未」，文海本同，據再造本、中興聖政卷六四、朝野雜記乙集卷七葉正則論林黄中襲爲學道之目以廢正人、宋史卷三九四林栗傳、葉適水心集卷二辯兵部郎官朱元晦狀校改。
〔九二〕付授　原作「付投」，文海本同，據再造本、中興聖政卷六四、朝野雜記乙集卷七葉正則論林黄中襲爲學道之目以廢正人、宋史卷三九四林栗傳、水心集卷二辯兵部郎官朱元晦狀校改。
〔九三〕顔師魯等　「等」字原脱，據再造本、文海本、中興聖政卷六四補。
〔九四〕趙思　李校：原作「趙恩」，據嘉泰吴興志卷一四守臣題名改。汪按：文海本字殘難辨，再造本、中興聖政卷六四作「趙恩」。徐松宋會要輯稿食貨六一之一三三作「趙思」。又明王鏊姑蘇志卷五一人物有趙思傳，可參。

〔九五〕浦漊　原作「浦縷」，此「浦縷」與下文二「浦縷」，再造本、文海本、中興聖政卷六四均同，宋會要輯稿食貨六一之一三三均作「浦漊」。作「浦縷」不文，「浦漊」指水渠，據校改。

〔九六〕賓州　「賓」原作「濱」，據再造本、文海本、中興聖政卷六四、宋史卷九〇地理志校改。

〔九七〕前文言「額一百五十萬石」，此言「五十萬石之額」，彼此不合，然再造本、文海本、中興聖政卷六四均如此，疑應作「百五十萬石之額」，待深考。

〔九八〕虜主　原作「敵主」，據再造本、文海本回改。下文「虜主告殂」之「虜主」同此。

〔九九〕中興聖政卷六四此句前有五字空闕，再造本、文海本無。

〔一〇〇〕中興聖政卷六四記事止於此日，此以下内容全部佚闕。

〔一〇一〕波蕩　再造本、文海本同，晦庵集卷一一戊申封事作「波動」。

〔一〇二〕晦庵集卷一一戊申封事此下有「未嘗敢有須臾之怠」，或爲撰者删略。

〔一〇三〕開陳　再造本、文海本同，晦庵集卷一一戊申封事作「面陳」。

〔一〇四〕聖恩　再造本、文海本同，晦庵集卷一一戊申封事作「聖慈」。

〔一〇五〕竊　晦庵集卷一一戊申封事「竊」前有「終」字。再造本、文海本無。

〔一〇六〕徹　文海本同，再造本、晦庵集卷一一戊申封事作「撤」。

〔一〇七〕群議　再造本、文海本同，晦庵集卷一一戊申封事作「群譏」。

〔一〇八〕崇觀　再造本、文海本同，晦庵集卷一一戊申封事作「崇宣」。

〔一〇九〕必可指擬　「必」字原脱，據再造本、文海本、晦庵集卷一一戊申封事補。

〔一一〇〕版曹　再造本、文海本同，晦庵集卷一一戊申封事作「版曹經費」。

〔一一一〕具奏揩爲牘而言之　再造本、文海本作「具奏諧爲牘而言之」，晦庵集卷一一戊申封事作「具爲奏牘而言之」。

〔一一二〕論價　再造本、文海本同，晦庵集卷一一戊申封事作「諧價」。

〔一一三〕孰能　再造本、文海本、晦庵集卷一一戊申封事均作「孰肯」。

〔一一四〕而本在於　再造本、文海本同，晦庵集卷一一戊申封事作「而其本在於」。

〔一一五〕清畢沅續資治通鑑卷一五一繫此事於「壬寅」，不知所據。

〔一一六〕二十有八年　原作「三十有六年」，與宋孝宗實際在位年數不符，據再造本、文海本校改。

〔一一七〕辛酉　原作「辛卯」，據再造本、文海本校改。

〔一一八〕全休　原作「全體」，據再造本、文海本校改。

〔一一九〕天子之孝　再造本、文海本同，續宋編年資治通鑑卷一〇作「天下之孝」。

〔一二〇〕當如　再造本、文海本同，續宋編年資治通鑑卷一〇作「必如」。

〔一二一〕虜主　原作「金主」，據再造本、文海本回改。

〔一二二〕李校加「年」字，謂：「改明昌元年」，原作「改明昌元」，脱「年」字，據宋史孝宗紀補。汪按：原句可通，似不必加「年」字。